**WAS IHR WOLLT**

Was ihr wollt

Charles und Mary Lamb

SHAKESPEARE-
ERZÄHLUNGEN

ILLUSTRATIONEN
VON MIROSLAV
RADA

DAUSIEN

CHARLES UND MARY LAMB
WAS IHR WOLLT

Nach dem englischen Original
Tales from Shakespeare
frei übertragen von Anneliese Březinová
Illustrationen von Miroslav Rada
Graphische Gestaltung von Pavel Hrach
Sämtliche Rechte, einschließlich der
Wiedergabe durch Film, Funk, Fernsehen,
fotomechanische und andere Mittel, sind —
auch in Form von Auszügen — dem
Artia Verlag vorbehalten.
© Artia, Praha 1985
VERLAG WERNER DAUSIEN · HANAU / M
ISBN 3-7684-5542-4
1/18/07/52-01

INHALT

DER STURM

W ie Robinson Crusoe, so lebte auf einer einsamen Insel ein alter Mann namens Prospero. Er hatte freilich seine Tochter Miranda bei sich, ein schönes, junges Mädchen. Sie war in so jungen Jahren auf die Insel gekommen, daß sie sich nicht erinnern konnte, je einen anderen Menschen als ihren Vater gesehen zu haben.

Die beiden hausten in einer Felsenhöhle, die mehrere „Gemächer" hatte. Eins davon nannte Prospero stolz sein Arbeitszimmer, denn hier bewahrte er seine Bücher auf, die sich vor allem mit der Zauberei beschäftigten. Die Ausübung dieser Kunst kam Prospero gut zustatten, denn als es ihn auf die Insel verschlug, welche die kurz vor seiner Ankunft verstorbene Hexe Sycorax bewohnte hatte, gelang es ihm, die Geister, die sie zur Strafe für ihren Ungehorsam in Bäume gebannt hatte, zu erlösen und sich selber dienstbar zu machen. Der oberste Geist hieß Ariel.

Wenn auch diesem kleinen Kobold jede Bosheit fernlag, freute es ihn trotzdem, dem häßlichen Ungeheuer Caliban allerlei Streiche zu spielen, weil er der Sohn seiner Feindin Sycorax war. Caliban sah wie ein Affe aus, doch konnte er sprechen. Auch Prospero hätte ihn gut behandelt, wenn er nicht den schlechten Charakter seiner Mutter geerbt hätte. Darum mußte er wie ein Sklave Holz holen und alle anderen mühevollen häuslichen Arbeiten verrichten. Dabei wurde er ständig von Ariel bewacht, der ihn oft unter Schlägen zur Erfüllung seiner Pflichten antrieb.

Ließ sich Caliban ein besonders arges Versäumnis zuschulden kommen, dann warf ihn Ariel, der für jedermann außer für Prospero unsichtbar war, in den Schmutz, zwickte ihn und machte sich über ihn lustig. Zuweilen nahm Ariel auch die Gestalt eines Affen oder die eines Igels an, legte sich ihm in den Weg und bohrte ihm seine scharfen, spitzen Stacheln in die nackten Füße. Solche Streiche dachte sich Ariel jedesmal aus, wenn Caliban die Arbeit nicht recht schmecken wollte, die ihm Prospero aufgetragen hatte.

Dank dieser seinem Willen gehorsamen Geister konnte Prospero sogar den Winden und den Meereswellen gebieten. Auf seinen Befehl ließen sie einen so gewaltigen Sturmwind über das Meer peitschen, daß einem auf den haushohen Wellen schaukelnden Schiff der Untergang drohte. Als Prospero seiner Tochter erzählte, an Bord befänden sich Menschen wie er und sie, bat Miranda den Vater: „Wenn deine Kunst diesen Sturm heraufbeschworen hat, so hab Erbarmen mit den armen Menschen, die da draußen um ihr Leben bangen. Oder willst du wirklich, daß das Schiff auf einer Sandbank zerschellt und mit Mann und Maus untergeht? Hätte ich die Macht, so würde ich das Meer lieber austrocknen lassen, als das Unglück mit anzusehen!"

„So schlimm, wie du es dir vorstellst, ist es nicht, Miranda", erwiderte Prospero. „Niemandem soll ein Leid widerfahren. Was ich tue, geschieht aus Liebe zu dir. Du weißt nämlich nicht, wer du bist und woher du kamst. Und von mir weißt du nicht mehr, als daß ich dein Vater bin und in dieser armseligen Höhle wohne. Oder kannst du dich noch an die Zeit erinnern, ehe du hierher gekommen bist? Gewiß nicht, denn du warst damals kaum drei Jahre alt."

„Ich erinnere mich dennoch", entgegnete Miranda.

„Woran?" fragte Prospero erstaunt.

„Ich habe eine dunkle, schwache Erinnerung an Vergangenes. Sag, hatte ich nicht einst vier oder fünf Frauen zu meiner persönlichen Aufwartung?"

„Ja", antwortete Prospero, „und sogar noch mehr. Kannst du dich auch noch darauf besinnen, wie du hierher kamst?"

„Nein, Vater, das kann ich nicht."

„So höre denn, meine Tochter", fuhr Prospero fort, „vor zwölf Jahren war ich noch Herzog von Mailand, und du warst eine Prinzessin und meine einzige Erbin. Ich hatte noch einen jüngeren Bruder namens Antonio, dem ich volles Vertrauen schenkte. Da ich die Einsamkeit liebte, um mich fern vom Getriebe der Welt ernsten Studien zu widmen, so überließ ich die Führung der Staatsgeschäfte deinem Oheim, der sich leider als ein falscher Bruder erwies. Denn während ich mich in meine Bücher vergrub, trat mein Bruder so auf, als ob er der Herzog wäre. Die Gelegenheit, die ich ihm gab, sich bei meinen Untertanen beliebt zu machen, erweckte in ihm das stolze Verlangen, mich meines Herzogtums zu berauben. Und schließlich verwirklichte er sein Ziel mit Hilfe meines Todfeindes, des Königs von Neapel."

„Warum machten die beiden nicht kurzen Prozeß und brachten uns zur selben Stunde um?" fragte Miranda.

„Sie wagten es nicht, liebes Kind, denn noch war mein Volk mir zugetan. Er ließ uns auf ein Schiff bringen, und als wir ein paar Meilen aufs Meer hinaus gerudert waren, nötigte uns der Bösewicht, ein kleines Boot ohne Mast und Segel zu besteigen. Dies stieß er dann in das stürmende Meer hinaus in der Hoffnung, daß wir den Tod fänden. Aber ein gewisser Gonzalo hatte mir heimlich Trinkwasser, Lebensmittel, Kleidungsstücke und ein paar Bücher ins Boot geschmuggelt."

„Ach, mein armer Vater", seufzte Miranda. „Wie mag ich dir da zur Last gefallen sein."

„Nein, liebe Tochter", entgegnete Prospero, „du warst mein kleiner Schutzengel, der mich aufrechthielt in meiner Not. Dein Lächeln verlieh mir die Kraft, mein Unglück standhaft zu ertragen. Unsere Lebensmittel reichten aus, bis uns die Wellen an dies öde Eiland verschlugen. Seitdem ist es meine größte Freude gewesen, dich, mein Kind, zu unterweisen. Daß meine Belehrung guten Erfolg zeitigt, macht mich glücklich."

„Gott lohne es dir", rief Miranda aus, „doch nun sag mir, lieber Vater, warum hast du diesen Sturm heraufbeschworen?"

„Wisse, dieser Sturmwind wird meine Feinde, den König von Neapel und meinen grausamen Bruder, an diese Küste verschlagen."

Nach dieser Erklärung berührte Prospero seine Tochter mit einem Zauberstab, und sie versank alsbald in einen tiefen Schlaf. Er wollte nämlich nicht, daß sie höre, wenn er sich mit Ariel über das Walten und die Dauer des Sturmes beriet. Da dieser gleich den übrigen kleinen Geistern unsichtbar war, so wäre Miranda erstaunt gewesen, hätte sie ihren Vater mit leerer Luft sprechen hören.

Und schon erschien der kleine Kobold.

„Nun, du wackerer Bursche", redete ihn Prospero an, „wie hast du deinen Auftrag ausgeführt?"

Darauf schilderte Ariel lebendig die Szenen, die sich bei dem Sturmwind auf hoher See abgespielt hatten. Der Sohn des Königs, Ferdinand, sei zuerst ins Meer gesprungen, so daß sein Vater geglaubt habe, die Wellen hätten ihn für immer und ewig verschlungen.

„Dieser Sohn aber", fuhr Ariel fort, „sitzt jetzt mit verschränkten Armen auf einem Felsvorsprung dieser Insel und jammert über den Verlust seines totgeglaubten Vaters. Aber ihm wurde nicht ein Haar gekrümmt. Nur sehen seine fürstlichen Gewänder frischer aus als je zuvor!"

„Du hast deine Sache gut gemacht, kleiner Freund", erwiderte Prospero, „aber warum führst du ihn nicht hierher? Meine Tochter soll den jungen Prinzen sehen.

Und wo ist der König, wo ist mein Bruder? Ihm stieß doch wohl nichts zu?"

„Beide suchen Ferdinand, obwohl sie ihn für verloren halten und wenig Hoffnung hegen, ihn wiederzufinden. Von der gesamten Schiffsmannschaft fehlt nicht einer, obgleich jeder glaubt, er allein sei gerettet worden. Das Schiff selbst liegt unversehrt im Hafen. Leider können sie es nicht sehen."

„Ariel, du hast deinen Auftrag zu meiner Zufriedenheit ausgeführt. Aber du mußt noch mehr tun."

„Noch mehr?" fragte Ariel etwas verstimmt. „Ich denke, du wolltest mir die Freiheit schenken? Wenigstens hast du's mir versprochen. Habe ich dich je belogen oder irregeführt? Habe ich dir nicht vielmehr treu gedient ohne Murren und Klagen?"

„Na, und du? Hast du vergessen, aus welcher Qual ich dich einst befreite? Denke nur an die böse Hexe Sycorax, die vor Alter und Neid krumm wie ein Fiedelbogen war. Übrigens, woher stammte das alte Weib eigentlich?"

„Aus Algier, Herr."

„Ja richtig. Die alte Hexe wurde wegen ihrer argen Zauberkünste aus Algier verbannt. Schiffer hatten sie hier auf dieser Insel ausgesetzt. Weil du zu ehrenhaft warst, ihre schändlichen Pläne auszuführen, schloß sie dich in einen Baum ein. Ich hörte dich laut jammern und erlöste dich aus dieser Folter. Vergiß das nicht und laß dein Murren!"

„Verzeiht, teurer Meister", sagte Ariel, der nicht für undankbar gelten wollte, „ich will Euch fortan in allen Stücken gehorchen."

„Wenn dem so ist, dann lasse ich dich frei", erklärte Prospero. Dann gab er ihm verschiedene Aufträge, deren Ausführung ihm am Herzen lag.

Zunächst ging Ariel zu der Stelle, wo er den Prinzen Ferdinand zurückgelassen hatte. Dieser saß noch immer auf dem Felsen, mit derselben trübseligen Miene wie vorher. „Junger Herr", redete ihn Ariel an, „ich will dich bald wieder auf die Beine bringen. Du mußt mitkommen, Fräulein Miranda will dich sehen. Also vorwärts!"

Dann fing er an zu singen:

„Fünf Faden tief liegt Vater dein,
sein Gebein wird zu Korallen,
Perlen sind die Augen sein,
nichts an ihm kann je zerfallen.
Meer verwandelt Fleisch und Blut
schnell in reich' und seltnes Gut,
Nymphen läuten stündlich ihm,
da, horch, ihr Glöcklein, bim, bim bim!"

Diese seltsame Kunde von seinem totgeglaubten Vater ließ den Prinzen aus der dumpfen Betäubung erwachen, die auf ihm lastete. Staunend hatte er dem

Lied gelauscht, während ihn Ariel zu Prospero und Miranda geleitete, die beide
im Schatten eines dichtbelaubten Baumes lagerten.

Wie erstaunte Miranda, als Prinz Ferdinand leichten Schrittes daherkam
– hatte sie doch außer ihrem Vater nie zuvor einen Mann gesehen!

„Nun, Miranda", fragte Prospero, „was siehst du da drüben?"

„Sicherlich einen Geist, Vater, ein schönes Wesen!"

„Nein, liebes Kind", erwiderte der Vater. „Es ist ein junger Mann, den du da
siehst. Er war mit auf dem Schiff! Wenn er auch noch etwas elend aussieht, so kann

17

man ihn doch einen hübschen Burschen nennen. Er hat seine Gefährten verloren. Jetzt ist er auf der Suche nach ihnen."

Miranda hatte immer gedacht, alle Männer hätten zerfurchte Gesichter und graue Bärte wie ihr Vater. Wie angenehm enttäuschte sie der Anblick dieses schönen, jungen Prinzen! Auch Ferdinand war erfreut, auf dieser einsamen Insel ein so liebliches Geschöpf zu erblicken. Nach den seltsamen Klängen, die er vernahm, wähnte er sich auf einer Zauberinsel. Miranda schien ihm deren Göttin zu sein. Und als solche sprach er sie auch an!

Miranda aber erwiderte verlegen, sie sei keine Göttin, sondern nur ein schlichtes Mädchen. Schon war sie im Begriff, ihm etwas aus ihrem Leben zu erzählen, als Prospero sie unterbrach. Zwar freute es ihn, daß die beiden Menschenkinder einander gefielen und sich — wie es schien — ineinander verliebt hatten, aber er wollte erst Ferdinands Treue auf die Probe stellen und ihnen das Glück, einander angehören zu können, nicht gar zu leicht machen. Deshalb ging er auf ihn zu, maß ihn finsteren Blickes und hieß ihn einen Betrüger, der gekommen wäre, ihm, dem rechtmäßigen Besitzer, die Insel wegzunehmen.

„Komm mit", forderte er den Jüngling auf, „ich will dich an Händen und Füßen fesseln. Seewasser, Wurzeln und Eichelhüllen sollen dir Nahrung sein."

Und schon hob Prospero seinen Zauberstab und bannte damit den Prinzen an der Stelle fest, wo er gerade stand, so daß er sich nicht rühren konnte.

Miranda schlang die Arme um ihres Vaters Nacken und schmeichelte: „Warum so unfreundlich? Hab Erbarmen! Ich stehe für ihn ein. Er ist der zweite Mann, den ich je gesehen. Ich glaube, er ist ein anständiger Mensch."

„Schweig", gebot der Vater, „noch ein Wort, und ich bin ernstlich böse. Du willst dich doch nicht eines Betrügers annehmen? Glaubst du denn, es gibt keine anderen hübschen Männer?"

Miranda aber erwiderte ruhig: „Meinen Ansprüchen genügt er. Für mich ist er hübsch genug!"

Darauf wandte sich Prospero wieder dem Prinzen zu, entzauberte ihn und forderte ihn auf mitzukommen. Unterwegs aber schaute er sich fortwährend nach Miranda um, bis er sie aus den Augen verlor. Und als er Prospero in die Höhle folgte, sagte er: „Ich bin wie verzaubert. Alles kommt mir wie ein Traum vor. Aber ach, ich will alles Leid gern auf mich nehmen, könnte ich jeden Tag wenigstens einmal das holde Mädchen sehen!"

Prospero hielt den Prinzen in der Felsgrotte eingesperrt — aber nur für kurze Zeit. Dann ließ er ihn frei, trug ihm aber auf, schwere Holzscheite aufzuschichten. Fürwahr, keine passende Arbeit für einen Königssohn. Prinz Ferdinand fiel sie recht schwer, so schwer, daß er vor Ermattung fast zusammenbrach. Miranda aber leistete dem Prinzen Gesellschaft und tröstete ihn: „Du brauchst dich gar nicht so zu quälen. Der Vater arbeitet in seinem Studierzimmer und läßt sich sicherlich nicht so schnell blicken. Setz dich lieber und ruh dich ein wenig aus!"

„Erst muß ich meine Arbeit verrichten", sagte Ferdinand.

18

„Wenn du etwas ruhen willst, so schichte ich einstweilen die Scheite", sagte Miranda. Aber Ferdinand wollte davon nichts wissen.

Statt ihm zu helfen, hielt sie ihn nur auf, denn die beiden unterhielten sich so angeregt, daß Ferdinand die ihm aufgetragene Arbeit arg vernachlässigte.

Prospero entging das alles nicht. Er saß nämlich nicht über seinen Büchern, wie seine Tochter vermutete, sondern stand unsichtbar hinter den beiden und hörte alles, was sie miteinander sprachen.

Nun fragte Ferdinand die holde Jungfrau nach ihrem Namen. Sie nannte ihn bereitwillig, obwohl sie damit gegen ihres Vaters ausdrückliches Verbot verstieß. Prospero mußte lachen, als er seine Tochter zum ersten Mal seinem Gebot zuwiderhandeln sah. Aber er ärgerte sich nicht, hatte er ja selber über seine Tochter den Zauber ausgesprochen, so daß sie den Prinzen lieben mußte. Vergnügt lauschte er, wie Ferdinand Miranda schwur, er wolle sie so innig lieben, wie er noch nie ein weibliches Wesen zuvor geliebt habe. Als er ihre Schönheit in überschwenglichen Worten pries, die seiner Ansicht nach die aller Frauen auf der Welt überstrahle, bekannte Miranda treuherzig: „Ich kann nicht beurteilen, ob deine Worte irgendeine Berechtigung haben, denn außer meinem lieben Vater und dir, Geliebter, sah ich nie ein anderes Wesen. Ich weiß also nicht, ob ein anderer Mann schöner ist als du. Das eine aber weiß ich, daß ich mit keinem anderen als mit dir durchs Leben schreiten möchte, und daß ich kein anderes Wesen mehr lieben könnte als dich. Aber ach — da merke ich, daß ich wieder ungehorsam bin und mehr rede, als mein Vater mir erlaubt hat."

Prospero nickte beifällig mit dem Kopf, als wollte er sagen: Die Sache klappt vorzüglich: mein Töchterchen wird noch Königin von Neapel.

In diesem Augenblick erzählte Ferdinand dem jungen Mädchen, er sei der Erbe der neapolitanischen Königskrone. Wenn sie bereit sei, sich mit ihm zu vermählen, so werde sie einstmals Königin!

Da traten ihr Tränen in die Augen. Von stolzer Freude überwältigt, sank sie ihm in die Arme und rief: „Ich bin dein, und du bist mein!"

Ehe Ferdinand etwas erwidern konnte, trat Prospero zwischen die beiden und sagte: „Miranda, mein Kind, ich habe alles mit angehört, was ihr gesprochen habt, und freue mich darüber. Dich, lieber Ferdinand, habe ich vorhin etwas zu streng behandelt. Ich will es wieder gutmachen, indem ich dir mein einziges Kind zur Frau gebe. Wisse, ich tat alles nur darum, um deine Liebe zu prüfen. Zu meiner größten Freude hast du die Probe bestanden. Du hast dir meine Tochter ehrlich verdient. Nimm sie und sei glücklich!"

Dann ging er von dannen, angeblich, weil dringende Geschäfte ihn riefen, die seine Anwesenheit notwendig machten. In Wirklichkeit aber beschied er den dienstbaren Geist Ariel zu sich, um zu erfahren, wie es Antonio und dem König von Neapel ergangen sei.

Ariel berichtete: „Beide stehen Todesängste aus wegen der Dinge, die sie mit ansehen und mit anhören mußten. Als sie nämlich nach der langen Wanderung müde und halbtot vor Hunger niedersanken, ließ ich sie an einen Tisch treten, auf dem die köstlichsten Speisen und Getränke zum Zugreifen einluden. Aber in dem Augenblick, als sie sich daran gütlich tun wollten, nahm ich die Gestalt eines geflügelten Ungeheuers an und entführtes alles hoch in die Lüfte. Kaum hatten sie sich von ihrem Staunen erholt, begab ich mich wieder zu ihnen und erinnerte sie an ihre grauenvolle Tat, als sie Prospero zum Verlassen seines Herzogtums gezwungen und ihn nebst seinem Töchterchen den Gefahren der stürmenden See

21

preisgegeben hatten. Das Schrecknis, das sie jetzt erleben, sei die verdiente Strafe für alles. Der König von Neapel und jener Antonio zeigen nunmehr bittere Reue über das Unrecht, das sie dir, o Prospero, zugefügt haben. Ich bin überzeugt, die Reue ist aufrichtig."

„Bring sie her, Ariel", gebot Prospero, „und zwar so schnell wie möglich."

Es dauerte nicht lange, da kam Ariel mit dem König, Antonio und jenem Gonzalo, der einst Prospero mit Büchern und Lebensmitteln versah, als ihn sein Bruder hatte aussetzen lassen. Leid und Angst hatten ihre Sinne so abgestumpft, daß sie Prospero nicht erkannten. Er aber trat zu dem alten Gonzalo, reichte ihm die Hand und begrüßte ihn als seinen Lebensretter. Da erkannten alle, daß sie Prospero gegenüberstanden, an dem sie sich einst so schwer versündigt hatten.

Mit Tränen in den Augen baten sie ihn um Verzeihung. Und da sie beide bittere Reue bekundeten, verzieh ihnen Prospero ihre Missetat und reichte ihnen freundlich die Hand. Als sie sich nunmehr erboten, Prospero wieder in Amt und Würde einzusetzen, sagte Prospero zu dem König von Neapel: „Ich habe auch etwas für dich." Indem öffnete er die Tür zum Nebenzimmer, in welchem Ferdinand mit Miranda Schach spielte.

Wer beschreibt die Freude des Vaters, als er seinen Sohn erblickte! Beide hatten einander doch für tot gehalten! Wie gebannt hingen die Blicke des Königs von Neapel an der liebreizenden Miranda. „Wer ist das junge Mädchen?" fragte er. „Ist's eine Göttin?"

Ferdinand erwiderte feierlich: „Sie ist die Tochter dieses Herzogs Prospero von Mailand hier. Ich habe von seinen Ruhmestaten viel gehört, aber jetzt erst habe ich ihn kennengelernt. Jetzt beginne ich zu leben, da er mir seine Tochter zur Frau versprach."

„Da bin ich ja ihr Vater", rief der König voll freudigen Stolzes aus, „aber ach, wie gedemütigt fühle ich mich, daß ich mein Kind um Verzeihung bitten muß!"

„Nichts da von Verzeihung!" wandte Prospero ein. „Alles hat sich zum Guten gewandt. Darum fort mit allen trüben Erinnerungen. Was vergangen ist, kommt nicht wieder."

Darauf umarmte Prospero seinen Bruder und pries die göttliche Fügung. Gott hat es gewollt, daß er sein kleines Herzogtum Mailand verläßt, damit seine Tochter durch die Verbindung mit dem Sohn des Königs einmal den Thron von Neapel besteige.

„Wie kommen wir in die Heimat zurück?" fragte der König, „unser Schiff ist untergegangen."

„Es ist nicht untergegangen", entgegnete Prospero, „es liegt wohlbehalten im Hafen. Auch alle Seeleute sind wohlauf. Miranda und ich, wir werden morgen früh mit euch abreisen. Bis dahin kommt mit in meine Hütte und nehmt fürlieb mit dem, was sie euch bietet."

Dann rief er Caliban herbei und trug ihm auf, ein Abendessen herzurichten. Wie staunten die drei Männer, als sie das mißgestaltete Ungeheuer erblickten, das Prospero die ganzen Jahre hindurch so treu gedient hatte.

Ehe Prospero die Insel für immer verließ, schenkte er dem kleinen Luftgeist Ariel die Freiheit. Nun konnte sich der neckische Kobold einem Vogel gleich in die Lüfte erheben und unter grünen Bäumen, zwischen saftigen Früchten und duftenden Blumen umhertummeln. Froh sang er:

„Wie die Bien' saug' ich mich ein,
bette mich in Maiglöcklein,

schlummere da, wenn Eulen schrein,
jag' auf Fledermäuselein
lustig hinterm Sommer drein.
Lustig, ja lustig leb' ich nun gleich
unter den Blüten, hängend am Zweig."

Darauf vergrub Prospero alle seine Zauberbücher und seinen Zauberstab tief in der Erde, denn er war fest entschlossen, fortan aller Zauberei zu entsagen.

Nachdem er sich mit seinem Bruder und dem König von Neapel ausgesöhnt hatte, blieb ihm zur Vollendung seines Glückes nur noch der Wunsch, sein Vaterland wiederzusehen, in sein Herzogtum wieder als Landesherr einzuziehen und bei der glückverheißenden Vermählung seiner Tochter mit Prinz Ferdinand segnend die Hand auf die Häupter seiner Kinder legen zu dürfen.

Der König bestimmte: Gleich nach der Ankunft in Neapel wird eine prächtige Hochzeit gefeiert!

Unter dem schützenden Geleit des allezeit treuen Ariel erreichten die Schicksalsgenossen nach angenehmer Überfahrt wohlbehalten ihre schöne Heimat.

EIN SOMMERNACHTSTRAUM

Auf Grund eines alten Gesetzes besaßen die Bürger von Athen das Recht, ihre Töchter zu der Ehe zu zwingen, die sie für angemessen erachteten. Weigerte sich ein junges Mädchen, den Mann zu heiraten, den der Vater ihr bestimmte, so hatte sie nach dem Gesetz ihr Leben verwirkt und wurde hingerichtet. Da aber ein Vater kaum je den Tod seines Kindes wünschte, auch wenn sich dies einmal seinem Willen widersetzte, so fand dies Gesetz niemals oder wenigstens selten Anwendung. Daß man den jungen Damen der Stadt jedoch häufig mit diesem Gesetz drohte, ist wohl klar.

Wir kennen allerdings einen Fall, in welchem ein Vater den Schutz dieser sonderbaren Bestimmung anrief. Das war so:

Der Bürger Egeus aus Athen beschwerte sich beim regierenden Herzog Theseus über seine Tochter Hermia, die er mit dem jungen Edelmann Demetrius zu vermählen gedachte. Das junge Mädchen weigerte sich standhaft, den Wunsch des Vaters zu erfüllen, denn sie liebte einen anderen jungen Mann aus Athen namens Lysander. Empört über diesen Ungehorsam, verklagte der alte Egeus seine einzige Tochter beim Herzog und bat ihn, er möge der Gerechtigkeit in ihrer ganzen Strenge freien Lauf lassen.

Hermia wurde vorgeladen. Ohne eine Spur von Befangenheit oder Angst verteidigte sie ihren vermeintlichen Ungehorsam mit der Tatsache, daß der ihr aufgezwungene Demetrius früher ihre Freundin Helena geliebt und daß das junge Mädchen seine Liebe erwidert habe. Leider vermochte dieser Grund nicht, den strengen Vater milde zu stimmen.

Was konnte der Landesherr in diesem Falle tun?

Obwohl Herzog Theseus ein gar mächtiger und dabei leutseliger Herr war, so durfte er ein Gesetz keinesfalls außer Kraft setzen. Das einzige, was er tun konnte, war, Hermia vier Tage Bedenkzeit zu geben: Weigere sie sich nach Ablauf dieser Frist, den Wunsch des Vaters zu erfüllen, so müsse sie sterben.

Hermia ließ sich jedoch nicht entmutigen. Nach der Gerichtsverhandlung eilte sie zu Lysander und setzte ihn von der Gefahr, in der sie schwebte, in Kenntnis: „Denke dir, ich muß entweder in vier Tagen sterben oder Demetrius heiraten."

Wenn auch diese schlimme Nachricht Lysander anfangs niederschmetterte, so gewann er doch bald seine Fassung und frohe Laune wieder. Er erinnerte sich einer alten Tante, die ein paar Meilen entfernt wohnte und in deren Wohnort jenes grausame Gesetz nicht bestand. Er schlug deshalb der Geliebten vor, nachts mit ihm in jene Stadt zu fliehen und sich dort mit ihm trauen zu lassen.

„Wenn du willst", schloß er, „so können wir uns im Stadtwald treffen. Du weißt schon, dort, wo wir im Mai oft mit deiner Freundin Helena lustwandelten."

Mit Freuden willigte Hermia ein. Sie verschloß ihr Geheimnis tief in ihrem Herzen, nur Helena, bei der sie sich vor jedem Verrat sicher glaubte, erfuhr von der geplanten Flucht.

Diese aber hatte nichts Eiligers zu tun, als Hermias Vorhaben unter dem Siegel der Verschwiegenheit Demetrius mitzuteilen.

Warum tat sie das? Offenbar wollte sie sich Genugtuung verschaffen, wußte sie doch genau, ihr ungetreuer Liebhaber Demetrius werde das zur Flucht entschlossene Paar im Stadtwald überraschen!

In diesem Wald, der einige hundert Meter von der Stadt entfernt war, tummelten sich aber auch Elfen und Feen. Der Elfenkönig Oberon und seine Gemahlin Titania hielten hier im Kreis ihrer Getreuen nächtliche Gelage ab.

Leider herrschte zu der Zeit, da unsere Geschichte spielt, zwischen diesem kleinen Königspaar eine gereizte Stimmung. Titania hatte nämlich ein indisches Fürstenkind geraubt, das ihr jetzt als Page diente. Oberon war auf den Knaben eifersüchtig und wünschte ihn für seine Dienste. Da sich aber Titania entschieden weigerte, so verging keine Zusammenkunft, ohne daß die beiden sich zankten. Durch diese nächtliche Ruhestörung wurde den lieblichen Elfen der Aufenthalt in diesem mondbeglänzten Wald so oft verleidet, daß sie sich lieber furchtsam verkrochen.

In der Nacht, in welcher sich unser Liebespaar hier treffen wollte, ging gerade Titania mit ihren Hofdamen spazieren. Zufällig trafen sie Oberon mit seinen Höflingen.

„Ein unliebsames Zusammentreffen, stolze Königin", rief der König.

Titania erschrak. Sie vermochte kaum ein Wort über die Lippen zu bringen.

„Du solltest dich fügen und meinem Wunsch entsprechen", fuhr der König fort, „bin ich nicht dein Herr und Gebieter. Warum also kreuzt du meine Wege?"

„Ich will mit dir nichts zu tun haben, Oberon."

Diese Antwort reizte den König dermaßen, daß er rief: „Scher dich fort! Aber ehe der Morgen graut, sollst du deine Vermessenheit büßen."

Dann ließ Oberon seinen Günstling Puck kommen.

Dieser Puck war ein sonderbarer Kauz. Keiner der Elfen war so durchtrieben wie er. Besonders auf die Bauern in der Umgebung hatte er es abgesehen. Ihnen spielte er die unglaublichsten Streiche. Wenn ein paar Leute gemütlich beim Bier zusammensaßen, dann sprang dieser Puck in Gestalt eines gebratenen Apfels in den Bierkrug, und wenn dann eine gute alte Frau den Krug zum Munde führte, kniff er ihr in die Lippen, daß ihr das Bier das Kinn hinabrieselte. Und wenn sich die alte Frau nachher würdevoll niedersetzte, um ihrem Nachbar eine Geschichte zu erzählen, dann zog ihr der kleine Spaßvogel den dreibeinigen Schemel weg, so daß sie zum größten Vergnügen aller hinpurzelte!

Zu diesem lustigen Burschen sagte nun Oberon: „Puck, hol mir die Blume, die

die hiesigen Mädchen Lieb' im Müßiggang nennen. Träufelt man ein paar Tropfen ihres geheimnisvollen Saftes einem Schlafenden auf die Augenlider, dann muß der sich in das erste beste Wesen verlieben, das er erblickt. Mit einigen Tropfen werde ich auch die Augenlider meiner Frau benetzen. Öffnet sie am Morgen die Augen, dann wird sie in Liebe zu dem Wesen entbrennen, das ihr begegnet, selbst wenn es ein Löwe, ein Bär oder ein Affe wäre. Später werde ich sie mittels eines anderen Saftes wieder entzaubern. Vorher will ich aber das indische Fürstenkind als Pagen haben."

Mit diesem Auftrag war Oberon an die richtige Adresse gekommen, denn nichts war unserem Puck willkommener, als ein bißchen Unheil zu stiften. Wie freute er sich auf den Ulk, den sein Herr vorhatte. Darum machte er sich schleunigst auf die Suche nach der Blume.

Inzwischen belauschte Oberon Demetrius und Helena. Er hörte, wie Demetrius seiner früheren Geliebten heftige Vorwürfe darüber machte, daß sie ihm in den Wald nachgelaufen sei.

Helena bat um Nachsicht für ihr Verhalten, dann aber mahnte sie ihn an sein früheres Versprechen, sie immer zu lieben und ihr die Treue zu halten. Demetrius aber wollte nichts hören, sondern lief weg und überließ das schöne Mädchen ihrem Schicksal.

Der Elfenkönig empfand herzliches Mitleid mit Helena, erinnerte er sich doch, dies einstige Liebespaar früher häufig Arm in Arm hier gesehen zu haben. Darum gebot er dem kleinen Puck, als dieser mit der Zauberblume zurückkehrte: „Sieh mal, da geht eine hübsche junge Athenerin. Sie ist in einen nichtsnutzigen jungen Mann verliebt. Wenn du den Burschen schlafend antriffst, so träufle ihm ein paar Tropfen Liebessaft auf die Augenlider. Richte es aber so ein, daß er diese Jungfrau zuerst erblickt, wenn er erwacht."

„Wird gemacht", erwiderte Puck schalkhaft lächelnd.

Nun schlich Oberon auf Zehenspitzen zu Titanias Lager, das auf einem von wildem Thymian, Primeln und Veilchen umkränzten Hügel war. Hier ruhte die Elfenkönigin unter einer Decke aus Schlangenhaut.

Gerade belehrte sie ihre Elfen über die Pflichten, die sie während der Nacht zu erfüllen hatten:

„Ihr tötet Raupen in den Rosenknospen!
Ihr anderen führt mit Fledermäusen Krieg,
bringt ihre Flügel mir als Beute heim,
den kleinen Elfen Röcke draus zu machen.
Ihr endlich sollt den Kauz, der nächtlich kreischt,
von uns verscheuchen! Singt mich nun in den Schlaf."

Dann sangen die Elfen ein Schlummerlied:

„*Bunte Schlangen, zweigezüngelt,*
Igel, Molche, fort von hier,
daß ihr euer Gift nicht bringt
in der Königin Revier!
Nachtigall, mit Melodei
stimme an: 'Eia popei,
eia popeia! Eia popei!'
Daß kein Spruch,
kein Zauberfluch
der holden Herrin schädlich sei,
nun gute Nacht! Eia popei!"

➤ 30

Als die Elfen so ihre Königin in den Schlaf gesungen hatten, huschten sie von dannen. Oberon aber trat leise, ganz leise an die Lagerstätte seiner Gattin heran, träufelte ihr ein paar Tropfen des Zaubersaftes auf die Augenlider, und dazu sprach er:

„Was du wirst erwachend sehn,
wähl es dir zum Liebchen schön."

Doch kehren wir zurück zu unserem Liebespaar. Wie verabredet, hatte Hermia sich nachts aus dem Haus ihres Vaters fortgestohlen und war in den Stadtwald gelaufen, wo Lysander bereits ihrer harrte, um sie zu seiner Tante zu führen.

31

Noch hatten sie den Wald nicht verlassen, als Hermia über Müdigkeit klagte. Lsyander schlug ihr daher vor, bis zum Tagesanbruch auf einer Bank aus weichem Moos zu ruhen. Und so dauerte es nicht lange und beide lagen friedlich in tiefem Schlaf.

So fand sie Puck, der kleine Schelm.

Als er den schönen, nach athenischer Mode gekleideten Jüngling und nicht weit von ihm ein noch schöneres Mädchen friedlich schlummern sah, war er der Meinung, es könne nur die Jungfrau und ihr treuloser Liebhaber sein, nach denen ihn Oberon ausgeschickt hatte. Darum zögerte er keinen Augenblick und benetzte seine Augen mit einigen Tropfen des wunderwirkenden Saftes.

Der kleine Kobold hatte es gut gemeint. Es kam aber ganz anders!

Statt Hermia erblickte Lysander zuerst Helena, die gerade des Weges kam. Und siehe, schon tat der Zauber seine Wirkung. Mit einem Schlag verwandelte sich Lysanders Liebe zu Hermia in glühende Leidenschaft zu Helena. Und die arme Hermia merkte von allem nichts. Sie schlief ja friedlich, tief und fest!

Wie war das möglich? Nachdem Demetrius die unglückliche Helena in recht unhöflicher Weise hatte stehenlassen, war diese ihm nachgeeilt, hatte ihn aber nicht einholen können und ihn schließlich aus den Augen verloren. Als sie nun einsam und verlassen durch den Wald lief, kam sie zufällig zu der Stelle, wo Lysander schlummerte.

„Ach", rief sie, „da liegt ja Lysander. Wie kommt denn der hierher! Ist er tot oder schläft er?"

Und schon faßte sie ihn an der Hand und sagte: „Wenn du lebst, so wach auf!"

Erschrocken fuhr Lysander auf. Und der sonst so besonnene Jüngling überhäufte das Mädchen mit überschwenglichen Liebesworten und Kosenamen!

Helena, die wohl wußte, daß Lysander mit Hermia verlobt war, geriet bei diesen Worten in heftigen Zorn und hielt den Scherz, den sich Lysander erlaubte, für recht unpassend.

„Ach", seufzte sie, „jeder macht sich über mich lustig. Ist es nicht genug, daß mich Demetrius keines freundlichen Blickes, geschweige denn eines höflichen Wortes mehr würdigt? Euch, Lysander, hätte ich mehr Takt zugetraut."

Dann wandte sie sich entrüstet ab und eilte davon. Lysander aber lief ihr nach, ohne sich um die schlafende Hermia zu kümmern.

Endlich wachte sie auf. Wie groß aber war ihr Erstaunen und zugleich ihre Angst, als sie sich in dem Wald so mutterseelenallein fand. Sie lief hin und her — sie suchte und suchte, aber umsonst. Von Lysander keine Spur, und er hatte doch hier geruht!

Inzwischen hatte wieder Demetrius vergeblich nach Hermia und seinem verhaßten Nebenbuhler Lysander gesucht. Dann war er vor Erschöpfung niedergesunken und eingeschlafen.

Kaum hatte Oberon erfahren, daß der kleine Kobold Puck den Liebessaft nicht dem treulosen Demetrius, sondern Lysander auf die Augen geträufelt hatte, eilte er zu dem Schlafenden und benetzte seine Lider mit dem wunderwirkenden Saft. Und siehe! Kaum rieb sich Demetrius den Schlaf aus den Augen, erblickte er Helena! Und schon mußte das Mädchen dieselben überschwenglichen Liebesbeteuerungen über sich ergehen lassen, wie vorher von Lysander. Als dritter im Bunde erschien nun noch Lysander auf der Bildfläche, dem wieder Hermia besorgt nachgelaufen war. Und unter dem Bann der Verzauberung machten nun beide Jünglinge Helena die feurigsten und tollsten Liebeserklärungen.

Hermia fiel von einem Erstaunen ins andere. Nicht anders ihre einstige Freundin Helena. Wollte man sie etwa zum besten haben? Unmöglich! Und dabei nagte die Eifersucht an ihren Herzen...

„Schäm dich, Hermia", grollte Helena, „du hast Lysander aufgehetzt, mich mit so törichten Redensarten zu quälen. Ganz zu schweigen von deinem Verehrer

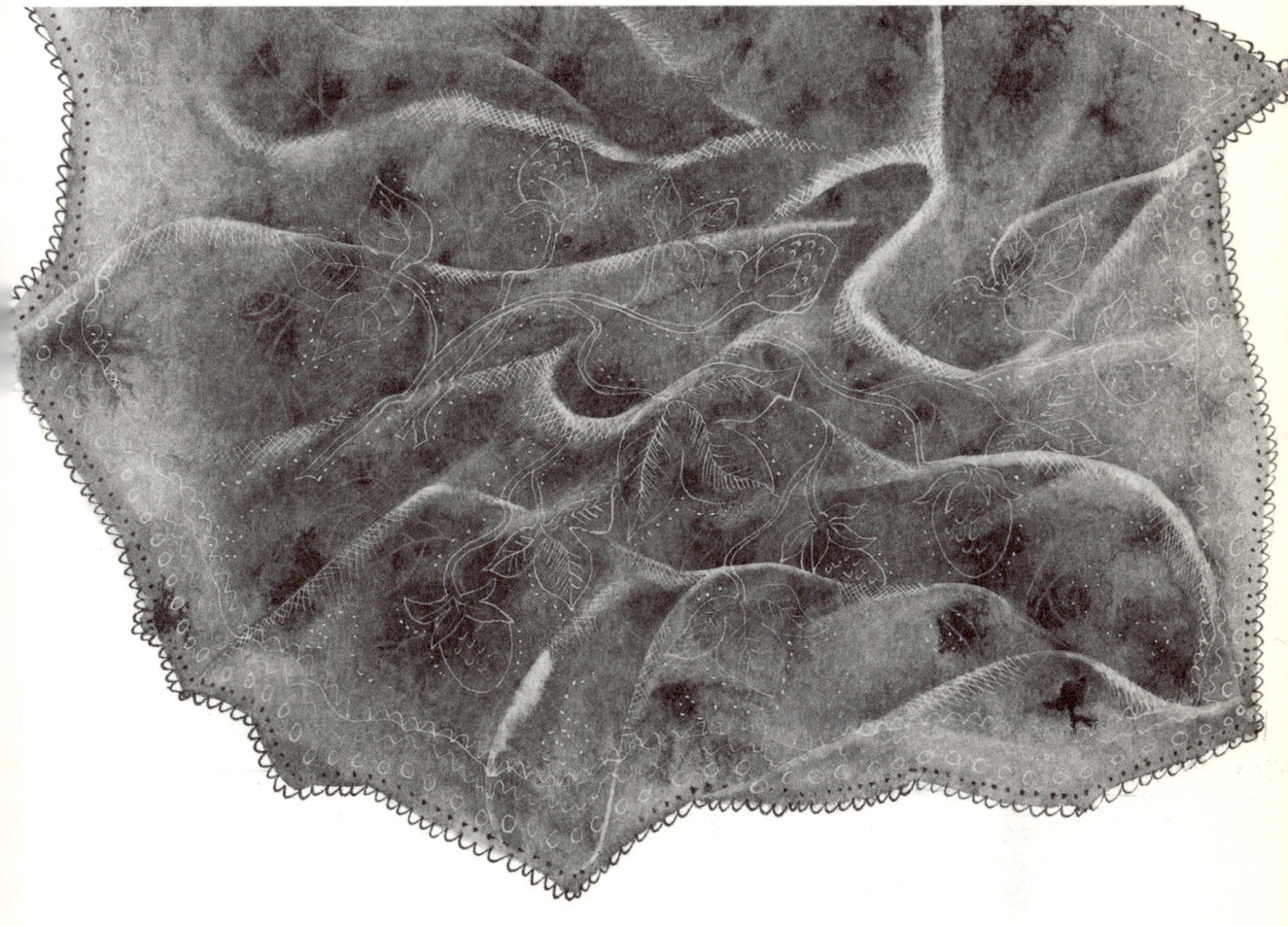

33

Demetrius, der mich mit einem Male Göttin, Schatz und Engel nennt, obwohl er mich doch verachtet. Sicher ist alles nur dein Werk!"

Ein Tränenstrom machte dem weiteren Klagen ein Ende.

Hermia aber erwiderte:

„Ich wundere mich über deine scharfen Worte, Helena. Ich mach mich über dich überhaupt nicht lustig, aber du verletzt mich!"

Während der Wortwechsel weiterging, begaben sich die beiden Jünglinge an eine entlegene Stelle des Waldes, um ihre Kräfte im Zweikampf zu messen. Der Sieger solle Helena erhalten.

Dem ganzen Vorgang hatten Oberon und Puck beigewohnt. Natürlich war der Elfenkönig auf den kleinen Burschen sehr erzürnt, hatte er doch die ganze Geschichte eingebrockt.

Puck aber ließ sich nicht aus der Ruhe bringen und erwiderte: „Auf den Zweikampf der beiden freue ich mich, das gibt bestimmt einen riesigen Spaß!"

Aber Oberon befahl: „Lauf den beiden nach und führe sie in der Dunkelheit so in die Irre, daß sie einander nicht finden können. Dabei ahme ihre Stimmen so getreu nach und reize sie noch durch kränkende Worte, daß sie glauben, es rede immer der andere. So werden sie dir schön folgen. Mach also deine Sache gut und jage sie so lange, bis sie vor Müdigkeit umfallen. Schlafen sie dann, so benetze Lysanders Augen mit diesem Saft hier, der wieder entzaubert. Wenn er erwacht, hat er Helena vergessen, und jede der beiden Mädchen bekommt wieder ihren alten Liebhaber. Das Erlebte werden sie nur für einen bösen Traum halten. Nun aber beeil dich, Puck! Ich will inzwischen nach meiner Frau sehen. In wen mag sie sich wohl verliebt haben?"

Titania schlief noch, als der Elfenkönig an ihr Lager trat. Nicht weit entfernt lag ein biederer Webermeister in tiefstem Schlaf.

Ich hab's, dachte Oberon, in den struppigen Kerl soll sich meine Frau verlieben.

Dann setzte er dem dürren Männlein einen Eselskopf auf, der ihm so gut paßte, als sei er auf seinen Schultern gewachsen.

Obwohl Oberon recht behutsam verfuhr, so wachte das Weberlein doch auf, merkte aber nichts von der Verwandlung, die mit ihm geschehen war, sondern wollte sich froh und guter Dinge auf den Weg machen.

Dabei wurde die Elfenkönigin wach — und siehe, der Zaubersaft tat seine Wirkung! Gleich sprach sie den eselsköpfigen Meister an: „Weckt mich ein Engel?"

Der Meister rief in Gedanken versunken: „Ei, wie der Kuckuck ruft!"

Titania faßte dies als Erwiderung auf und sprach ganz entzückt: „Du bist so klug, wie du reizend bist."

Der Meister — Zettel war sein Name — entgegnete ruhig: „Das bin ich gerade nicht. Aber wenn ich soviel Klugheit hätte, um aus diesem Wald herauszufinden, so hätte ich gerade so viel, wie ich brauchte."

„Wünsche das nicht", erwiderte Titania, „denn ich bin die Elfenkönigin. Außerdem gefällst du mir, mein Engel. Komm, ich will dir Elfen zur Bedienung geben."

Ehe der erstaunte Mann noch Worte fand, rief sie drei Elfen zu sich. Sie hießen Senfsamen, Bohnenblüte und Spinnweb.

„Dient diesem Herrn", ermahnte sie die Königin, „hüpft und springt, wo er geht. Sucht ihm Aprikosen und Stachelbeeren, gebt ihm Maulbeeren, Feigen und Trauben, raubt für ihn der Biene Honigseim!" Dann wandte sie sich wieder an das Meisterlein und rief: „Komm, setz dich zu mir, du hübscher Esel, ich will dich auf deine schönen, langen Ohren küssen."

„Wo ist Bohnenblüte?" fragte das Meisterlein, der sich um die Redensarten der Elfenkönigin wenig kümmerte, aber auf seine neuen Diener nicht wenig stolz war.

„Hier bin ich!" rief Bohnenblüte.

„Kratz mir doch mal den Kopf", sagte nun Meister Zettel. „Wo ist Senfsamen?"

„Hier bin ich, Herr!" rief der Gerufene. „Was befehlt Ihr?"

„Nichts, lieber Senfsamen, oder doch: Helft Bohnenblüte ein bißchen, mich zu kratzen. Ich muß sonst zum Barbier gehen, denn mir ist's, als hätte ich mächtig viel Haar."

„Was willst du essen, mein Lieber?" fragte nun die Elfenkönigin. „Ich habe eine gar leichtfüßige Fee, die im Nest des Eichhörnchens Nüsse suchen kann."

„Ich möchte lieber eine Handvoll trockene Erbsen haben", entgegnete Zettel, bei dem sich mit dem Eselskopf auch Eselsappetit eingestellt hatte, „aber keiner von Euren Leuten darf mich stören, denn ich bin müde und möchte schlafen."

„Gut, dann schlafe, mein Engel. Ich will dich in die Arme schließen, denn du gefällst mir und ich liebe dich."

Arm in Arm schliefen beide ein.

Als der Elfenkönig das ungleiche Paar erblickte, trat er an das Lager heran und schalt die Königin, ihre Liebe einem Esel zugewandt zu haben. Dann aber zog er alles ins Lächerliche und bat die Königin, ihm doch das geraubte indische Fürstenkind zu schenken. „Wenn du mir meine Bitte erfüllst, dann werde ich dir gern die Hand zur Versöhnung reichen."

Titania, die sich ihres Liebhabers zu schämen begann, konnte nicht mehr nein sagen, und so erhielt Oberon den langersehnten Pagen.

Jetzt empfand er Mitleid mit seiner Frau, die er durch die Verzauberung in arge Verlegenheit gebracht hatte, und darum trieb er ihr mit einigen Tropfen eines wunderwirkenden Saftes den Zauber aus. Sogleich kam die Elfenkönigin zur Besinnung, und Oberon reichte ihr in alter Herzlichkeit die Hand und erzählte ihr die Geschichte der verschiedenen Liebespaare. Beide sahen in freudiger Erwartung den Dingen, die da kommen würden, entgegen.

Auf ihrem Spaziergang fanden sie die jungen Männer und ihre Mädchen nicht weit voneinander auf einem Rasenplatz in tiefem Schlaf. Puck hatte nämlich sein Versehen wieder gutmachen wollen und es mit großer Mühe dahin gebracht, daß sich alle an derselben Stelle einfanden, ohne davon zu wissen. Dann hatte er Lysander mit Hilfe des Gegenmittels, das ihm der Elfenkönig gegeben hatte, entzaubert.

Zuerst erwachte Hermia. Lange stand sie sinnend an Lysanders Lager und

seufzte tief. Sann sie doch darüber nach, wie wankelmütig er sich gezeigt und wie seltsam er sich benommen hatte. Dann schlug Lysander noch ganz benommen die Augen auf. Als er seine liebe Hermia erblickte, da erlangte er sein vom Elfenzauber so arg verdüsterts Bewußtsein wieder. Und mit dem Bewußtsein kehrte auch seine Liebe zu Hermia zurück. Unbegreiflich schienen ihnen die Vorgänge der letzten Nacht. Hatte sich alles wirklich abgespielt oder hatte sie ein Traumbild umgaukelt?

Gleichzeitig erwachten auch Helena und Demetrius. Freudigen Herzens lauschte jetzt das schöne Mädchen seinen Liebesworten, an deren Aufrichtigkeit es fortan nicht mehr zweifelte.

Die Mädchen erneuerten ihre einstige Freundschaft. Vergeben und vergessen waren all die unfreundlichen Worte, die sie sich an den Kopf geworfen hatten, und friedlich beratschlagten sie, wie sie ihre fernere Zukunft gestalten wollten.

Demetrius erbot sich sogleich, Hermias Vater zu bewegen, das gegen sie erlassene grausame Todesurteil zurückzunehmen.

Und schon machte er sich auf den Weg nach Athen. Da kam zufällig Egeus daher. Er war auf der Suche nach seiner davongelaufenen Tochter. Als ihm Demetrius mitteilte, er nähme von einer Vermählung mit seiner Tochter Hermia Abstand, da gab Egeus nicht nur seinen Widerstand gegen Hermias Ehe mit Lysander auf, sondern erklärte sich auch bereit, nach vier Tagen, also nach Ablauf

der vom Herzog gegebenen Frist, die Hochzeit auszurichten. An demselben Tag gedachten auch Helena und Demetrius einander die Hände zum Ehebund zu reichen.

Unbemerkt waren der Elfenkönig und seine Gattin Zeugen dieser alle Teilnehmer beglückenden Versöhnung gewesen. Oberon freute sich über den Erfolg seiner Bemühungen um die endlich glückliche Vereinigung der Liebenden und ließ eine Botschaft ergehen, daß anläßlich der Vermählung der jungen Paare im ganzen Elfenreich Festlichkeiten stattfinden sollten. Und schon wurden überall Lampione angezündet und Musik spielte auf.

Unsere Geschichte ist aus. Hält sie jemand für unglaubwürdig, so braucht er sich nur zu vergegenwärtigen, daß sie von Anfang bis Ende nur ein Traum ist, ein wunderschöner Sommernachtstraum.

EIN WINTERMÄRCHEN

Leontes, König von Sizilien, und seine Gemahlin, die schöne, tugendsame Hermione, lebten in glücklichster Ehe miteinander. Die Liebe zu dieser ausgezeichneten Frau beglückte den König dermaßen, daß er überzeugt war, er bedürfe keines weiteren irdischen Gutes. Nur hin und wieder hatte er sehnliches Verlangen, seinen alten Jugendfreund, den König Polixenes von Böhmen, wiederzusehen und diesen mit seiner Frau bekannt zu machen.

Leontes und Polixenes waren gemeinsam aufgewachsen. Da sie aber seit dem Tod ihrer Väter den Thron ihrer Länder bestiegen hatten, so waren sie einander viele Jahre lang nicht mehr begegnet. Beide Freunde hielten nur noch eine lose Verbindung miteinander, die durch Geschenke und Briefe aufrecht erhalten wurde. Auch an Einladungen hatte es nicht gefehlt. Diese waren mit der Zeit so dringend geworden, daß sich Polixenes endlich entschloß, der Bitte des Freundes zu entsprechen und dem sizilianischen Hof den lange gewünschten Besuch abzustatten.

Anfangs bereitete dieser Besuch Leontes große Freude. Mit zu Herzen gehenden Worten stellte er seiner Frau diesen seinen Jugendfreund vor und pries den Tag, an dem er mit ihm bekannt gemacht wurde, als den schönsten seines Lebens. Die beiden Freunde plauderten über ihre gemeinsam verlebte Jugend und frischten die Erinnerungen an ihre gemeinsame Schulzeit und die vielen losen Streiche, die sie in kindlichem Übermut verübt hatten, wieder auf.

Diese Unterhaltungen bereiteten der Königin offenbar großes Vergnügen.

Bei Festlichkeiten und traulichen Plauderstunden verging die Zeit. Nun mußte Polixenes an die Heimkehr denken und die Rückreise vorbereiten. Da kam er aber schön bei Leontes an! Eindringlich bat er den Freund, er möge noch bleiben, ein Wunsch, den Hermione durch persönliche Fürbitte unterstrich. Der freundlichen Ermunterung einer so liebenswürdigen Dame konnte Polixenes freilich nicht

widerstehen, und so entschloß er sich, seinen Aufenthalt auf Sizilien um ein paar Wochen zu verlängern.

Hätte er es lieber nicht getan!

Je länger der König von Böhmen die Gastfreundschaft des Königs von Sizilien genoß, desto schärfer plagte Leontes die Eifersucht. Wenn er auch von der unbedingten Ehrenhaftigkeit seiner Frau überzeugt war, so schnitt ihm doch jedes freundliche Wort, das Hermione ihrem königlichen Gast widmete, wie eine Dolchspitze ins Herz. Jede Aufmerksamkeit, mit der sie ihm den Aufenthalt angenehm zu machen suchte, verzehrte ihren Gatten mit rasender – allerdings unbegründeter – Eifersucht. Der liebevolle Freund, der zärtliche, hingebungsvolle Gatte, der Leontes stets gewesen war, wandelte sich jetzt in einen unmenschlichen Wüterich. Von heftigem Verlangen nach Rache erfüllt, beschied er den Höfling Camillo zu sich, unterrichtete ihn von seinem Argwohn und gebot ihm, Polixenes durch Gift zu beseitigen.

Wenn aber Leontes glaubte, Camillo werde sich so leicht zu einem Verbrechen dingen lassen, so irrte er sich, um so mehr, als Camillo wohl wußte, daß die Eifersucht des Königs jeder Grundlage entbehrte.

Anstatt Polixenes zu vergiften, setzte er diesen von dem Befehl seines Königs in Kenntnis und verabredete mit ihm einen Fluchtplan. Bei Nacht und Nebel ging Polixenes auf und davon. Mit Camillos Hilfe erreichte er wohlbehalten sein Königreich Böhmen.

Von der Zeit an lebte Camillo am Hofe des Königs Polixenes und wurde sein vertrauter Freund und Günstling.

Die Flucht Polixenes stachelte Leontes' Eifersucht nur noch mehr an. Ungestüm drang er in das Zimmer seiner Gattin ein, die gerade ihr Söhnchen Mamillus auf dem Schoße wiegte und seinem süßen Geplauder lauschte. Erbarmungslos und ohne ein Wort der Rechtfertigung entriß er ihr das Kind, sie selbst aber ließ er ins Gefängnis werfen.

Da Mamillus seine Mutter zärtlich liebte, nahm er sich die ihr angetane Kränkung so zu Herzen, daß er weder essen noch schlafen mochte. Im wahrsten Sinne des Wortes grämte er sich zu Tode.

Als man dies dem verblendeten König meldete, schlug ihm das Gewissen. Um sich zu vergewissern, ob die Königin wirklich treulos an ihm gehandelt habe, sandte er die beiden sizilianischen Edelleute Cleomenes und Dion nach Delphi. Sie sollten das Orakel im Tempel des Apollo befragen, ob seine Gemahlin wirklich die Treue gebrochen habe.

Kurze Zeit nach ihrer Verhaftung schenkte Hermione einer Tochter das Leben, die sie in ihrem unverdienten Herzeleide einigermaßen mit ihrem Schicksal aussöhnte.

Aber auch von anderer Seite erhielt Hermione mannigfache Beweise wohltuenden Mitgefühls.

So besuchte sie täglich die edelherzige Paulina, die Gattin Antigonus', die sich sogar entschloß, dem König das neugeborene Kind zu Füßen zu legen und ihn um Gnade für seine schuldlose Gattin und das ebenso schuldlose Töchterchen anzuflehen. Der König ließ sich aber nicht erweichen, im Gegenteil; Paulinas versteckte Vorwürfe verschärften seinen Groll noch mehr, und er ließ sie kurz entschlossen hinauswerfen.

Tiefbetrübt ging Paulina von dannen. Das Kind aber ließ sie zurück; denn sie hoffte, der Vater würde zur Besinnung kommen und sich des hilflosen Wesens erbarmen.

Aber er empfand kein Mitleid mit ihm.

Kaum war Paulina fort, befahl der unbarmherzige Mann, das Neugeborene dem

Meer anzuvertrauen. Der Wind würde das Boot an eine unwirtliche Küste treiben, wo das Kind ausgesetzt werden sollte. Der Höfling Antigonus wagte sich dem Willen seines Königs nicht zu widersetzen und erklärte sich bereit, den grausamen Befehl auszuführen.

Obwohl die Boten Cleomenes und Dion aus Delphi noch immer nicht zurückgekehrt waren, ließ der König seine Gemahlin, die nur noch ein Schatten ihrer selbst war, vor ein öffentliches Gericht stellen.

Schon stand Hermione vor ihren Richtern, um deren Urteil entgegenzunehmen,

als Cleomenes und Dion den Gerichtssaal betraten und dem König in einem versiegelten Brief den Orakelspruch überreichten.

Hastig erbrach der König das Schreiben und erbleichte, als er die Worte las:

Hermione ist unschuldig – Polixenes ein ehrenhafter Mann – Camillo ein treuer Diener – Leontes ein eifersüchtiger Tyrann. Der König aber wird ohne Thronerben bleiben, wenn sich das Verlorene nicht wiederfindet.

Aber der besessene König wollte dem Orakelspruch keinen Glauben schenken und meinte, die Freunde der Königin hätten alles nur erlogen. Darum ordnete er an, daß das Gerichtsverfahren gegen die schwergeprüfte Frau seinen Fortgang nähme.

Während er noch sprach, traf ein Bote mit der Nachricht ein, Prinz Mamillus sei aus Gram über die seiner Mutter zugefügte Schmach plötzlich gestorben.

Als Hermione diese furchtbare Nachricht vernahm, fiel sie bewußtlos zu Boden. Endlich regte sich in der Brust des grausamen Königs das Gewissen und rührte sein Herz. Er befahl, man solle seine Gattin unverzüglich heimholen und ihr alle erdenkliche Pflege angedeihen lassen.

Zu spät!

Die Unglücksbotschaft, Hermione sei nicht mehr, hallte in den Ohren des Königs wie ein Fluch! Und das, was in ihm vorging, kann keine Zunge erzählen, keine Feder beschreiben. Jetzt stand der Orakelspruch außer Zweifel. Ebenso war er nun überzeugt, daß er ohne Erben bleiben würde, wenn das Verlorene sich nicht wiederfand. Wen das Orakel meinte, war klar: da Prinz Mamillus nicht mehr am Leben war, so hätte er sein Königreich gegeben, wenn er sein verlorenes Töchterchen wiederbekommen hätte. Doch vergebens waren alle seine Nachforschungen! Sicher hätte ihm sein Höfling Antigonus helfen können. Aber der war wie vom Erdboden verschwunden.

So lebte der König viele Jahre lang mit diesem nagenden Gewissen.

Was hatte sich damals zugetragen?

Auf den Wellen des Meeres schaukelte das Boot, bis es an die Küste Böhmens [1] getrieben wurde, des Landes, in welchem der gute Polixenes als König herrschte. Hier setzte Antigonus das hilflose Kind aus. Aber den Bösewicht ereilte die gerechte Strafe. In dem Augenblick, als er sein Boot besteigen und nach Sizilien heimkehren wollte, kam ein Bär aus dem Dickicht und riß ihn in Stücke. Darum erfuhr der König auch nichts vom Schicksal seines Kindes.

Damals, als die Königin ihrem Gemahl das Kind zu Füßen legen ließ in der Hoffnung, er würde zur Besinnung kommen, hatte sie es prächtig gekleidet und mit Brillanten geschmückt. Auf dem Boot heftete Antigonus noch einen Zettel an das Mäntelchen, auf dem er den Namen Perdita (die Verlorene) mit versteckter Andeutung seiner hohen Herkunft schrieb. Was aber halfen dem armen Kind jetzt alle Kostbarkeiten, jetzt, wo herzlose Menschen es dem Tod preisgaben! Aber der König denkt, und Gott lenkt!

Eines Tages entdeckte ein Schäfer das verlassene Kind. Er brachte es zu seiner Frau, und die zog es auf, als sei es ihre eigene Tochter. Da aber die vielen Kostbarkeiten des kleinen Findlings den Nachbarn auf die Dauer nicht verborgen bleiben konnten, verließ der Schäfer jene Gegend, verkaufte einen Teil der Brillanten zu hohem Preis und siedelte sich dann als reicher Mann in einem anderen Teil Böhmens an.

Inzwischen war Perdita zu einer wunderschönen Jungfrau herangewachsen. Obwohl sie keine bessere Erziehung genoß als andere ihres einfachen Standes, gab es weit und breit kein Mädchen, das ihr an natürlicher Anmut gleichkam und sich in seinem Gebaren von den anderen so unterschied.

[1] Ein Irrtum Shakespeares

Wir wissen, daß in Böhmen König Polixenes regierte. Seinem Herzen und seinem Throne der nächste war sein einziger Sohn Florizel. Als dieser eines Tages in der Gegend jagte, sah er Perdita, die vermeintliche Tochter des Schäfers. Gebannt sah er sie an. Sein Herz entbrannte in Liebe zu ihr, und auch Perditas Auge ruhte mit Wohlgefallen auf der stattlichen Erscheinung des Jünglings. Fortan war der Prinz ständiger Gast im Hause des alten Schäfers. Doricles nannte er sich, und niemand ahnte, daß der hübsche Jüngling der Kronprinz des mächtigen Landes war.

Der fürstliche Jüngling war glückselig. Seinem Vater Polixenes aber fiel es bereits auf, daß sein Sohn Florizel sich so selten bei Hofe sehen ließ — bis eines Tages ausgesandte Späher die Liebe des Prinzen zu der schönen Tochter des Schäfers ans Tageslicht brachten.

Um sich von der Wahrheit zu überzeugen, machte sich der König als einfacher Mann verkleidet und mit jenem treuen Camillo auf, den Schäfer zu besuchen.

Im Hause des alten Schäfers herrschte gerade eitel Wonne, denn man feierte das traditionelle Volksfest der Schafschur.

Auch die beiden Fremden wurden eingeladen und durften sich an den aufgetragenen Speisen und Getränken gütlich tun.

Heiterkeit und Frohsinn herrschten hier. Burschen und Mädchen tanzten auf der grünen Rasenfläche. Andere wieder kauften sich Bänder, Handschuhe und anderen Tand, den ein Hausierer vor der Tür feilbot.

Während das frohe Fest seinen Fortgang nahm, ließen Polixenes und Camillo ihre Blicke durch die Reihen der Anwesenden schweifen, ohne Florizel und die Tochter des Schäfers zu entdecken. Endlich erspähten sie das Liebespaar angeregt plaudernd in einer Ecke.

Der König, der in seiner Verkleidung nicht zu erkennen war, machte sich gleich in der Nähe zu schaffen, um das Gespräch der beiden zu erlauschen. Wie erstaunte er, als er Perdita so schlicht und doch so anmutig plaudern hörte.

Entzückt flüsterte er Camillo ins Ohr: „Nie sah ich ein so schönes Mädchen niedrigen Standes. Viel zu schade für eine solche Umgebung."

Camillo pflichtete ihm bei.

Jetzt wandte sich der König an den alten Schäfer: „He, guter Freund, wer ist der schmucke Bursche, der dort mit Eurer Tochter plaudert?"

„Er heißt Doricles", erwiderte der Schäfer. „Er sagt, er liebt meine Tochter. Gegen eine Ehe habe ich nichts einzuwenden. Ganz im Gegenteil. Außerdem bringt Perdita eine Mitgift in die Ehe, die seine kühnsten Träume übertrifft." (Damit meinte der alte Schäfer die noch verbliebenen Juwelen, die er damals bei Perdita fand.)

Nunmehr sprach Polixenes seinen Sohn an: „Hört mal, junger Mann, Ihr beteiligt Euch ja gar nicht an dem Fest? Als ich noch jung war, ließ ich das Geld springen und überhäufte mein Mädchen mit Geschenken. Ihr aber ließet den Händler weiterziehen, ohne Eurem Mädchen eine Kleinigkeit zu kaufen."

Ahnungslos erwiderte der junge Prinz: „Ehrwürdiger Herr, sie macht sich nichts aus solchem Tand. Die Gaben, die Perdita von mir erwartet, sind Gaben meines Herzens."

Dann wandte sich der Prinz an Perdita und sagte: „Ich glaube beinahe, dieser würdige Herr hat noch niemals geliebt. Laß ihn darum Zeuge unserer Verlobung sein."

Und schon verlobte er sich feierlich mit Perdita.

In diesem Augenblick gab sich der König zu erkennen.

Entrüstet schrie er seinen Sohn an: „Wage es nicht, dich mit einem Mädchen niederen Standes zu verloben!"

Der aufs tiefste beleidigten Perdita drohte er, wenn sie noch einmal mit seinem Sohn zusammenkäme, würde er ihr und ihrem Vater einen qualvollen Tod bereiten.

In heftigem Zorn ging der König fort und gebot Camillo, sogleich mit dem Prinzen nachzukommen.

Inzwischen hatte Perdita ihre Fassung wiedererlangt. Gelassen sagte sie: „Die Worte des Königs haben mich zwar gedemütigt, aber ich fürchte mich nicht vor ihm. Ein- oder zweimal wollte ich ihm schon ins Wort fallen und erklären, daß die liebe Sonne nicht nur auf seinen Palast scheint, sondern auch auf unsere Hütte und in gleichem Maße auf alle herniederlacht." Seufzend fügte sie hinzu: „Ach ja, ich bin aus meinem Traum erwacht, darum will ich nicht länger Königin spielen. Lebt wohl, mein Herr, ich muß gehen und die Schafe melken."

Camillo, den Perditas entschiedenes Auftreten außerordentlich beeindruckte, überzeugte sich bald, daß die Verbindung dieser beiden jungen Menschen, die sich in Liebe gefunden haben, nicht mehr getrennt werden konnte.

Ob der König wirklich alles so gewollt hatte, wollen wir dahingestellt sein lassen. Camillo jedenfalls suchte Mittel und Wege, um den Liebenden zu helfen und gleichzeitig seinen langgehegten Plan auszuführen.

Er hatte nämlich in Erfahrung gebracht, daß König Leontes von Sizilien bittere Reue über sein begangenes Unrecht empfand. Obwohl Camillo jetzt der Günstling des Königs Polixenes war, so hatte er dennoch großes Verlangen, sein Vaterland und seinen einstigen königlichen Herrn wiederzusehen. Er schlug daher dem Liebespaar vor, ihn an den sizilianischen Hof zu begleiten. Er wollte König Leontes bitten, das junge Paar unter seinen Schutz zu stellen, bis König Polixenes seinem Sohn verzeihen und ihm seinen väterlichen Segen zur Vermählung mit dem vermeintlichen Hirtenmädchen erteilen würde.

Freudigen Herzens stimmten Florizel und seine Braut zu. Sie baten nur, daß der alte Schäfer sich ihnen anschließen durfte.

Dieser war natürlich einverstanden, und in leiser Vorahnung nahm der alte Mann die noch vorhandenen Kostbarkeiten, das Mäntelchen mit dem Zettel, der daran befestigt war, mit auf die Reise.

Nach einer herrlichen Seefahrt kamen alle wohlbehalten am Hofe des Königs von Sizilien an. Leontes, der noch immer um Weib und Kind trauerte, empfing Camillo mit großer Herzlichkeit und hieß auch den Prinzen Florizel willkommen. Als er aber Perdita erblickte, die Florizel ihm als seine Braut vorstellte, glaubte er eine gewisse Ähnlichkeit mit seiner verstorbenen Gemahlin zu entdecken. Kein Wunder, daß die Wunde, die er längst vernarbt wähnte, von neuem aufbrach. Laut jammerte er:

„Ein so liebes Mädchen, wie dieses, wäre jetzt meine Tochter, hätte ich sie damals nicht in meiner Verblendung von mir gestoßen!"

Als der alte Schäfer hörte, daß der König den Verlust einer Tochter beklagte, die er einst als Kind hatte aussetzen lassen, erzählte er ihm in allen Einzelheiten die Geschichte von Perdita. Zur Bekräftigung seines Berichtes zeigte er ihm das Mäntelchen. Ebenso wies er die Schmucksachen vor, welche Paulina sofort als Eigentum der Königin Hermione erkannte, und endlich den Zettel, der die

Schriftzüge Antigonus' trug. Jetzt war es klar — Perdita war die Tochter des Königs Leontes!

Wie jubelte der König bei dieser Entdeckung! Welche Wehmut aber beschlich sein Herz bei dem Gedanken, daß Hermione nicht mehr unter den Lebenden weilte und sich am Anblick der holdseligen Tochter nicht erfreuen konnte!

Aus diesen frohen und zugleich trüben Gedanken schreckte ihn Paulina auf. Sie sagte, in ihrem Hause befände sich ein von dem italienischen Künstler Julio Romano geschaffenes Standbild der verstorbenen Königin. Ob nicht der König geruhen wolle, sich dieses anzusehen.

Der König war begierig, seine Gemahlin — wenn auch nur in kaltem Marmor — wiederzusehen. Perdita aber verging fast vor Sehnsucht nach der Mutter, die sie nie gekannt hatte.

Als Paulina den Vorhang zurückschlug, der das marmorne Kunstwerk verhüllte, war der König über die sprechende Ähnlichkeit so betroffen, daß er sich minutenlang nicht zu rühren, geschweige denn ein Wort hervorbringen vermochte.

„Es ist recht, daß Ihr schweigt, hoher Herr", unterbrach Paulina die Stille. „Ich ersehe daraus, wie tief Euch der Anblick bewegt. Nicht wahr, das Standbild sieht Eurer Gattin täuschend ähnlich?"

„Ja", sagte der König, „genauso hoheitsvoll stand sie vor mir, als ich um sie freite. Aber ein so abgehärmtes Gesicht hatte sie damals nicht."

„Um so höher ist die Kunst des Bildhauers einzuschätzen, der es verstanden hat, Hermonie so darzustellen, wie sie heute aussehen würde."

Nach diesen Worten wollte Paulina den Vorhang wieder vorziehen. Der König aber bat: „Nicht doch, nicht doch! Ich wünschte, auch ich wäre tot! — Aber Camillo, mir ist's, als ob sie sich bewegt, als ob ihr Atem auf mich weht! Sag, gewinnt nicht ihr Auge Leben? Welch zarter Meißel schuf wohl jemals Hauch? — Ach, lacht mich nicht aus, ich muß sie küssen!"

„Haltet ein, Herr!" wehrte Paulina ab, „die Röte ihrer Lippen ist noch feucht. Ihr würdet Euch mit Öl und Farbe nur beflecken. — Darf ich jetzt den Vorhang schließen?"

„Nein, in zwanzig Jahren nicht!" befahl Leontes.

Auch Perdita, die die ganze Zeit in stummer Andacht vor dem Standbild ihrer Mutter gekniet hatte, stimmte ihrem Vater bei: „Ebensolange könnte ich hier stehen und meine liebe Mutter ansehen."

„Entweder laßt mich jetzt den Vorhang schließen oder Ihr meistert Eure Erregung und bereitet Euch auf eine noch größere Überraschung vor", verkündete Paulina. „Ich kann nämlich bewirken, daß die Statue tatsächlich zum Leben erwacht. Wohlan, steig herab von deinem Sockel und reich dem König die Hand!"

In diesem Augenblick erklang leise, feierliche Musik, und zur Verwunderung aller Anwesenden stieg das vermeintliche Standbild vom Sockel herab, legte die

Arme um Leontes Schulter und segnete mit herzlichen Worten den König und die wiedergefundene Tochter.

Kein Wunder, daß das Standbild den König so liebevoll umarmte und ihn und die Tochter segnete! Es war ja Hermione, die totgeglaubte Königin!

Wie war das möglich?

Gewiß, Paulina hatte seinerzeit dem König den Tod seiner Gattin gemeldet. Hermione war aber nicht gestorben. Paulina hielt sie in ihrem Haus verborgen, um sie vor der weiteren Unbill des Königs zu schützen. Hermione ihrerseits hatte geschworen, erst dann zu ihrem Gatten zurückzukehren, wenn Perdita wiedergefunden sei. Obwohl sie ihrem Gatten das ihr angetane Unrecht längst vergeben hatte – die ihrem Kind widerfahrene Unbill konnte sie nicht vergessen.

Zu viel des Glücks stürmte jetzt auf Leontes ein: Seine totgeglaubte Gattin war wieder da, seine Tochter hatte sich wiedergefunden! Innige Freude erfüllte auch sein Herz, daß Prinz Florizel seine Tochter um ihrer selbst willen liebte und nicht

irgendwelcher Vorteile wegen. Dankerfüllt pries er schließlich auch den alten Schäfer, der seiner Tochter ein zweiter, liebevoller Vater war.

Auch Camillo und Paulina freuten sich, daß alles, was so schlimm und unentwirrbar schien, in eitel Freude und Versöhnung ausklang.

Um nun das Maß aller dieser unvermuteten Freuden vollzumachen, erschien plötzlich auch König Polixenes in höchsteigener Person.

Als er nämlich seinen Sohn und Camillo vermißte, hatte er sich erinnert, daß Camillo schon längst Heimweh nach Sizilien gehegt hatte. Was war also natürlicher, als daß die Flüchtlinge sich nach Sizilien wandten.

Er setzte ihnen nach und kam gerade zurecht, um sich an Leontes' neugeschenktem Glück mit zu erfreuen. Glückstrahlend verzieh er seinem Freund Leontes die ungerechtfertigte Eifersucht, mit der er ihn einst verfolgt hatte, und erneuerte mit ihm den langjährigen, treuerprobten Freundschaftsbund. Gegenstandslos war jetzt die Befürchtung, Polixenes werde der Vermählung seines Sohnes mit Perdita hinderlich sein — jetzt war sie ja nicht mehr das arme Hirtenmädchen, sondern die reiche Erbin der sizilianischen Königskrone!

So sehen wir, wie die Demut der hartgeprüften Hermione schließlich ihren Lohn fand, denn dieser vortrefflichen Fürstin war es noch viele Jahre vergönnt, als glückliche Gattin und Mutter sich ihres Gemahls und ihrer Tochter zu erfreuen.

# VIEL LÄRM
UM NICHTS

Im Herzogspalast zu Messina wuchsen zwei junge Mädchen auf, Hero, die Tochter des Herzogs Leonato, und Beatrice, seine Nichte. Beatrice war heiteren Gemüts und stets zu Scherz und Spiel aufgelegt. Hero dagegen war ernst und in sich gekehrt, und nur hin und wieder, wenn Beatrice sie zu erheitern suchte, huschte ein flüchtiges Lächeln über ihr blasses Antlitz.

Zu jener Zeit, da unsere Erzählung beginnt, kamen drei junge Offiziere nach Messina: Don Pedro, Prinz von Aragonien, sein Freund Claudio, Graf von Florenz, und Benedikt, ein heftiger, doch sehr geistreicher Edelmann aus Padua. Sie kehrten von einem Feldzug, in dem sie sich sehr ausgezeichnet hatten, heim und wollten ihren kurzen Aufenthalt in Messina dazu benutzen, dem Herzog ihre Aufwartung zu machen.

Dieser kannte sie bereits von einem ihrer früheren Aufenthalte in der Stadt und stellte sie den beiden jungen, hübschen Mädchen gleich als alte Freunde und Bekannte vor.

Benedikt beachtete die Mädchen nicht und verwickelte den Herzog und den Prinzen von Aragonien in ein angeregtes Gespräch. Das verdroß Beatrice, denn sie war es nicht gewöhnt, übersehen zu werden. So unterbrach sie denn die Unterhaltung der Herren kurzerhand mit den Worten: „Herr Benedikt, ich glaube, Ihr habt nun genug geschwatzt. Merkt Ihr denn nicht, daß Euch niemand mehr zuhört?"

Benedikt plauderte ebenso gern wie Beatrice, und deshalb war ihm diese unhöfliche Unterbrechung doch zu arg, um so mehr, als sich solch ein vorlautes Benehmen für ein wohlerzogenes Mädchen aus vornehmem Hause ganz und gar nicht schickte. Überdies fiel ihm ein, daß ihn Beatrice schon früher öfter zur Zielscheibe ihres Spottes gemacht hatte, und deshalb tat er so, als sei er eben erst durch ihren Zwischenruf auf sie aufmerksam geworden, und begrüßte sie spöttisch: „Ah, guten Tag, Fräulein Hohn, Ihr lebt noch?"

Diese wohlverdiente Zurechtweisung gab das Zeichen zu einem heftigen Wortwechsel zwischen den beiden jungen, ausgelassenen Menschen, wobei Benedikt zufällig auf den gerade glücklich beendeten Feldzug und seine Taten in diesem zu sprechen kam. Obwohl Beatrice wußte, wie tapfer sich der junge Edelmann geschlagen hatte, bemerkte sie spöttisch: „Wer's glaubt! Den möcht' ich sehen, der sich von Euch töten läßt."

Benedikt ließ sich durch diese Worte nicht aus der Ruhe bringen, denn er war sich seines Wertes und seiner Taten wohl bewußt. Doch als Beatrice angesichts des Vergnügens, das Don Pedro ihre Unterhaltung bereitete, Benedikt einen „fürstlichen Hofnarren" nannte, fühlte der sich ernstlich beleidigt und begann, das übermütige junge Mädchen abgrundtief zu hassen.

Und was sagten die anderen zu diesem kleinen Zwischenfall?

Hero ging mit Rücksicht auf die vornehmen Gäste ruhig über ihn hinweg, während ihn Claudio gar nicht bemerkte, weil seine Augen nur auf der schönen Tochter des Herzogs ruhten. Der Prinz aber lauschte aufmerksam und immer belustigter dem Wortgefecht, bis er dem Herzog schließlich ins Ohr flüsterte: „Was ist das für ein lustiges Mädchen! Die paßt ja ausgezeichnet zu Benedikt."

„So? Meint Ihr?" fragte Leonato. „Ich glaube, wenn die beiden nur eine Woche verheiratet wären, würden sie sich mit ihrem Gerede gegenseitig verrückt machen."

Und obwohl Leonato die Möglichkeit einer glücklichen Vereinigung der beiden energisch bestritt, blieb der Prinz bei seiner Absicht, sie miteinander zu verheiraten.

Aber noch ein anderer Plan reifte in seinem Sinn. Bei ihrer Rückkehr aus dem Palast sprach Claudio so begeistert über Hero, daß der Prinz ihm auf den Kopf zusagte: „Du bist in Hero verliebt!"

„Kann ich's leugnen, daß sie mir gefällt? Sie gefiel mir schon damals, als wir das erste Mal in Messina weilten."

Dies Geständnis bereitete dem allzeit hilfsbereiten Prinzen solche Freude, daß er gleich am nächsten Tag bei Leonato um Heros Hand für Claudio warb. Der Herzog war gern bereit, seine Tochter dem edlen Jüngling zur Frau zu geben. Und da auch Hero dem Freier von Herzen gern ihr Jawort gab, fühlte sich Claudio wie im siebenten Himmel und bat den Herzog, das Maß seiner Güte voll zu machen und einen möglichst nahen Zeitpunkt für die Vermählung festzusetzen.

„Habt nur noch ein paar Tage Geduld", lautete die Antwort.

Da dem Bräutigam die Wartezeit lang wurde wie jedem, der sich nach der Vereinigung mit der Geliebten sehnt, machte Don Pedro den Vorschlag, man solle zum Zeitvertreib ein Mittel ersinnen, durch das man Benedikt und Beatrice ineinander verliebt machen könnte. Claudio stimmte freudig zu. Leonato versprach, sich ebenfalls an den dazu erforderlichen Maßnahmen zu beteiligen, und auch Hero wollte sich bemühen, ihrer Base zu einem guten Mann zu verhelfen.

Der Rat des Prinzen war höchst einfach. Die beiden Freunde sollten Benedikt so lange einreden, Beatrice liebe ihn, bis er's tatsächlich glaubte, während Hero wiederum Beatrice überzeugen sollte, Benedikt liebe sie unsterblich und wage es ihr nur nicht zu gestehen.

Gesagt, getan.

Der Prinz, der Herzog und der Graf gewahrten Benedikt, als er nichtsahnend in

57

einer Sommerlaube saß und in einem Buch blätterte. Die drei stellten sich unter die Bäume hinter der Laube und unterhielten sich so laut, daß Benedikt sie unbedingt hören mußte. Zuerst sprachen sie über ganz gleichgültige Dinge. Mit einem Mal unterbrach Don Pedro die beiden anderen: „Wie war das doch, Herr Herzog, erzähltet Ihr mir nicht neulich, Eure Nichte sei in Herrn Benedikt verliebt? Ich glaubte immer, die junge Dame mache sich nichts aus uns Männern."

„Ich war derselben Ansicht, Prinz", erwiderte Leonato, „und darum wundert es mich, daß sie unseren Freund Benedikt liebt. Denn wie sie ihn neulich behandelte, das war denn doch alles andere als Liebe!"

Graf Claudio bestätigte dies, doch dann fuhr er fort: „Da hat sich Beatrice verstellt. Denn wie mir Hero erzählte, ist sie in Benedikt so verliebt, daß sie sich unzweifelhaft ein Leid antun würde, wenn er ihre Liebe nicht erwiderte."

Doch das war nach Leonatos und Claudios Ansicht unmöglich, denn Benedikt

58

habe es sich zum Grundsatz gemacht, alle schönen Mädchen und besonders Beatrice zu verspotten.

„Das müßte Benedikt hören!" rief der Prinz aus.

„Warum denn?" entgegnete Claudio, „soll er vielleicht das arme Mädchen noch mehr quälen?"

„Wenn er's nur täte!" erklärte Don Pedro mit einer komischen Grimasse. „Dann hätten wir die schönste Gelegenheit, ihn wegen Anstiftung zum Selbstmord an den Galgen zu bringen! Doch bleiben wir ernsthaft, Freunde. Beatrice ist ein ganz entzückendes Mädchen — nur finde ich es unverzeihlich, daß sie gerade Herrn Benedikt liebt."

Dann gab der Prinz seinen Gefährten ein Zeichen, ihren Spaziergang fortzusetzen, damit Benedikt allein und ungestört über das nachdenken konnte, was er soeben gehört hatte.

Der junge Edelmann hatte der Unterhaltung der drei Freunde mit gespannter Aufmerksamkeit gelauscht. Als er hörte, Beatrice liebe ihn, dachte er überrascht: „Was, aus der Ecke pfeift der Wind?"

Und nachdem sich die drei entfernt hatten, überlegte er angestrengt: ‚Sie liebt mich? Wollten mich die drei zum Narren halten? Aber nein, dazu sprachen sie zu ernsthaft. Hero hat's ihnen gesagt, und sie scheinen das Fräulein zu bedauern. In mich verliebt? Das muß ich erwidern! Eigentlich wollte ich ja Junggeselle bleiben. Hm, sie sagen, das Fräulein sei tugendhaft und schön — ja, das ist sie — und verständig, aber so dumm, daß sie ausgerechnet mich liebt — na, das ist noch lange kein Beweis für ihre Dummheit. Aber da kommt ja Beatrice — bei Gott, sie ist wirklich schön! Und sie liebt mich!'

Beatrice kam näher heran und sagte so gleichgültig wie möglich: „Gegen meinen Willen hat man mich geschickt, ich soll Euch zu Tisch bitten."

„Schöne Beatrice, habt Dank für Eure Mühe."

Beatrice, verdutzt über diese vertrauliche Anrede, antwortete kurz angebunden: „Ihr habt wohl keinen Appetit, Herr Benedikt? Na, dann lebt wohl!"

Der junge Edelmann aber schloß aus diesen nicht gerade sehr ermutigenden Worten, das schöne Mädchen wolle ihre Zuneigung für ihn hinter Gleichgültigkeit verbergen.

Als Beatrice gegangen war, rief er selig: „Hol mich der Teufel, wenn ich sie nicht liebe!"

Nachdem der Jüngling den drei Freunden so ins Netz gegangen war, sollte nun Hero ihre Rolle bei Beatrice spielen. Hero ließ ihre beiden Kammerfrauen Ursula und Margarete kommen und gebot der einen: „Liebe Grete, geh doch mal schnell in den Saal hinauf. Meine Base Beatrice unterhält sich dort mit dem Prinzen und meinem Bräutigam Claudio. Sag ihr, wir erwarten sie im Garten, sie soll zu mir und Ursula in die Geißblattlaube kommen."

Während die beiden Frauen in den Garten hinuntergingen, sagte Hero: „So, Ursula, wenn Beatrice kommt, wollen wir nur von Benedikt sprechen. Du mußt ihn über die Maßen loben, während ich von seiner Liebe zu Beatrice sprechen will. Sieh, da kommt Beatrice schon — fang an!"

Ursula begann: „Wißt Ihr genau, daß Benedikt Beatrice liebt?"

„Der Prinz behauptet es, und auch mein Bräutigam sagt es. Beide baten mich, es Beatrice wissen zu lassen, aber ich will damit nichts zu tun haben."

„Warum denn nicht? Wenn sie's erführe, würde sie den jungen Edelmann wenigstens besser behandeln."

„Das könnte nichts schaden. Ich kenne keinen vornehmeren, klügeren und hübscheren jungen Mann als Benedikt. Schade, daß Beatrice sich aus ihm nichts macht!"

„Das ist leider wahr", entgegnete Ursula, „ich würde einen Edelmann von so vornehmem Wesen bestimmt nicht ablehnen."

„In ganz Italien sucht er seinesgleichen — meinen Claudio ausgenommen, versteht sich", erklärte Hero stolz. Dann gab sie ihrer Begleiterin ein Zeichen, nun von etwas anderem zu sprechen.

Darum fragte Ursula: „Wann macht Ihr Hochzeit, Fräulein?"

„Schon morgen. Komm doch mit hinauf und hilf mir beim Anprobieren meines Hochzeitskleides."

Während die beiden fortgingen, rief Beatrice, die dem Gespräch in atemloser Spannung gelauscht hatte, glücklich: „Welch Feuer strömt in meinen Adern! Ist's wirklich wahr? Leb wohl denn, Mädchenstolz! Lieb weiter, Benedikt! So gewöhn' ich mein wildes Herz an deine treue Hand!"

Es sah wirklich drollig aus, wie aus den beiden alten Feinde neue, liebevolle Freunde wurden und wie sie durch die List des gutgelaunten Prinzen bei ihrem nächsten Zusammentreffen miteinander wetteiferten, sich Liebesdienste zu erweisen!

Während ihr Glück zusehends heller strahlte, traf Hero und ihren guten Vater bitteres Herzeleid. Das kam folgendermaßen:

Der Prinz von Aragonien besaß einen Stiefbruder, der gleichfalls an den Kämpfen teilgenommen hatte und den Prinzen nun auf seinen Reisen begleitete. So war er auch nach Messina gekommen. Dieser junge Mann namens Don Juan war im Gegensatz zu seinem Bruder von mürrischem, verschlossenem Wesen und schien beständig etwas Böses im Schilde zu führen. Er haßte seinen Bruder und auch Claudio — nur deshalb, weil dieser seines Bruders Freund war. Deshalb nahm er sich vor, Claudios Hochzeit mit Hero zu verhindern, um den Grafen von Florenz — und damit auch den Prinzen — unglücklich zu machen; denn er wußte, daß der Prinz diese Hochzeit ebenso sehnlich wünschte wie Claudio selbst. Um seine Ränke zu verwirklichen, setzte er sich mit einem gewissen Borachio in Verbindung, der ein ebensolcher Bösewicht war wie er selbst. Es war ein Leichtes, diesen Halunken durch eine hohe Geldsumme zu bestechen.

Don Juan hatte erfahren, daß Borachio in Heros Kammerfrau Margarete verliebt war. Borachio sollte Margarete überreden, sich in der kommenden Nacht,

wenn Hero schlief, von deren Kammerfenster aus mit ihm zu unterhalten, und dazu solle sie Heros Kleider anlegen. Auf Margaretes erstaunte Frage, was er damit bezwecke, erklärte Borachio, es ginge um einen Scherz, den sie ihm zuliebe nicht verderben solle. Margarete stimmte nichts Böses ahnend zu.

Als Borachio Don Juan berichtete, daß sein Auftrag erfüllt werde, rieb sich dieser vergnügt die Hände und eilte sogleich zu Claudio und dem Prinzen und machte sie darauf aufmerksam, wie unvorsichtig es von Hero wäre, sich von ihrem Kammerfenster aus in später Nachtstunde, noch dazu am Vorabend ihrer Hochzeit, mit einem fremden Mann zu unterhalten. Claudio war fassungslos. Wie, seine Braut sollte eine so grobe Ungeschicklichkeit begehen können? Das wollte er nicht glauben.

Doch Don Juan erbot sich, den Beweis ihrer Untreue sogleich zu erbringen.

Claudio schwur: „Wenn ich irgend etwas sehe, was mir nicht gefällt, so wird nichts aus der Hochzeit und ich will sie morgen in der Kirche vor der ganzen Gemeinde beschämen."

Der Prinz bekräftigte es mit den Worten: „Ich half dir, sie zu gewinnen; ertappen wir sie, so will ich dir helfen, sie zu demütigen, wie sie's verdient!"

Gesagt, getan. Als Don Juan Claudio und den Prinzen an das Gartentor führte, hörten sie Margarete von Heros Fenster aus mit Borachio plaudern. Und da die Kammerfrau Heros Gewand trug, glaubten die beiden Lauscher, es wäre Hero selbst.

Diese Entdeckung raubte dem verblendeten Claudio vollends die Fassung. All seine Liebe zu der ahnungslosen Hero wandelte sich in Haß, und jedes Mittel war ihm recht, seinen Rachedurst zu stillen.

Wie grausam rächte er sich!

Zunächst ließ er sich nichts anmerken. Doch als er am nächsten Mittag in Gegenwart einer glänzenden Festgesellschaft mit Hero vor dem Altar stand und der Priester gerade den Segen über das junge Paar sprechen wollte, warf Claudio der schuldlosen Hero in bitteren Worten das ehrlose Verhalten vor, dessen sie sich in der vergangenen Nacht schuldig gemacht habe. Hero war ganz entsetzt, daß ihr Bräutigam sie so schwer beschuldigen konnte. Doch sie bezwang sich und fragte nur ruhig: „Ist mein Gebieter krank geworden, daß er so spricht?"

Statt Claudios nahm der Prinz das Wort und sagte: „Weh mir, schwere Schuld habe ich auf mich geladen! Ich habe die Hand dazu geboten, meinen teuren Freund mit einer Unwürdigen zu vermählen. So wahr ich lebe, ich war mit meinem Bruder und Claudio selbst Zeuge, wie sich diese Dame hier zu nachtschlafender Zeit von ihrem Kammerfenster aus mit einem fremden Mann unterhielt."

Bei dieser schweren Beschuldigung sank Hero ohnmächtig zu Boden. Der Prinz und Claudio verließen eilig die Kirche. Was ging es sie noch an, ob sich Hero wieder erholen würde? Auch das Herzeleid, das sie dem ehrwürdigen Leonato angetan hatten, kümmerte sie wenig — so sehr hatte sie die Wut verblendet!

Nur Benedikt war zurückgeblieben. Mitleidig bemühte er sich, Hero wieder ins Leben zurückzurufen.

„Ich fürchte, sie ist tot!" schrie Beatrice schmerzlich, denn sie liebte ihre Base von Herzen. Da sie Hero wie sich selbst vertraute, war sie überzeugt, daß alle gegen die Prinzessin erhobenen Beschuldigungen gänzlich unbegründet waren.

Doch Leonato glaubte fest an seiner Tochter Schuld. Er jammerte und klagte, raufte sich die Haare und rief verzweifelt: „Ich wünschte, sie wäre wirklich tot!"

Aber der ehrwürdige Priester, der die Trauung vollziehen sollte, kannte die menschliche Natur. Er hatte Hero während der schweren Beschuldigungen scharf beobachtet. Sie war bei den anklagenden Worten des Prinzen vor Scham errötet, hatte den Blick aber nicht zu Boden gesenkt — und das war nach seiner Überzeugung ein untrügliches Zeichen für ihre Unschuld. Deshalb sagte er zu dem verzweifelten Vater begütigend: „Ich will ein Narr sein und alle Strafen der Hölle sollen mich treffen, wenn das liebe Fräulein nicht einem furchtbaren Irrtum zum Opfer fiel!"

Als Hero wieder zu sich kam, fragte sie der Priester: „Eure Hoheit, wer war denn der Mann, mit dem Ihr da gesprochen haben sollt?"

Hero erwiderte: „Man beschuldigt mich einer nächtlichen Unterhaltung, die ich − Gott ist mein Zeuge − nie geführt habe!"

Dann wandte sie sich an ihren Vater, blickte ihm fest ins Auge und sagte: „Lieber Vater, wenn du mir beweisen kannst, daß je ein Mann zu unpassender Zeit mit mir gesprochen hat oder daß ich die letzte Nacht überhaupt mit jemand nur ein Wort gewechselt habe, so stoß mich von dir, hasse mich, quäl mich zu Tode!"

Der Priester wußte, daß zwischen dem Prinzen und seinem Bruder oft ein tiefer Mißklang herrschte, und darauf baute er, als er Leonato den Rat gab, er solle das Gerücht aussprengen lassen, Hero wäre tot. Wenn Claudio erführe, daß seine grausamen Anklagen zum Tod der Prinzessin geführt hätten, würde er tiefe Reue empfinden, daß er so schwere Vorwürfe gegen sie erhoben hatte, ohne sich vorher von deren Berechtigung zu überzeugen. Dann wird sich auch zeigen, ob er Hero wirklich geliebt habe.

Benedikt stimmte diesem Vorschlag gleich zu und gab sein Ehrenwort, dem Prinzen und seinem Freund Claudio nichts von dem Plan des Priesters zu verraten.

Dann führte der gute Priester Leonato und Hero von dannen, um sie zu beruhigen und zu trösten. Benedikt und Beatrice blieben zurück zu einem Plauderstündchen ohne Zeugen, von dem sich die drei Freunde noch vor kurzem so viel Spaß versprochen hatten − jene Freunde, die jetzt so niedergebeugt waren vom Kummer und aus deren Herzen jeder Gedanke an Spaß und Kurzweil nun für immer verbannt schien.

Benedikt sprach zuerst: „Fräulein Beatrice, habt Ihr die ganze Zeit über geweint?"

„Ja, und ich werde noch viel länger weinen."

„Ich bin fest überzeugt, daß Eurer lieben Base bitteres Unrecht geschehen ist."

„Wie würde ich den Mann verehren, der ihre Unschuld bewiese!" sagte Beatrice und seufzte tief auf.

Benedikt entgegnete: „Gibt es irgendeinen Weg dazu, so würde ich Euch gern diesen Dienst erweisen. Ich liebe niemanden auf der Welt so innig wie Euch − ist das nicht merkwürdig?"

„Es fiele mir nicht schwer, Euch zu erklären, daß ich Eure Liebe ebenso innig erwidere. Aber nein − ich bekenne nichts und ich leugne nichts. Mir tut nur meine arme Base leid!"

„Bei meinem Schwert!" rief Benedikt, „Ihr liebt mich, und ich schwöre: Ich liebe Euch! Ihr dürft jedes Opfer von mir fordern, ich will es für Euch bringen!"

„Tötet Claudio!" verlangte Beatrice.

„Nicht um alles in der Welt!" verwahrte sich Benedikt, denn er liebte seinen Freund von Herzen und war fest davon überzeugt, daß ihn jemand aufs gemeinste belogen hatte.

„Claudio ist der Schurke, der meine Base verleumdet und geschmäht hat! Wäre ich ein Mann…" rief Beatrice feurig.

„Hört mich an, Beatrice!"

Aber Beatrice wollte nichts hören. Sie beschwor vielmehr Benedikt, die Hero widerfahrene Schmach zu rächen.

„Seid Ihr von ganzem Herzen überzeugt, daß Claudio Eurer Base jenes schreiende Unrecht zugefügt hat?"

„Bei meiner Seel', das bin ich!"

„Nun denn, so zählt auf mich. Ich fordere ihn zum Zweikampf heraus. Hier meine Hand darauf: Claudio soll mir Rechenschaft ablegen. Ihr werdet von mir hören. Und nun geht und tröstet Eure Base."

Nicht nur Benedikt wollte Claudio zum Zweikampf fordern. Auch Leonato beabsichtigte, für die gekränkte Ehre seiner Tochter Genugtuung zu fordern. Aber Claudio bedachte, daß es keine Kunst wäre, den gramgebeugten Vater im Kampf zu bezwingen, und bat: „Bedenkt Euch's, edler Herr. Ihr würdet den kürzeren ziehen!"

Da kam Benedikt und forderte seinen bisherigen Freund ebenfalls zum Zweikampf heraus. Claudio hätte zweifellos sein Leben aufs Spiel gesetzt, wenn nicht in dem Augenblick eine höhere Gerechtigkeit Heros Unschuld viel besser bewiesen hätte, als der noch so erfolgreiche Ausgang eines Kampfes. Als er sich nämlich gerade mit dem Prinzen, der ebenfalls zu der Gruppe getreten war, über Benedikts Herausforderung beriet, brachte ein Gerichtsdiener den teuflischen Borachio als Gefangenen vor den Prinzen. Borachio hatte sich beim Wein einem Zechkumpan gegenüber des Bubenstreichs gerühmt, zu dem Don Juan ihn angestiftet hatte. Ein dritter hatte das Gespräch der beiden Gesellen belauscht.

Nun gestand Borachio dem Prinzen in Claudios und der anderen Gegenwart scheinbar reumütig, daß es Margarete war, die sich auf seine Bitte in jener Nacht von Heros Kammerfenster aus mit ihm unterhalten habe. Da sie Heros Kleider trug, habe sie jeder für die Prinzessin halten müssen.

Dies Bekenntnis wirkte wie ein Donnerschlag auf Claudio und den Prinzen! Wenn sie noch irgendeinen Argwohn gehegt hätten — jetzt wäre er geschwunden, um so mehr, als der verräterische Don Juan schnellstens aus Messina floh, als er sah, daß sein schurkischer Anschlag durchschaut war.

Wie groß waren die Qualen der Reue, die Claudio jetzt empfand, da er das Unrecht einsah, das er seiner Braut zugefügt hatte! Jetzt, da sie — wie er glaubte — tot war und er sie nicht mehr um Verzeihung bitten konnte, flammte die alte Liebe in seinem Herzen mehr als je zuvor auf.

Wenn er auch Heros Verzeihung nicht mehr erlangen konnte, so bat er doch

ihren alten Vater demütig um Vergebung — er wolle jede Buße tun, die ihm Leonato für das Unrecht auferlegen würde, das er seiner Tochter angetan habe.

Leonato nahm den jungen Edelmann beim Wort. „Schon morgen", gebot er, „werdet Ihr Euch mit einer Base Heros, die der Verstorbenen ganz ähnlich war, vermählen!"

„Keine Strafe ist mir hart genug! Ich heirate das Mädchen, das Ihr mir bestimmt, und wenn es eine Negerin wäre!"

Die Nacht vor der Hochzeit verbrachte Claudio in reuevoller Trauer und vergoß an dem Grabmahl, das Leonato für die angeblich verstorbene Hero hatte errichten lassen, bittere Tränen.

Am nächten Morgen geleitete der Prinz seinen Freund Claudio abermals zur Kirche. Dort warteten bereits der gute Priester sowie Leonato und die Braut. Leonate führte Claudio die Braut zu – aber ach, sie trug eine Maske! Claudio vermochte ihre Gesichtszüge nicht zu erkennen, aber er schritt ohne zu zögern auf sie zu und sagte freundlich:

„Gebt mir die Hand vor diesem würdigen Priester,

Wenn Ihr mich wollt, so bin ich Euer Gatte."

Darauf erwiderte die Unbekannte:

„Als ich gelebt, war ich Euer erstes Weib;

Als Ihr geliebt, wart Ihr mein erster Gatte!"

Dann nahm sie die Maske ab, und siehe: Es war nicht Leonatos Nichte, es war seine Tochter, die totgeglaubte Hero!

Claudio wollte vor freudigem Erstaunen seinen Augen nicht trauen. Auch der Prinz wußte vor Verwunderung kaum, was er sagen sollte. „Wär's möglich? Hero lebt, die Totgeglaubte?" stieß er atemlos hervor.

Der Priester versprach, er werde sie nach der Trauung über dieses scheinbare Wunder aufklären. Doch als er das Brautpaar segnen wollte, trat Benedikt vor und bat, ihn auf der Stelle gleichfalls zu vermählen, und zwar mit des Herzogs Nichte Beatrice. Beatrice sträubte sich heftig und behauptete, sie liebten einander ja gar nicht, nur die guten Freunde hätten jedem von beiden eingeredet, der andere liebe ihn. Aber in Wirklichkeit war die Liebe in beiden inzwischen so stark geworden, daß sie niemand mehr aus ihren Herzen reißen konnte. Deshalb hatte Benedikt nicht ganz Unrecht, wenn er sagte, er müsse Beatrice schon aus Mitleid heiraten, denn er habe gehört, sie würde sonst aus Liebe zu ihm sterben. Lachend bestritt Beatrice diese Behauptung: Er habe ihre Hand weder seinem gewinnenden Äußeren noch seiner bestechenden Redegewandtheit zu verdanken, sondern einzig und allein ihrer Menschenfreundlichkeit — sie wäre es, die ihm das Leben retten wolle, denn sie habe erfahren, er leide an Schwindsucht, und nur gute Pflege und ein ordentliches Leben könnten ihn retten.

So wurde auch aus Benedikt und Beatrice ein Paar.

Was bleibt noch zu berichten? Nur soviel, daß Don Juan auf der Flucht ergriffen und nach Messina zurückgebracht wurde. Ob er die gerechte Strafe für seine ruchlose Tat empfing, wissen wir nicht. Aber mußte er sich nicht bestraft genug fühlen, als er mißmutig und verärgert über das Fehlschlagen seines boshaften Anschlags nachsinnen konnte, während aus den hellerleuchteten Gemächern des Palastes hochzeitlicher Festjubel bis zu seinem düsteren Kerker hinüberschallte?

# WIE ES EUCH GEFÄLLT

Es gab einmal eine Zeit, da wurde Frankreich nicht wie heute in Departements, auch nicht in Provinzen, sondern in Herzogtümer eingeteilt. In einem dieser Herzogtümer regierte ein Fürst, der seinem älteren Bruder, dem rechtmäßigen Thronerben, den Thron geraubt und ihn selbst in die Verbannung geschickt hatte.

Der vertriebene Herzog zog sich mit ein paar Getreuen in den Ardennerwald zurück. Dort führten sie ein zwar karges, doch sorgloses Leben, während sich Herzog Friedrich, der Thronräuber, an ihren Besitztümern und Einkünften erfreute. Wenn das Leben im Wald auch keine Abwechslung bot, so war es doch idyllisch und geruhsam, so daß mancher Jüngling zu dem Verbannten und seinen Freunden hinauszog, um daran teilzuhaben.

Im Sommer verbrachten sie ihre Tage im Schatten hoher Bäume und sahen dem Spiel der Hirsche zu. Wenn dann die kalten Winterstürme daherbrausten und den Herzog an das launische Glück gemahnten, nahm er die Beschwerden der kalten Jahreszeit gern auf sich, wobei er sich mit dem Gedanken tröstete: „Diese kalten Winde sind doch treue Begleiter. Sie schmeicheln mir nicht, sondern spiegeln mir meine Lage so wahrheitsgetreu wider, wie sie ist. Obgleich sie gar scharf schneiden, so schmerzen sie doch nicht so sehr wie Lieblosigkeit und Undankbarkeit in den Herzen unserer Nächsten."

So wußte der geduldige Herzog aus jedem Erlebnis, auch aus dem unangenehmsten, eine nützliche Lehre zu ziehen und vermochte dank dieser Einstellung Stimmen im Geäst der Bäume, Belehrung im Rauschen der plätschernden Bäche oder Predigten in den abgeschliffenen Steinen — kurz, in jedem Ding etwas Gutes wahrzunehmen.

Der verbannte Herzog hatte eine einzige Tochter, Rosalinde, die Herzog Friedrich als Gespielin seiner Tochter Celia am Herzogshof erziehen ließ. Die beiden Mädchen verband eine herzliche Freundschaft, die durch den Streit ihrer Väter nicht im mindesten getrübt wurde, um so weniger, als Celia sich in der

liebenswürdigsten Weise bemühte, Rosalinde für die Ungerechtigkeit zu entschädigen, die ihr Vater an dem rechtmäßigen Herzog beging. Wenn Rosalinde bei
dem Gedanken an ihren verbannten Vater und ihre eigene Abhängigkeit von
ihrem Oheim doch ein wenig traurig war, bemühte sich Celia immer liebevoll, die
Wolken des Mißmuts von Rosalindes Stirn zu verscheuchen.

Eines Tages, als Celia die Freundin in ihrer gewöhnlichen liebreichen Art
aufzuheitern suchte, ließ der Herzog die beiden jungen Mädchen zu einem
Preisringen einladen, das auf der Schloßterrasse stattfinden sollte. In der
Hoffnung, Rosalinde würde an der Vorstellung Gefallen finden und ihren
Kummer um den Vater für diesmal vergessen, bat Celia die Base herzlich, sich den
Wettkampf doch mit ihr gemeinsam anzusehen.

Zu jener Zeit gehörte der Ringkampf auch an Fürstenhöfen zu den beliebtesten
Unterhaltungen. Niemand fand es unpassend, daß sich auch junge Damen an dem
Anblick ringender Männer ergötzten. So war es kein Wunder, daß Rosalinde
Celias Einladung gern folgte.

Diesmal trat ein sehr ungleiches Ringerpaar gegeneinander an. Ein breitschul-
teriger, kräftiger, muskulöser Mann, der als erprobter Ringkämpfer schon
manchen Gegner zu Boden gestreckt und sogar erschlagen hatte, forderte einen
schmächtigen, schlanken Jüngling heraus, dessen Jugend und Unerfahrenheit im
Ringkampf allen Zuschauern sofort auffiel und sie ahnen ließ, wer in diesem
Treffen der Unterlegene sein würde.

Als der Herzog die beiden Mädchen in der Loge erblickte, sagte er bedauernd:
„Schade, heute werdet ihr wenig Vergnügen an dem Kampf haben! Der blasse
junge Mann dort auf der Bühne täte besser daran, vom Kampf zurückzutreten.
Geht einmal hin und versucht, ihn dazu zu bewegen."

Das ließen sich die beiden empfindsamen Mädchen nicht zweimal sagen. Zuerst
bat ihn Celia, von seinem aussichtslosen Vorhaben abzulassen. Danach sprach
Rosalinde mit so viel Gefühl und Wärme auf ihn ein, daß sie genau das Gegenteil
von dem erzielte, was sie beabsichtigte. Der junge Mann ließ sich nicht etwa
bewegen, von seinem Vorhaben abzustehen, nein, Rosalinde hatte ihn so
beeindruckt, daß er den Kampf unbedingt wagen und sich durch seinen Mut in den
Augen so liebenswürdiger Damen auszeichnen wollte. Ebenso höflich wie
entschieden lehnte er das Ansinnen der beiden Prinzessinnen ab. „Aber wenn Ihr
mir einen Gefallen tun wollt", fuhr er fort, „so lasset Eure schönen Augen und
gütigen Wünsche mich zu meinem Kampf begleiten. Werde ich überwunden, so ist
einer beschämt, den noch nie die Huld einer Dame beglückte. Und werde ich gar
getötet, so stirbt einer, der sich nach dem Tod sehnt. Mein Hinscheiden würde
keinem meiner Freunde eine Träne entlocken, denn ich habe niemanden, der mich
beklagen könnte."

Das Wettringen begann. Celia zitterte für den jungen Fremdling und betete für
seinen Sieg. Und Rosalinde, die ihn wegen seiner Worte für sehr unglücklich
hielt, fühlte von Anfang an eine so innige Teilnahme für ihn, daß jemand, der ihr

hätte ins Herz schauen können, mit Sicherheit behaupten könnte, sie liebe ihn!

Der jugendliche Ringer fühlte wohl, daß zwei Augenpaare jede seiner Bewegungen mit Anteilnahme und Spannung verfolgten. Das flößte ihm einen solchen Mut ein und beflügelte seine Kraft dermaßen, daß er Wunder an Tapferkeit vollbrachte und schließlich seinen ungefügen Gegner in den Sand streckte. Eine Weile konnte sich dieser Kraftmensch weder erheben noch überhaupt rühren.

Herzog Friedrich fand an dem Mut und der Gewandtheit des jungen Fremdlings großes Gefallen. Er beschied ihn in seine Loge, erkundigte sich nach seinem Namen und seiner Herkunft und versicherte ihn seines besonderen Wohlwollens.

Der Jüngling hieß Orlando. Sein Vater, Sir Rowland de Boys, war vor etlichen Jahren gestorben. Zu seinen Lebzeiten aber war er ein treuer Untertan und persönlicher Freund des verbannten Herzogs gewesen.

Als Herzog Friedrich dies erfuhr, vermutete er in dem jungen Helden ebenfalls einen Anhänger seines verbannten Bruders und änderte sogleich seinen Ton. Sein anfängliches Wohlwollen verwandelte sich in Abneigung, seine Freundlichkeit in verletzende Schroffheit. In gereizter Stimmung verließ er den Kampfplatz. Wenn er auch die Tapferkeit des edlen Jünglings bewunderte, so haßte er doch jeden, der zu seinem verbannten Bruder in irgendwelcher Beziehung stand.

Rosalinde war natürlich entzückt, in dem erfolgreichen Ringer den Sohn des ihr wohlbekannten Sir Rowland de Boys kennenzulernen.

„Hätte ich vorher gewußt“, sprach sie zu Celia, „wer der junge Ritter ist, ich hätte ihn unter Tränen gebeten, von dem Kampf abzustehen!“

Als die Prinzessinnen Orlando zu seinem Sieg beglückwünschten, fanden sie ihn über des Herzogs plötzliche Ungnade arg verstimmt. Vergebens suchten ihn die beiden Mädchen zu beschwichtigen. Seine Miene hellte sich erst auf, als Rosalinde ihm ihre Halskette mit den Worten überreichte: „Nehmt hier das kleine Geschenk als Andenken an diese Stunde. Ich bin selbst nicht vom Glück begünstigt, sonst würde ich Euch etwas Wertvolleres verehren!“

Als die Mädchen allein waren, schwärmte Rosalinde immer noch von dem schönen Jüngling, so daß ihre Base verwundert ausrief: „Ist’s möglich, daß du dich so schnell verlieben konntest?“

„Mein Vater hatte Ritter Orlandos Vater sehr gern“, antwortete Rosalinde ausweichend.

„Folgt daraus, daß du seinen Sohn lieben mußt? Dann müßte ich ihn ja hassen, weil mein Vater den seinigen haßt — ich aber empfinde für Orlando alles andere als Haß!“

Mit dem Wohlwollen für den siegreichen Ringer, der ihn an die vielen Freunde erinnerte, die der verbannte Herzog unter dem Adel besaß, schwand aus Herzog Friedrichs Herzen auch der letzte Rest an Zuneigung für seine Nichte Rosalinde. Das junge Mädchen war ihm schon längere Zeit ein Dorn im Auge, weil das Volk

sie wegen ihrer Tugenden pries und um ihres guten Vaters willen bemitleidete. Während Celia und Rosalinde sich noch über Orlando unterhielten, trat der Herzog plötzlich ins Zimmer und befahl seiner ahnungslosen Nichte zornglühend, augenblicklich das Schloß zu verlassen und sich zu ihrem Vater in die Verbannung zu scheren. Vergebens bat Celia für die Freundin: „Verzeiht, Vater, damals, als Rosalinde zu uns kam, bat ich Euch nicht, sie bei uns zu behalten, denn ich war damals noch zu jung, um ihren Wert zu erkennen. Jetzt aber, wo wir uns liebhaben, wie sich kaum zwei Schwestern lieben, wo wir ständig beieinander sind, alles gemeinsam tun, lernen, spielen und spazierengehen, jetzt kann ich ohne Rosalinde nicht mehr leben."

73

Der Herzog aber erwiderte: „Celia, du handelst gegen dein eigenes Interesse, wenn du für deine Base bittest. Sie ist für dich zu klug – ihre Sanftmut, ihr Schweigen und ihre Geduld reden zum Volk eine deutliche Sprache und wecken die Liebe und das Mitgefühl der Menschen. Glaube mir, wenn sie erst fort ist, wirst du um so glänzender und tugendhafter erscheinen und so beliebt werden wie jetzt Rosalinde."

„Vater, um alles in der Welt…"

„Schweig, mein Befehl ist unwiderruflich."

Als Celia einsehen mußte, daß sie den unerbittlichen Willen ihres Vaters nicht erweichen konnte, faßte sie den hochherzigen Entschluß, Rosalinde in die Verbannung zu begleiten. Noch in derselben Nacht nahmen die beiden Mädchen ihr Geld und ihre Juwelen an sich und verließen das Schloß, um den verbannten Herzog im Ardennerwald aufzusuchen. Aber die Prinzessinnen reisten nicht ihrem hohen Rang gemäß, sondern sie wanderten zu Fuß und verkleidet. Rosalinde, die schlankere, legte die Kleidung eines Landmanns an, während Celia als schlichtes Bauernmädchen ging. Überdies beschlossen sie, sich als Bruder und Schwester auszugeben, und wählten zu diesem Zweck die Namen Ganymed und Aliena.

Rosalinde schien mit der männlichen Kleidung auch männlichen Mut bekommen zu haben und bemühte sich, die Liebe Celias, die ihr ein so großes Opfer brachte, mit männlich starkem und doch kindlich heiterem Benehmen zu vergelten, als ob sie in der Tat Ganymed, der starke und hochherzige Bruder des Landmädchens Aliena wäre.

Als die Prinzessinnen endlich den Ardennerwald erreichten, trafen sie auf mancherlei Unbequemlichkeiten. Gute Wirtshäuser wie jene, in denen die beiden Mädchen bisher unbehelligt Unterkunft gefunden hatten, gab es hier nicht. Da ihr mitgenommener Mundvorrat zur Neige gegangen war, mußte sich Ganymed, der seine „Schwester" den ganzen langen Weg über mit Scherz und übermütigen Reden aufgeheitert hatte, eingestehen, daß es auch mit seinen Kräften zu Ende ging. Und wenn seine männliche Kleidung nicht unmännlichen Tränen widersprochen hätte, könnte er jetzt herzbrechend weinen. Auch Aliena erklärte, sie sei erschöpft und todmüde. Da ward sich Ganymed erneut seiner Pflichten als „Mann" bewußt und tröstete seine Weg- und Leidensgenossin: „Komm, Schwester Aliena, sei fröhlich, denn wir haben ja unser Wanderziel erreicht. Sieh nur, der Ardennerwald liegt vor uns!"

Aber diese künstliche Heiterkeit verfehlte ihre Wirkung auf Aliena. Denn wenn sie auch den Ardennerwald vor sich sahen, so wußten sie doch nicht, wo sie den verbannten Herzog finden sollten.

Schon fürchteten sie, ihre Wanderung habe einen traurigen Abschluß gefunden, denn sie sanken, vor Hunger erschöpft und zu Tode ermattet, auf einen Rasenplatz, als ein biederer Landmann des Weges kam. Ganymed raffte noch einmal all seine „Männlichkeit" auf und rief dem einsamen Wanderer zu: „Guter Mann, könnt Ihr uns für Geld und gute Worte eine Unterkunft verschaffen? Wir sehnen uns nach einem Plätzchen, wo wir uns ausruhen und stärken können. Meine Schwester ist vor Hunger und Ermüdung schon halb ohnmächtig."

„Wollt ihr mit einer armseligen Hütte vorliebnehmen, so sollt ihr mir willkommen sein. Leider kann ich euch kein besseres Quartier anbieten, denn ich bin nur ein armer Schäfer und mein Dienstherr hat sein Haus gerade verkauft."

„Mit tausend Freuden", rief Rosalinde, „führt uns nur."

Und sie folgten dem fremden Schäfer. Die Aussicht, nun endlich ihr müdes Haupt irgendwo betten zu können und wieder zu Kräften zu kommen, verlieh ihnen neuen Mut. Und als sie sich's in der freundlichen Schäferhütte bequem gemacht hatten, beschlossen sie, hier so lange zu verweilen, bis sie den Aufenthaltsort des verbannten Herzogs ausgekundschaftet hätten. Kurz entschlossen kauften sie dem Schäfer sein Häuschen und die Herde ab und nahmen ihn in ihre Dienste. Mit der Zeit gewannen sie ihr neues Heim und die einfache Lebensweise am Tisch des Schäfers so lieb, daß sie vermeinten, selbst Schäfer und Schäferin zu sein, als die sie sich ausgaben. Nur Ganymed erinnerte sich zuweilen, daß „er" einst die Dame Rosalinde gewesen war und den tapferen Orlando, Sir Rowland de Boys' Sohn, geliebt hatte. Wo mochte Orlando jetzt wohl weilen?

Rosalinde glaubte, Sir Rowlands jüngerer Sohn sei viele Meilen von ihnen entfernt, denn sie konnte ja nicht ahnen, daß sich Orlando gleichfalls im Ardennerwald, sogar ganz in ihrer Nähe aufhielt. Dazu war es folgendermaßen gekommen:

Sir Rowland hatte Orlando, der damals noch ein Knabe war, auf seinem Sterbebett der Obhut seines älteren Sohnes Oliver anvertraut und ihm ans Herz gelegt, dem jüngeren Bruder eine gute, höfische Erziehung zu geben, wie es sich für einen Jüngling seines Standes ziemte. Aber Oliver verdiente das Vertrauen seines Vaters nicht. Er vernachlässigte nicht nur des Knaben Erziehung, sondern sogar sein leibliches und geistiges Wohl! Doch in Orlando schlummerten soviel edle Tugenden und so reiche natürliche Anlagen, daß er dennoch zu einem in allen ritterlichen Künsten gewandten Jüngling heranwuchs.

Das verdroß den gewissenlosen Oliver.

Je mehr er das adelige Auftreten seines äußerlich unerzogenen Bruders beneidete, desto sehnlicher wünschte er, ihn aus dem Weg zu räumen. Deshalb dingte er sich Leute, die Orlando überreden sollten, sich mit dem berüchtigten Ringer zu messen, der bekanntlich schon viele Männer erschlagen hatte. Diese lieblose Behandlung durch den verschlagenen Bruder hatte den Jüngling tief getroffen und in ihm den Wunsch geweckt, lieber zu sterben, als ein solches Leben ohne Freundschaft und Liebe weiterzuführen.

Als Orlando nun wider Erwarten bei dem ungleichen Wettkampf siegte, kannte Olivers Neid und Bosheit keine Grenzen. Er tobte wie ein Rasender und schwor, seinen Bruder, gälte es was es wolle, zu beseitigen, und müßte er dazu das Zimmer in Brand stecken, in dem Orlando schlief!

Diesen Schwur hörte der alte Adam, ein treuer Diener des verstorbenen Sir Rowland, der den schuldlosen Jüngling wegen seiner Ähnlichkeit mit dem Vater zärtlich liebte. Als er Orlando nach dem Sieg über den Ringer bei seiner Rückkehr aus dem Herzogspalast begegnete, rief der alte Diener begeistert: „Mein edler Herr, wenn ich Euch betrachte, sehe ich Euren lieben Vater vor mir wie er leibt und lebt. Warum seid Ihr so ritterlich, so stark, so liebenswürdig? Sagt, warum lag Euch soviel daran, den gräßlichen Ringer durchaus zu besiegen?"

Orlando wunderte sich, daß die Kunde von seinem Sieg dem Diener so schnell bekannt geworden war. Doch bevor er noch darüber nachdenken konnte, erzählte ihm der Alte, sein Bruder Oliver beneide ihn wegen des Ruhmes, den er sich durch seinen Sieg erworben habe, und beabsichtige deshalb, in der kommenden Nacht sein Zimmer in Brand zu stecken, damit er elendiglich ersticken müsse. Und er beschwor den Jüngling, sich diesem hinterhältigen Anschlag durch schleunige Flucht zu entziehen.

Um das Maß seiner Güte voll zu machen, hatte Adam eine Börse voll Gold mitgebracht, die er dem verdutzt dreinschauenden Orlando nun mit den Worten überreichte: „Hier sind fünfhundert Dukaten. Es ist das Geld, das ich im Dienste Eures Vaters erspart und mir als Notgroschen für meine alten Tage zurückgelegt habe. Nehmt sie hin und laßt mich nun Euer Diener sein. Ich will Euch ebenso treu dienen wie einst Eurem Vater."

„O du treuer Alter", rief Orlando gerührt, „wie beschämst du mich und zeigst mir, daß es noch Mannestreue gibt. Ja, wir wollen zusammen fliehen, doch ehe deine sauer erworbenen Ersparnisse aufgezehrt sind, werde ich neue Mittel ausfindig machen, von denen wir beide leben können."

Der treue Diener und sein Herr brachen sogleich auf. Ohne zu wissen, wohin ihr Weg sie führte, kamen sie schließlich in den Ardennerwald. Hier erging es ihnen ähnlich wie Ganymed und Alenia. Auch diese beiden Wanderer fanden kein Obdach und verschmachteten fast vor Hunger und Durst.

„Ich kann keinen Schritt weitergehen!" stöhnte der alte Adam und sank kraftlos nieder. Orlando fing den treuen Diener in seinen Armen auf und bereitete ihm im Schatten eines dichtbelaubten Baumes ein Lager.

Dann ging er, nach etwas Eßbarem Ausschau zu halten. Zufällig kam er bald zu der Behausung des verbannten Herzogs, der sich gerade anschickte, mit seinen Freunden im Schatten eines Baumes sein kärgliches Mittagsmahl zu verzehren.

Als Orlando die armseligen Speisen erblickte, trieb ihn der Hunger zu solcher Verzweiflung, daß er sein Schwert zog, um den Tischgenossen ihr bißchen Essen zu entreißen. Wie von Sinnen rief er: „Her mit dem Schmaus, oder..."

„Nicht so hitzig, junger Mann", wehrte ihn der Herzog ab, „habt Ihr keinen Anstand im Leib oder seid Ihr verrückt geworden?"

„Ach was, wenn man Hunger hat, fragt man nicht nach Anstand und Sitte!"

Aber schnell beruhigte sich Orlando wieder und steckte errötend sein Schwert in die Scheide, während ihn der Herzog gütig und mit freundlichen Worten zum Essen einlud.

„Verzeiht mir", sprach der Jüngling beschämt, „ich glaubte, in dieser Wildnis sei alles wild. Drum benahm ich mich so unbeherrscht. Jetzt sehe ich, daß Ihr wie ich vom Unglück verfolgt seid. Sicher habt auch Ihr einst bessere Tage gesehen und Eure Beine unter einen würdigeren Tisch gestreckt, als es hier in der Einöde der Fall sein kann."

Der Herzog erwiderte: „Ihr habt recht, junger Freund, wir haben einst bessere Tage gesehen. Ehe wir uns in diese freien Wälder flüchteten, haben wir in der

Stadt gelebt und am Tisch gesitteter, wohlhabender Menschen gesessen. Kommt, nehmt Platz und labt Euch an allem, was unsere mehr als bescheidene Tafel zu bieten hat."

„Ich kann nicht, gute Herren. Denn unter der Eiche an der Wegkreuzung wartet ein armer, alter Mann auf mich. Meilenweit ist er mir gefolgt, bis er vor Schwäche und Hunger zusammenbrach. Ehe er sich nicht laben kann, rühre ich keinen Bissen an."

„Nun, so geht und bringt ihn her", sagte der Herzog.

Da eilte Orlando zu dem Alten, hob ihn auf seine starken Arme und kehrte zum Herzog zurück.

„Seid willkommen!" begrüßte sie dieser. Nun stärkten sie den alten Adam mit Wein und Brot, so daß er bald wieder zu Kräften kam.

Je länger sich der Herzog mit Orlando unterhielt, desto lieber gewann er ihn. Als sich nun gar herausstellte, daß er der Sohn seines alten Freundes Sir Rowland de Boys war, nahm er ihn unter seinen besonderen Schutz. Und fortan lebten Orlando und sein Diener beim Herzog in der Einöde.

Diese erste Begegnung zwischen Orlando und dem Herzog hatte sich ereignet, kurz nachdem Ganymed und Aliena in den Wald gekommen waren und das Schäferhaus gekauft hatten.

Als Orlando nun eines Tages in dessen Nähe kam, erinnerte er sich zufällig jener beiden anmutigen Prinzessinnen und schnitt den Namen seiner Liebsten in die Rinden hoher Bäume ein. Wie erstaunt waren Ganymed und Aliena, als ihnen überall der Name Rosalinde entgegenprangte!

Wer mochte der verliebte Jüngling sein, der sie bis in diese Wildnis verfolgte?

Ehe sie sich diese Frage beantworten konnten, trat Orlando ihnen selbst entgegen. Sie erkannten ihn sofort wieder — trug er doch die Halskette, die ihm Rosalinde verehrt hatte. Orlando aber ahnte nicht, daß der Schäferknabe die schöne Prinzessin Rosalinde war, die einst durch ihre Anmut und Güte sein Herz bezauberte. Und dennoch, als er mit dem schönen Knaben sprach, glaubte er in Ganymeds Zügen eine auffallende Ähnlichkeit mit seiner geliebten Rosalinde zu entdecken — nur die würdevolle, ja königliche Haltung der hochgeborenen Dame vermißte er.

Als sich nun zwischen Orlando und Ganymed ein scherzhaftes Gespräch entspann, wie es unter jungen Leuten üblich ist, warf Ganymed schelmisch und wie von ungefähr die Frage auf: „Wer mag wohl der verliebte Jüngling sein, der in unserem Wald spukt und die zarten Rinden der Bäume verletzt, indem er den Namen Rosalinde in sie einschneidet?"

Orlando bekannte schüchtern: „Das bin ich."

„Ihr? Na, da weiß ich ein Mittel, Euch von Eurer Leidenschaft zu heilen."

„Da bin ich neugierig…"

„Kommt jeden Tag zu unserer Hütte", entgegnete Ganymed, „da will ich mir einbilden, ich wäre Eure Rosalinde, und Ihr sollt Euch in den Gedanken hineinleben, Ihr wärt mein Liebster und werdet mich so umwerben, als wäre ich wirklich Rosalinde. Dann will ich die überspannte Art romantischer Liebhaber nachahmen, bis Ihr Euch Eurer Albernheit schämt, und so werdet Ihr zweifellos gründlich geheilt."

Orlando blickte Ganymed ungläubig an. Doch ohne langes Zaudern erklärte er sich bereit, jeden Tag bei der Hütte zu erscheinen und das anmutige Spiel mitzuspielen.

Tatsächlich kam Orlando täglich, und jedesmal schmeichelte er sich bei der vermeintlichen Geliebten mit so liebenswürdigen Worten und so zarten Aufmerksamkeiten ein, wie sie junge Verliebte wählen, die um die Gunst ihrer Schönen werben. Bei all dem schien es Ganymed nicht leicht zu fallen, den ungestümen Liebhaber von seiner Liebe zu heilen!

Wenn auch Orlando dies tägliche Liebeswerben nur als einen unterhaltsamen Zeitvertreib betrachtete, so bereitete es ihm doch große Freude, Ganymed-Rosalinde sein Herz ausschütten zu können. Aber auch Ganymed fand Gefallen an dem lieblichen Scherz — fühlte „er" sich doch glücklich, daß Orlandos Liebesbeteuerungen an die richtige Adresse gelangten!

Auf diese anmutige Weise verging die Zeit wie im Fluge, auch für Aliena, die sich bei dem Liebesspiel ihrer Freundin mit Orlando köstlich unterhielt. Daß Rosalinde eigentlich in die Wildnis gekommen war, um ihren Vater aufzusuchen, schien Ganymed vergessen zu haben. Doch Aliena war zartfühlend genug, das Liebesidyll der beiden nicht durch den Hinweis auf den eigentlichen Zweck ihrer Reise zu zerstören. ‚Dies Wiedersehen eilt nicht', dachte Aliena, und den Aufenthalt des verbannten Herzogs hatten sie ja inzwischen durch Orlando erfahren.

Ein freundlicher Zufall fügte es, daß Ganymed dem alten Herrn eines Tages begegnete. Es entspann sich eine Unterhaltung, in deren Verlauf der Herzog den jungen Schäfer nach „Nam' und Art" fragte. Stolz antwortete Ganymed: „Ich entstamme einem ebenso vornehmen Geschlecht wie Ihr." Darüber lächelte der Herzog — konnte er doch nicht ahnen, daß der Schäferknabe seine eigene Tochter war!

Ganymed aber wich jeder weiteren Frage aus.

Tags darauf, als Orlando Ganymed besuchen wollte, sah er im Gebüsch einen schlafenden Mann liegen, um dessen Hals sich eine große grüne Schlange wand. Als Orlando vorsichtig näher heranschlich, entwich die Schlange. Da sah er aus dem Gebüsch die runden Augen einer Löwin funkeln, die niedergekauert, den Kopf an die Erde geschmiegt zum Sprung lauerte. Sicher hatte ein guter Geist Orlando gerade in diesem Augenblick hierher geführt, damit er den gefährdeten Mann vor dem sicheren Tod retten konnte. Wer aber beschreibt sein Erstaunen, als er in dem Schlafenden seinen Bruder Oliver erkannte, der ihn so grausam behandelt hatte!

Einen Augenblick schwankte er bei dem Gedanken, daß es eine gerechte Strafe für Olivers Bosheit wäre, wenn er ihn der hungrigen Löwin zur Beute überließe. Doch dann siegten sein gutes Herz und seine Bruderliebe, die trotz aller trüben Erfahrungen doch nie ganz erloschen war. Er zog sein Schwert und tötete mit einem wohlgezielten Hieb zuerst die giftige Schlange und dann die grimmige Löwin. Aber ehe er sie unschädlich machen konnte, gelang es ihr noch, ihn am Arm zu verwunden.

Während Orlando der Löwin den Garaus machte, erwachte Oliver und sah, wie sein Bruder, den er so schnöde behandelt hatte, ihn unter Einsatz seines eigenen Lebens vor den Klauen der rasenden Raubkatze bewahrte. Da brach er in heiße Tränen aus und flehte Orlando um Vergebung für das Unrecht an, das er ihm einst zugefügt hatte. Als Orlando die tiefe Reue seines Bruders sah, vergab er ihm und war sogleich zur Versöhnung bereit. Herzlich wie nie zuvor umarmten sich die beiden Brüder, und von Stund an konnte sie nichts mehr entzweien.

Durch den starken Blutverlust, den Orlando bei dem Kampf mit der Löwin erlitten hatte, konnte er nicht mit gewohnter Pünktlichkeit bei Ganymed erscheinen. Deshalb bat er seinen Bruder, ihn bei Ganymed, den er im Scherz als „seine treue Rosalinde" zu bezeichnen pflegte, zu entschuldigen und ihm den abenteuerlichen Vorfall mitzuteilen.

Oliver kam Orlandos Bitte gern nach. Ausführlich erzählte er den vermeintlichen Geschwistern von Orlandos Tapferkeit und seiner eigenen Errettung. Zum Schluß bekannte er, daß er Orlandos älterer Bruder Oliver wäre.

Ganymed und Aliena wußten, wie grausam er einst ihren Freund Orlando behandelt hatte. Um so größer war jetzt ihre Freude, als ihnen Oliver verkündete, daß ihm Orlando verziehen habe und die beiden feindlichen Brüder sich für alle Zeiten versöhnt hätten.

Die tiefe Zerknirschung, die Oliver über die seinem Bruder früher zugefügte Schmach zeigte, ließ Aliena große Teilnahme für den reumütigen Sünder empfinden. Aber auch Oliver war von Alienas Liebenswürdigkeit und Herzensgüte so hingerissen, daß nur noch ein kleiner Schritt fehlte, um sich ihre gegenseitige Neigung einzugestehen.

Und Rosalinde und Orlando?

Als Ganymed von dem tapferen Verhalten des Freundes beim Kampf mit der Löwin erfuhr, wurde er ohnmächtig. Als er wieder zu sich kam, behauptete er, er

habe den Ohnmachtsanfall nur vorgetäuscht — da er als Weib verkleidet sei, entspäche es durchaus weiblicher Empfindsamkeit, in Ohnmacht zu fallen.

„Sagt Eurem Bruder Orlando, es sei mir prächtig gelungen, einen Schwächeanfall vorzuspiegeln", trug Ganymed Oliver auf.

Aber Oliver sah an seinem blassen Gesicht, daß ihm tatsächlich nicht wohl war. „Nun, wenn du dich schon verstellt hast, so raffe dich auf und täusche uns vor, du seist ein Mann!"

„Das tue ich ja", erwiderte Ganymed. „Eigentlich müßte ich — eine Frau sein!"

Olivers Besuch bei den vermeintlichen Geschwistern dehnte sich recht lange aus. Als er endlich zu Orlando zurückkehrte, hatte er viel Neues zu berichten. Am meisten erzählte er dabei aber nicht von Ganymed, sondern von Aliena. Da erriet

Orlando ohne viel Mühe, daß sich sein Bruder ernstlich in die schöne Schäferin verliebt hatte. Das gab Oliver auch unumwunden zu. Ja mehr noch — er verriet sogar, daß Aliena seine Liebe erwidere und ihrer baldigen Vermählung zustimme. Fortan wolle er mit Aliena hier im Wald als schlichter Hirte leben und seinen Besitz an Orlando abtreten.

Neidlos gönnte Orlando dem Bruder das Glück, daß ihm widerfahren war. Darum rief er begeistert: „Mit tausend Freuden will ich deine Güter bewirtschaften. Schon morgen wollen wir deine Hochzeit feiern und dazu den Herzog und seine Freunde einladen. Rede deiner Schäferin nur gut zu, daß sie damit einverstanden ist. Du triffst sie jetzt gerade allein an, denn sieh mal, dort kommt ihr Bruder."

Oliver kehrte eilig zu Aliena zurück, während Ganymed nähertrat, um sich nach dem Befinden seines verwundeten Freundes zu erkundigen.

Nachdem Orlando den Freund über seinen Zustand beruhigt hatte, unterhielten sich die beiden über die rasche Verlobung ihrer „Geschwister". Orlando sagte, er habe seinem Bruder geraten, die schöne Schäferin zu bitten, ihm schon morgen ihre Hand zu reichen. „Ach könnte doch am selben Tag meine geliebte Rosalinde mein Weib werden!" fügte Orlando seufzend hinzu.

„Das Vergnügen kannst du haben!" sagte Ganymed lächelnd.

Orlando blickte den jungen Schäfer ungläubig an.

„Das ist nicht so schwer zu bewerkstelligen, wie du denkst! Ich kann es durch einen Zauberspruch zuwege bringen, den ich von meinem Oheim, einem berühmten Schwarzkünstler, gelernt habe."

Orlando wollte es nicht glauben. Ganymed aber schwur: „So wahr ich lebe — morgen sollst du mit deiner Rosalinde getraut werden. Lege deine besten Kleider an und lade den Herzog und seine Freunde zur Hochzeit ein. Deine Rosalinde wird morgen bestimmt zur Stelle sein."

Strahlend ging am nächsten Morgen die Sonne auf. In aller Frühe begaben sich Oliver und Aliena zum Herzog, und Orlando und Ganymed schlossen sich ihnen an. Als sich die Gäste allmählich zu der Doppelhochzeit einfanden, fragten alle erstaunt: „Wo bleibt denn die zweite Braut?" Und allerlei Vermutungen wurden laut: Hat sich Ganymed mit Orlando etwa einen Scherz erlaubt?

Der Herzog wollte gerade seinen Unmut über das Possenspiel zum Ausdruck bringen, das hier offenbar betrieben wurde, als man ihm zu seinem größten Erstaunen mitteilte, daß seine eigene Tochter als zweite Braut an den Traualtar treten werde. Allerdings werde sie auf geheimnisvolle Weise erscheinen...

„Welch fauler Zauber!" rief der Herzog ärgerlich.

Da trat Ganymed vor ihn hin und fragte ihn: „Herr Herzog, wenn Eure Tochter Rosalinde jetzt hier wäre, würdet Ihr in ihre Vermählung mit Herrn Orlando einwilligen?"

„Selbstverständlich, auch wenn ich ihr zehn Königreiche als Mitgift geben könnte."

Und Orlando fragte Ganymed: „Und du, Orlando, würdest du dich mit Rosalinde vermählen, wenn ich sie herbeizauberte?"

„Für mein Leben gern, und wenn ich über viele Königreiche geböte!"

„Es sei!" verkündete Ganymed und entfernte sich, um ein paar Minuten später — ohne alle Zauberei — in prachtvoller weiblicher Kleidung als Prinzessin Rosalinde zurückzukehren. Auch Aliena hatte ihr Schäferkleid inzwischen unbemerkt mit einem fürstlichen Gewand vertauscht und sich mit ebenso geringer Mühe in Prinzessin Celia verwandelt.

Während die beiden Mädchen weg waren, hatte der Herzog zu Orlando gesagt: „Dieser Schäferknabe ist meiner Tochter Rosalinde auffallend ähnlich."

„Das habe ich auch schon bemerkt", antwortete Orlando.

In diesem Augenblick erschienen die beiden Prinzessinnen in ihrer strahlenden Schönheit. Rosalinde schritt zu ihrem Vater, fiel ihm zu Füßen und bat um seinen Segen.

Alle waren über das plötzliche Erscheinen der beiden Prinzessinnen höchst verblüfft — hier mußte doch Zauberei im Spiele sein.

Doch Rosalinde wollte ihren Vater nicht länger hinhalten. Mit knappen Worten erzählte sie die Geschichte ihrer Verbannung und ihres Lebens als Schäferknabe, wobei die treue Celia Freud und Leid mit ihr geteilt und als ihre Schwester gegolten habe.

Der Herzog konnte sein neugewonnenes Glück kaum fassen. Mit Freuden gab er noch einmal seine Zustimmung zu der Vermählung der beiden jungen Paare. Und trotz der sonderbaren Umgebung — mitten in der Wildnis — wurde doch nie eine glücklichere Hochzeit gefeiert.

Um des Herzogs Glück zu krönen, kam während des Hochzeitsmahls, das im Freien im Schatten hoher Bäume stattfand, ein Bote mit der Nachricht, der Herzog möge unverzüglich in die Residenz zurückkehren und die Herrschaft über sein Land wieder antreten. Herzog Friedrich, der Thronräuber, habe dem Thron zu Gunsten seines Bruders entsagt.

Wie kam es zu dieser plötzlichen Sinnesänderung?

Als man Herzog Friedrich von der Flucht seiner Tochter Celia berichtet hatte, kannte sein Zorn kaum Grenzen. Was ihn aber am meisten aufbrachte, war die Feststellung, daß das Volk noch immer treu zu dem verbannten Bruder hielt und daß ihn viele angesehene Männer in seiner Einsamkeit im Ardennerwald aufsuchten. Da er sah, daß der Verbannte trotz seines Unglücks und seiner Armut so hoch geachtet wurde, trachtete er danach, ihn endgültig aus dem Weg zu räumen. Zu diesem Zweck stellte er ein Heer auf, an dessen Spitze er nach dem Ardennerwald aufbrach.

Aber eine wunderbare Fügung vereitelte sein verbrecherisches Vorhaben. Als sie nämlich den Wald erreichten, begegnete ihnen ein ehrwürdiger Einsiedler. Die Unterhaltung mit dem heiligen Mann stimmte den Herzog so zu Milde und Versöhnung, daß er nicht nur von seinem bösen Plan abließ, sondern überdies den

Entschluß faßte, als Sühne für seine Freveltaten die angemaßte Herrschaft niederzulegen und sich in ein Kloster zurückzuziehen.

Das erste Zeichen seiner reumütigen Umkehr war die Entsendung jenes Boten an seinen Bruder.

Die frohe Nachricht von der Wiedereinsetzung des rechtmäßigen Herzogs in seine früheren Würden trug nicht wenig zur Erhöhung der Hochzeitsstimmung bei. Celia beglückwünschte Rosalinde zu dem ansehnlichen Vermögen, das ihrem Vater wieder zufiel, und bedauerte es nicht im geringsten, daß nun nicht mehr sie selbst, sondern ihre Base Thronerbin war. Denn da sich die beiden Freundinnen so innig liebten, konnte in ihren Herzen keine Spur von Eifersucht oder Neid aufkeimen.

Der Herzog freute sich zwar sehr, daß er wieder seinen rechtmäßigen Platz auf dem Thron einnehmen konnte, aber wirklich glücklich machte ihn erst die Möglichkeit, nun wieder frei über sein großes Vermögen zu verfügen und all seine treuen Freunde, die mit ihm gedarbt und gebangt hatten, für alle Entbehrungen und Mühseligkeiten der letzten Jahre entschädigen zu können. Und wie ihm die Getreuen in seinem Unglück treu zur Seite gestanden hatten, so geleiteten sie ihn jetzt in Frieden und Freude zurück in seinen herzoglichen Palast.

DER KAUFMANN
VON VENEDIG

Shylock, ein Jude, lebte einst in Venedig. Er war ein Geldverleiher, der sein großes Vermögen angehäuft hatte, indem er an Kaufleute zu hohen Zinsen Geld auslieh. Er war ein hartherziger Mann, der das ausgeliehene Geld so unerbittlich eintrieb, daß ihn alle Venezianer verabscheuten, besonders der junge Kaufmann Antonio.

Shylock seinerseits verfolgte Antonio mit grimmigem Haß, weil dieser an Leute, die unverschuldet in Not geraten waren, Geld auslieh, ohne dafür Zinsen zu nehmen. Deshalb bestand zwischen dem habgierigen Geldverleiher und dem hochherzigen Antonio große Feindschaft. Sooft Antonio den jüdischen Groß-kaufmann auf der Börse traf, machte er ihm wegen seines Wuchers heftige Vorwürfe. Shylock hörte diese anscheinend gelassen an, sann aber im stillen auf Rache.

Antonio war der gütigste Mensch unter der Sonne. Er verfügte über ein ansehnliches Vermögen und war unermüdlich in der Erweisung von Gefälligkei-ten. Alle hatten ihn gern; aber sein liebster, sein vertrautester Freund war ein gewisser Bassanio, ein vornehmer Venezianer. Er war nur bescheiden bemittelt, und auch dies kleine Vermögen hatte er durch eine kostspielige Lebensführung rasch aufgezehrt, wozu sich junge Leute aus vornehmen Familien nur zu häufig verführen lassen. So oft Bassanio Geld brauchte, half ihm Antonio aus der Verlegenheit: Es schien, als ob sie ein Herz und eine Seele wären und aus einer Börse wirtschafteten.

Eines Tages kam Bassanio zu Antonio und erzählte ihm, er beabsichtige durch die Heirat mit einer reichen Dame seine Vermögungslage zu verbessern, ihr jüngst verstorbener Vater habe sie als alleinige Erbin eines ansehnlichen Landgutes zurückgelassen. Er wolle um sie werben, denn als er noch zu Lebzeiten ihres Vaters dort verkehrte, habe er eine herzliche Zuneigung zu ihr gefaßt. In ihren Augen habe er auch gelesen, daß die Dame seine Liebe erwidere und ihr seine Werbung nicht unwillkommen sei. Da er aber nicht die Mittel besaß, um sich so zu kleiden und so um sie zu werben, wie es sich für den Liebhaber einer so reichen

Erbin geziehmte, so bat er seinen Freund Antonio, er möge ihm dreitausend Dukaten leihen.

Leider war Antonio damals außerstande, ihm die gewünschte Summe vorzustrecken. Da er aber jeden Augenblick das Eintreffen von drei mit Waren beladenen Schiffen erwartete, so erbot er sich, er werde zu Shylock gehen, sich das Geld vorschießen lassen und die drei Schiffe als Pfand geben.

Gesagt, getan. Antonio und Bassanio gingen gemeinsam zu Shylock. Antonio trug sogleich seine Bitte vor und stellte ihm Zinsen in jeder gewünschten Höhe in Aussicht. Der reiche Geldverleiher sann einen Augenblick nach. Dann antwortete er: „Herr Antonio, auf der Börse habt Ihr mich oft genug verspottet, habt mich Geizkragen und Wucherer genannt. Sogar mit Füßen habt Ihr mich getreten, als wäre ich ein Hund. Jetzt braucht Ihr mich, jetzt bittet Ihr mich um Geld. Hat ein Hund Geld? Kann ein Köter dreitausend Dukaten leihen?"

Antonio erwiderte gelassen: „Ich achte Euch auch jetzt nicht höher als damals, wo ich mich Euch gegenüber − gelinde gesagt − unhöflich benahm. Wollt Ihr mir das Geld borgen, so borgt es mir nicht als einem Freunde, sondern vielmehr als einem Feinde, denn wenn ich Euch die Summe nicht zurückzahle, so könnt Ihr sie um so unbefangener eintreiben."

„Nur ruhig Blut", entgegnete Shylock, „sprecht mir nicht von Zinsen und Zwangsverfahren. Ich will Euer Freund sein und reiche Euch die Hand zur Versöhnung. Ich will das Böse vergessen, das Ihr mir zugefügt habt und Euch das Darlehen zinslos vorstrecken."

Auf dies anscheinend so großmütige Anerbieten fand Antonio kein Wort der Erwiderung. Shylock aber erklärte mit geheuchelter Freundlichkeit, er werde ihm die gewünschten dreitausend Dukaten herzlich gern leihen; nur möge Antonio mit ihm zu einem Notar gehen und nur zum Scherz einen Schuldschein unterzeichnen. Könne er das Geld nicht bis zu einem bestimmten Tag zurückerstatten, so behalte sich Shylock das Recht vor, ihm aus irgendeinem Teil seines Körpers ein Pfund Fleisch herauszuschneiden.

„Einverstanden!" rief Antonio lachend. „Ich will den Schuldschein unterschreiben. Potztausend, der Shylock ist doch nicht so schlimm, wie er aussieht."

Bassanio riet seinem Freund ab, einen derartigen Schuldschein zu unterschreiben. Antonio aber trug kein Bedenken, auf die genannte Bedingung einzugehen. Vor dem Fälligkeitstermin würden ja seine Schiffe, reich mit Schätzen beladen, zurückgekehrt sein.

Als Shylock diesen Meinungsaustausch zwischen den beiden Freunden hörte, erwiderte er harmlos: „Was seid ihr für argwöhnische Leute! Was hätte ich davon, wenn ich die Schuld in der von mir vorgeschlagenen grauenvollen Art wirklich eintriebe? Ein Pfund Menschenfleisch ist nicht so viel wert wie ein Pfund Hammel- oder Rindfleisch. Ihr seht also, ich mache nur Spaß. Das Geld gebe ich gern, aber schenkt mir dafür eure Freundschaft! Wollt ihr, so unterschreibt den Schuldschein; wenn nicht, dann lebt wohl!"

Antonio zögerte keinen Augenblick. Trotz Bassanios Warnung setzte Antonio seinen Namen unter das verhängnisvolle Schriftstück. Glaubte er doch, Shylock mache wirklich nur Spaß.

Antonio war hocherfreut. Nun konnte er mit dem Geld seinem Freund die gewünschte Gefälligkeit erweisen. Für das Geld kleidete sich Bassanio fürstlich ein, kaufte sich ein schönes Gespann und fuhr in Begleitung eines Edelmannes namens Gratiano hinaus nach Belmonte, dem bei Venedig gelegenen Schloß seiner Angebeteten. Diese hieß Portia, und an Anmut und Charakter glich sie jener Portia des Altertums, der mit Brutus vermählten Tochter des strengen Tato.

Durch sein adeliges Auftreten, seine taktvolle Zurückhaltung und seine Gemütstiefe gewann Bassanio Portias Herz, und bereits nach kurzer Zeit reichte ihm die schöne Jungfrau die Hand zur Verlobung. Bevor er sie aber zum Altar führte, gestand er seiner Verlobten, daß er trotz des edlen Gespannes und der prunkvollen Kleidung kein Vermögen besitze. Seine vornehme Geburt und seine ruhmreiche Ahnenreihe seien die einzigen Güter, deren er sich mit Stolz rühmen dürfe.

Portia aber, die den jungen Ritter um seiner selbst willen liebte und reich genug war, um über die Mittellosigkeit ihres Verlobten hinwegsehen zu können, antwortete in anmutiger Bescheidenheit: „Ich wünschte, ich wäre tausendmal schöner und tausendmal reicher, um deiner noch viel würdiger zu sein. Ich bin ungebildet und ungelehrt. Darum sollst du mich in allen Dingen unterweisen. Dafür gebe ich dir zu eigen, was ich bin und habe. Gestern war ich noch Herrin meiner selbst und Besitzerin dieses Schlosses. Von heute an ist alles dein Eigentum: dies Haus, diese Dienerschaft, ja ich selbst. Des zum Zeichen empfange diesen Ring."

Bei diesen Worten streifte Portia ihren kostbaren Ring vom Finger und überreichte ihn dem Manne ihrer Wahl. Die edle Art und Weise, wie die reiche, vornehme Portia einen so wenig bemittelten Mann zu ihrem Gatten erkor, erfüllte Bassanio mit so dankbarer Freude, daß er kaum Worte fand, seine Liebe und Verehrung auszudrücken. Als er sich den Ring an den Finger steckte, schwor er der Dame seines Herzens, sich von diesem Liebeszeichen nimmermehr zu trennen.

Zeugen dieser Verlobung waren Gratiano und Portias Kammerjungfer Nerissa. Gratiano erbat sich von dem glücklichen Brautpaar die Gunst, am selben Tag wie dies Hochzeit machen zu dürfen.

„Wenn du eine Braut hast, Gratiano", erwiderte Bassanio, „dann wollen wir gemeinsam Vermählung feiern."

„Freilich habe ich eine Braut! Hier steht sie: die liebe Nerissa. Sie will aber nur dann mein Weib werden, wenn ihre Herrin sich mit dir verheiratet, Freund Bassanio."

„Mit tausend Freuden! Dann wird eure Vermählung, Gratiano, unserer eigenen Hochzeit einen ganz besonders festlichen Glanz verleihen."

Die glücklichen Stunden, welche die beiden Liebespaare nun miteinander verlebten, erlitten ein jähes Ende, als ein Brief von Antonio eintraf. Hastig erbrach ihn Bassanio. Kaum hatte er die ersten Zeilen gelesen, erbleichte er. Portia glaubte, der Brief habe ihrem Geliebten den Tod eines Freundes gemeldet.

„Hast du eine schlimme Nachricht erhalten?" fragte sie teilnehmend.

„Der Brief enthält das Schlimmste, was je aus einer Feder geflossen! Geliebte, als ich dir meine Liebe gestand, offenbarte ich dir zugleich, wie es um meine wirtschaftliche Lage steht. Ich verschwieg dir aber, daß ich weniger als nichts besitze, daß ich — daß ich sogar Schulden habe." Unumwunden beichtete nun Bassanio seiner Braut die ganze Geschichte von dem bei Antonio erbetenen und von Shylock besorgten Darlehen, von dem Schuldschein, den Antonio unterschrieben, laut dessen er ein Pfund Fleisch verwirke, falls er die Summe nicht an dem festgesetzten Fälligkeitstermin zurückerstatte. Auf Portias Wunsch las Bassanio auch den soeben eingetroffenen Brief seines Freundes Antonio vor:

„Lieber Bassanio, meine Schiffe sind untergegangen. Meine Schuld bei Shylock kann ich nicht begleichen. Ich muß also sterben. Sei Du wenigstens Zeuge meines Todes. Im übrigen: viel Vergnügen!"

Portia beruhigte ihren Bräutigam: „Hier heißt es, rasch handeln, Geliebter. Gräme dich nicht. Du sollst zwanzigmal mehr Geld bekommen, als du brauchst. Dein edelmütiger Freund soll durch deine Schuld auch nicht ein Haar verlieren. Wenn ich dich so teuer erkaufe, will ich dich auch doppelt innig lieben."

Bassanio konnte sich über die Seelengröße seiner Braut nicht genug wundern. Vor Rührung weinte er. Portia ging aber noch weiter. Damit sich ihr Bräutigam durch eine so erhebliche Geldsumme nicht beschämt fühle, sondern zum Empfang einer solchen gesetzlich berechtigt sei, wünschte sie eine sofortige Trauung. An dem nämlichen Tage, an dem sie ihrem Verlobten die Hand zum Ehebund reichte, traten auch Gratiano und Nerissa an den Traualtar. Nach der gemeinsamen Hochzeit reiste Bassanio mit Gratiano schleunigst nach Venedig ab, wo sie den unglücklichen Antonio bereits im Gefängnis antrafen.

Da der Fälligkeitstermin der Schuldsumme verstrichen war, wies der grausame Bankier Shylock das Geld zurück, das Bassanio ihm anbot, sondern verlangte aufs entschiedenste das ausbedungene Fleisch.

Es blieb nichts übrig, als wegen dieser gräßlichen Angelegenheit vor dem Dogen von Venedig einen Prozeß anzustreben. In Angst und Sorge sah Bassanio der Zukunft entgegen.

Als Portia von ihrem Gatten Abschied genommen hatte, tröstete und ermutigte sie ihn und legte ihm zugleich ans Herz, er solle, wenn er zurückkomme, seinen lieben Freund Antonio nach Belmonte mitbringen. Im stillen aber konnte sie sich der Befürchtung nicht entziehen, die Sache mit Antonio werde ein schlimmes Ende nehmen. Mit Leuten vom Schlage Shylocks sei nicht zu spaßen. Wie wäre es, wenn sie selber nach Venedig reiste und ihres Mannes hilfsbereiten Freund vor Gericht verteidigte?

Gesagt, getan.

Portia war mit einem Rechtsanwalt namens Bellario verwandt. Diesem teilte sie den Sachverhalt mit, fragte ihn um Rat und bat ihn, ihr für ein paar Tage seine Amtsrobe zu leihen. Bellario gab ihr seinen fachmännischen Rat und sandte das Gewünschte.

Wozu Portia die Amtstracht benötigte? Nun, sie legte sie selber an, verkleidete Nerissa gleichfalls mit einem Talar als Gerichtsdiener, und nun reisten die beiden Damen nach Venedig. Hier trafen sie gerade am Tage der öffentlichen Gerichtsverhandlung ein. In dem Augenblick, wo die Anklageschrift vor dem Dogen und den Senatoren verlesen wurde, betrat Portia den Gerichtssaal. Ehrerbietig überreichte sie dem Vorsitzenden einen Brief des Bellario, in welchem sich dieser Anwalt entschuldigte, er sei krankheitshalber verhindert, die Verteidigung Antonios zu übernehmen; statt seiner möge der hohe Gerichtshof gestatten, daß der junge Doktor Balthasar — so nannte er Portia — Antonios Sache führe. Der Doge hatte nichts einzuwenden, obgleich ihn das jugendliche Aussehen des fremden Anwalts in Talar und großer Perücke recht befremdete.

Nunmehr schritt der Gerichtshof zur Verhandlung.

Portia sah sich um und erblickte den hartherzigen Shylock. Auf der Zeugenbank sah sie ihren Gatten Bassanio, der sie aber in der Verkleidung nicht erkannte. Er hatte ihr auch kaum Beachtung geschenkt; ihn erfüllte nur ein Gedanke, die Sorge um Antonios Schicksal!

Im Ringen wachsen die Schwingen, dachte Portia. Darum führte sie mutig die Rolle durch, die sie übernommen hatte, und verblüffte die Richter durch ihre geschickte Verteidigung. Zunächst wandte sie sich an Shylock. Sie gab zu, daß ihm das venezianische Gesetz ohne weiteres das Recht einräume, auf der Einhaltung der in seinem rechtsgültigen Schuldschein verklausulierten Bedingung zu bestehen. Aber sie bat um Gnade für ihren Mandanten: Gnade sei wie erfrischender Regen, der auf die ausgedörrte Erde herniederträufele; Gnade trüge einen doppelten Segen: sie segne den, der sie spendet, und den, der sie empfängt; Gnade kleide die Monarchen besser als ihre Kronen, denn sie sei eine der Eigenschaften des ewigen Gottes — was würde aus uns armen Menschen, wenn Gott sich nicht unser gnädig erbarme!

Aber Shylock wollte von Gnade und Nachsicht nichts wissen. Kalt und hartherzig antwortete er: „Aus dem Geld mache ich mir nichts. Ich will das Pfund Fleisch!"

„Kann Antonio das Geld nicht bezahlen?" warf Portia ein.

„Freilich", antwortete Bassanio, „Shylock soll nicht nur die dreitausend Dukaten haben, sondern so viel mal mehr, als er nur wünscht."

Shylock lehnte auch dies ab: „Ich will ein Pfund von Antonios Fleisch, nicht mehr und nicht weniger."

In seiner Verzweiflung bat nun Bassanio den jungen Rechtsgelehrten, er möge

doch mal zusehen, ob das Gesetz nicht ein Hintertürchen offenläßt, um Antonio zu retten. Portia aber herrschte den kühnen Frager an: „An den bestehenden Gesetzen darf man nicht drehen und deuteln!"

Als Shylock hörte, daß Portia die Unbeugsamkeit der Rechtspflege betonte, glaubte er, der junge Anwalt spreche zu seinen Gunsten. Daher rief er ganz begeistert aus: „Habt Dank, junger Herr, daß Ihr mir zu meinem Recht verhelfen wollt! Ihr seid ja viel älter, als Ihr ausseht!"

Nunmehr bat Portia, Shylock möchte ihr einen Einblick in den Schuldschein gestatten. Sie warf einen wütenden Blick darauf und sagte dann mit einem Seufzer: „Der Schuldschein ist leider echt, und Shylock ist berechtigt, Antonio ein Pfund Fleisch aus dem Leib herauszuschneiden."

Dann aber bat sie den hartherzigen Bankier noch einmal, Gnade vor Recht ergehen zu lassen, das Geld zu nehmen und den Schuldschein zu zerreißen.

Shylock aber schwur: „Niemand kann mich umstimmen, selbst wenn er mit Engelszungen redete!"

„Nun denn, Antonio, hier ist nichts mehr zu machen. Ihr seid dem Messer ausgeliefert!"

Während Shylock bereits ein langes Dolchmesser zog, um das Pfund Fleisch aus Antonios Leib zu schneiden, fragte Portia ihren Mandanten Antonio: „Habt Ihr noch irgend etwas zu sagen?"

„Nur ein paar Worte, denn mein letztes Stündlein schlägt. Reich mir die Hand, mein Bassanio, leb wohl! Gräm dich nicht, daß ich um deinetwillen dies Schicksal erleiden muß. Grüß deine edle Gattin von mir und sag ihr, daß ich dich von Herzen liebgehabt habe!"

Aufs tiefste erschüttert antwortete Bassanio: „Antonio, ich habe die beste und edelste Frau zur Gattin; ich liebe sie mehr als das Leben. Alles dies möchte ich hingeben, alles dies möchte ich opfern, könnte ich dich befreien!"

Obwohl die herzensgute Portia sich nicht im geringsten gekränkt fühlte, daß ihr Gatte seine Liebe zu Antonio in so überschwenglichen Worten zum Ausdruck brachte, erwiderte sie dennoch in scheinbarer Gelassenheit: „Eure Frau wäre Euch nicht sehr dankbar, wenn sie erführe, daß Ihr sie für Euren Freund hingeben wollt!"

Da nun Gratiano gern seinen Herrn nachahmte, dachte er, er müßte sich ebenso äußern wie Bassanio. Darum bekannte er in Gegenwart seiner Gattin Nerissa — die, als Gerichtsschreiber verkleidet, neben Portia saß und das Protokoll führte: „Ich habe auch eine gute Frau, die ich innig liebe. Aber ich wünschte, sie wäre im Himmel, wenn sie dort irgendeine Macht in Bewegung setzen könnte, um Shylocks grausamen Sinn umzustimmen."

„Es ist gut, daß Ihr dies hinter dem Rücken Eurer Frau sagt", wandte Nerissa scherzhaft ein, „sonst könntet Ihr Euch auf eine nette Gardinenpredigt gefaßt machen!"

Jetzt wurde Shylock ungeduldig. „Wir verschwenden zuviel Zeit", rief er aus, „ich bitte um Verkündigung des Urteilsspruches."

Atemlose Stille herrschte im Saal. Voller Spannung sahen alle Anwesenden der Urteilsverkündigung entgegen; alle bangten um Antonio.

Ernst fragte Portia den Gerichtsdiener, ob er die Schalen besorgt habe, um das Fleisch abzuwiegen. Dann richtete sie das Wort an den hartherzigen Kläger: „Shylock, Ihr müßt einen Arzt besorgen, damit Antonio nicht verblutet."

Der Angeredete, der im stillen tatsächlich wünschte, Antonio möge verbluten, bemerkte hierzu unwirsch: „Das steht nicht im Schuldschein."

Portia entgegnete: „Gewiß, es steht nicht im Vertrag. Ich meine aber, Ihr solltet es aus Menschenliebe tun!"

Shylock blieb bei seiner entschiedenen Ablehnung.

„Nun denn", verkündete Portia mit fester Stimme, „ein Pfund von Antonios Fleisch gehört Euch. Das Gesetz gestattet es, und der Gerichtshof erkennt es Euch zu. Schneidet es ihm aus der Brust."

Erfreut rief Shylock aus: „Wie dank ich euch, ihr weisen und gerechten

Richter!" Dann zog er abermals sein langes Messer, blickte triumphierend zu Antonio hinüber und gebot ihm: „Kommt her, macht Euch bereit!"

„Halt, einen Augenblick!" rief Portia. „Die Sache ist nicht ganz so einfach, wie Ihr denkt. Der Schuldschein hier spricht ausdrücklich von einem Pfunde Fleisch — aber von keinem einzigen Tropfen Blut. Wenn Ihr also dem Angeklagten ein Pfund Fleisch herausschneidet und dabei auch nur ein Tröpfchen Blut vergießt, so werden Eure Güter und Besitztümer vom venezianischen Staate beschlagnahmt."

Da es völlig unmöglich war, das Pfund Fleisch herauszuschneiden, ohne einen Tropfen Blut zu vergießen, so rettete Portias kluger Einfall dem armen Antonio das Leben. Richter und Zuhörer sahen einander verwundert an: Solchen Scharfsinn hätte niemand dem jungen Rechtsanwalt zugetraut! Von den Bänken brauste stürmischer Beifall, wie ihn dieser Gerichtssaal noch nie gehört hatte.

Portias Beweisgrund hatte seinen Eindruck auf den Kläger nicht verfehlt. Seine grausame Absicht war vereitelt, sein Triumpf hatte sich in arge Enttäuschung gewandelt. Indessen, er ließ sich seinen Ärger nicht anmerken. In gleichgültigem Ton erklärte er, er werde das Geld annehmen. In der Freude seines Herzens über Antonios unerwartete Befreiung streckte ihm Gratiano einen Beutel entgegen mit den Worten: „Hier ist das Geld!"

Da trat Portia dazwischen und sagte: „Gemach, nicht so hastig. Shylock soll bekommen, was er haben will!" Dann richtete sie das Wort an Shylock: „Macht Euch bereit und schneidet das Fleisch aus. Aber wehe, wenn Ihr auch nur einen Tropfen Blut vergießt! Paßt scharf auf, daß Ihr nicht mehr und nicht weniger als gerade ein Pfund entnehmt. Ist es auch nur eine Idee mehr oder weniger, schwankt die Waagschale auch nur um ein einziges Härchen, so habt Ihr nach den Gesetzen Euer Leben verwirkt, und all Euer Vermögen wird vom Staat eingezogen."

„Gebt mir das Geld und laßt mich gehen", rief Shylock aus.

„Hier habt Ihr's", entgegnete Bassanio und streckte dem Bankier wieder den Beutel entgegen.

Schon griff Shylock hastig nach dem Geld, als Portia wiederum dazwischentrat: „Halt, Shylock, ich hab mit Euch noch ein Hühnchen zu rupfen. Nach den Gesetzen der venezianischen Republik ist Euer Vermögen dem Staat verfallen, weil Ihr einem seiner Bürger nach dem Leben getrachtet habt. Vielleicht begnadigt Euch der Doge, wenn Ihr ihn bittet. Drum kniet nieder und bittet ihn um Vergebung."

Da erhob sich der Doge und verkündete: „Kraft des den Herrschern verliehenen Rechtes der Begnadigung schenke ich Euch das Leben, ehe Ihr mich darum ersucht, aber nur unter der Bedingung, daß die eine Hälfte Eures Vermögens Antonio, die andere der Staatskasse gehört."

Großmütig verzichtete Antonio auf den ihm vom Dogen zugesprochenen Anteil an Shylocks Vermögen. Er verlangte jedoch, Shylock solle diesen Anteil letztwillig seiner Tochter und ihrem Gatten vermachen; denn Shylocks einzige

Tochter hatte sich jüngst gegen den Willen des Vaters mit einem jungen christlichen Edelmann, einem Freund Antonios, vermählt. Das hatte den hartherzigen Bankier so aufgebracht, daß er seine Tochter enterbte.

Auch hierin willigte Shylock ein. Da er sich über den Ausgang des Prozesses enttäuscht und außerdem seines Reichtums beraubt sah, bat er: „Laßt mich nach Hause gehen. Ich fühle mich nicht wohl. Schickt mir die Urkunde zu, ich will sie zu Hause unterzeichnen."

„Nun denn, Ihr seid entlassen", sagte der Doge, „geht nach Hause und unterschreibt das Testament. Wollt Ihr Eure Schlechtheit bereuen und Christ werden, so wird Euch der Staat die andere Hälfte Eures Vermögens belassen."

Nunmehr hob der Doge den Haftbefehl gegen Antonio auf und entließ den Gerichtshof. In seiner Schlußrede pries er die Weisheit und den ungewöhnlichen Scharfsinn des jungen Rechtsgelehrten und lud ihn nachher zur Mittagstafel ein.

Da aber Portia vor ihrem Gatten in Belmonte eintreffen wollte, so lehnte sie die Einladung ab. „Entschuldigt, Hoheit, ich muß unverzüglich heimkehren."

Der Doge bedauerte, daß es ihm nicht vergönnt sei, in Gesellschaft eines so begabten jungen Mannes zu speisen. Dann wandte er sich an Antonio und forderte ihn auf: „Zeigt Euch dem jungen Advokaten gegenüber recht erkenntlich, denn Ihr seid ihm sehr zu Dank verpflichtet."

Der Doge verließ mit den Senatoren den Gerichtssaal. Da trat Bassanio zu Portia und sagte: „Hochwürdiger Herr! Mein Freund Antonio und ich, wir sind durch Eure Weisheit heute schwerer Strafe entgangen. Wir bitten Euch daher, nehmt als Zeichen unserer Dankbarkeit die dreitausend Dukaten an, die wir an Shylock hätten bezahlen sollen."

„Wir werden Euch immer zu Dank verpflichtet sein", fügte Antonio gerührt hinzu.

Keine Macht der Welt konnte Portia bewegen, das Geld anzunehmen. Erst als Bassanio in sie drang, in irgendeiner Form eine Belohnung anzunehmen, forderte sie ihn auf: „Gebt mir Eure Handschuhe. Ich will sie tragen, weil sie Euch gehörten."

100

Als nun Bassanio seine Handschuhe abstreifte, erblickte sie den Ring, den sie ihm an den Finger gesteckt hatte. Um sich mit ihm einen Spaß zu erlauben, hatte die schlaue Dame ihren Gatten um seine Handschuhe ersucht. Als sie nun den Ring erblickte, wollte sie ihm diesen vom Finger ziehen: „Schenkt mir den Ring, wenn Ihr mir so dankbar seid, wie Ihr vorgebt."

Über diese Forderung geriet Bassanio in nicht geringe Bestürzung: War doch der Ring der einzige Gegenstand, von dem er sich unter keinen Umständen trennen konnte! In größter Verwirrung erwiderte er: „Ich kann Euch den Ring leider nicht geben, denn meine Frau hat ihn mir geschenkt, und ich habe ihr geschworen, ihn solange zu tragen, wie ich lebe. Aber ich will Umfrage halten, nach dem wertvollsten Ring, der in Venedig zu haben ist, den sollt Ihr haben!"

Portia tat, als sei sie aufs tiefste empört: „Solche Antwort gibt man einem Bettler, Herr", rief sie und verließ eiligen Schrittes den Gerichtssaal.

„Lieber Bassanio", bat nunmehr Antonio, „gib ihm den Ring. Ich weiß, du ziehst dir deines Weibes Unwillen zu; aber denk an meine Freundschaft für dich und an den großen Dienst, den mir dieser junge Mensch erwiesen hat!"

Undankbar erscheinen — nein, das widerstrebte Bassanios vornehmer Natur. Drum schickte er Gratiano Portia nach und ließ ihr den gewünschten Ring überreichen. Nunmehr verlangte der ‚Protokollführer' Nerissa — die ja Gratiano gleichfalls einen Ring geschenkt hatte — von diesem gleichfalls einen Ring zum Andenken. Und da Gratiano seinem Herrn an Edelmut nicht nachstehen wollte, so erfüllte er Nerissas Wunsch.

Man kann sich denken, wie sich die beiden Damen belustigten, als sie sich ausmalten, wie sie ihre Ehemänner für das Verschenken ihrer Ringe abkanzeln würden!

Als Portia heimkehrte, befand sie sich in jener heiteren Stimmung, die das Bewußtsein, eine gute Tat vollbracht zu haben, verleiht. Rasch zogen sie sich wieder ihre eigenen Kleider an und erwarteten die Rückkehr ihrer Männer. Bald kamen sie. Antonio hatte sich ihnen angeschlossen. Kaum hatte Bassanio seiner Frau den lieben, vielgeprüften Freund vorgestellt und ihren Willkommensgruß empfangen, als aus einer Ecke des Zimmers heftiger Wortwechsel erscholl: Nerissa zankte sich mit ihrem Mann.

„Nanu, was ist denn da los?" fragte Portia. „Was haben denn die beiden miteinander?"

„Gnädigste", sagte Gratiano, „es handelt sich um den armseligen goldenen Ring, den Nerissa mir geschenkt hat. Ihr wißt schon, den mit der Inschrift ‚Lieb mich und verlaß mich nicht'."

„Weißt du nicht, was die Inschrift des Ringes bedeutet?" fragte Nerissa entrüstet. „Als ich dir den Ring schenkte, hast du mir geschworen, ihn bis zum letzten Atemzug zu tragen; und nun sagst du, du hast ihn dem Schreiber eines Rechtsanwaltes geschenkt? Lüge, nichts als Lüge! Du hast ihn einer Frau geschenkt!"

„Die Hand soll mir abfallen", beteuerte Gratiano, „wenn ich ihn nicht einem jungen Manne gab, einem knabenhaften Jungen, der nicht größer war als du. Er war der Protokollführer des jungen Rechtsgelehrten, dessen glänzende Verteidigung Antonio das Leben rettete. Der freche Kerl verlangte von mir den Ring als Honorar — für mein Leben konnte ich ihm seinen Wunsch nicht abschlagen."

Jetzt mischte sich Portia ein: „Du solltest dich schämen, wenn du dich so leichten Herzens von dem ersten Geschenk deiner Frau trennen kannst! Da ist mein Bassanio ein anderer Mann. Auch ich habe ihm einen Ring geschenkt; aber ich wette, um alles in der Welt gibt er ihn nicht weg!"

Um seinen Fehler zu entschuldigen, verriet Gratiano seinen Freund: „Bassanio hat ja auch seinen Ring verschenkt. Der Anwalt hat ihn bekommen. Als dies sein Schreiber sah, hat er mich um meinen Ring gebeten. Ich glaubte, er hat ihn ehrlich

verdient, denn da der Verteidiger sehr schnell und sehr viel sprach, so hat das Protokollieren dem Schreiber viel Mühe verursacht."

Als Portia dies hörte, geriet sie in heftige Erregung und machte ihrem Mann bittere Vorwürfe: „Nerissa hat recht", meinte sie, „wer ihren Ring bekommen hat, der trägt jetzt auch den meinigen: irgendein Weib!"

Bassanio war untröstlich darüber, daß er seine liebe Frau so schwer gekränkt hatte. Mit Tränen in den Augen beteuerte er: „Nein, bei meiner Ehre! Kein Weib bekam den Ring, sondern ein Rechtsgelehrter. Er hat die dreitausend Dukaten, die ich ihm bot, abgelehnt und statt dessen den Ring verlangt. Als ich ihm diesen versagte, ging er gekränkt von dannen. Was konnte ich anderes tun, geliebte Frau? Der Gedanke, ihm gegenüber undankbar zu scheinen, beschämte mich dermaßen, daß ich ihm den Ring nachschickte, als er den Saal bereits verlassen hatte. Verzeih mir, Geliebte. Wärest du dabei gewesen, so hätte ich dir sicherlich den Ring geben müssen, und du hättest ihn dem würdigen Doktor ausgehändigt."

„Ach", seufzte Antonio, „ich bin leider Gottes an all diesen Streitigkeiten schuld!"

„Laßt Euch darüber keine grauen Haare wachsen. Ihr seid mir trotzdem ein lieber, willkommener Gast."

Darauf Antonio: „Einst bürgte ich mit meinem Leben für Bassanio. Aber für die Wahrheit dessen, was Euer Gatte beteuert, möchte ich abermals mein Leben verpfänden. Bei meiner heiligen Ehre erkläre ich: Euer Gatte hat die Treue nicht gebrochen. Die Ringgeschichte verhält sich genau so, wie Bassanio sie darstellt."

„Schön, Ihr bürgt mir für meinen Mann", meinte Portia, „so gebt ihm diesen Ring und sagt ihm, er soll mein abermaliges Geschenk sorgfältiger aufbewahren als das erste."

Als Bassanio sich diesen Ring ansah, war er im höchsten Maß überrascht. Es war doch derselbe, den er weggegeben hatte! Wie war das zugegangen? Nachdem sich Portia lange genug an seiner Verlegenheit und seinem Erstaunen geweidet hatte, gab sie endlich des Rätsels Lösung: „Der junge Rechtsanwalt, von dem ihr alle so viel Wesens macht, war ich; mein Protokollführer, der 'freche Kerl' – wie ihn Gratiano soeben nannte –, war Nerissa. Was sagt ihr nun?"

Jetzt sah Bassanio zu seiner herzinnigen Freude, daß er nicht nur eine vornehme, schöne und gütige, sondern auch eine kluge und mutige Frau sein eigen nannte, deren beispielloser Scharfsinn seinem Freunde das Leben rettete.

Doppelt herzlich hieß jetzt Portia den zurückgewonnenen Freund ihres Mannes willkommen. Noch mehr: ein Zufall hatte ihr Briefe in die Hände gespielt, denen zufolge die angeblich untergegangenen Schiffe Antonios wohlbehalten in den Hafen eingelaufen waren.

Welch große Freude für den jungen Handelsherrn und seine alten und neuen Freunde! Tragisch und unheildrohend hatte seine Geschichte begonnen, und nun hatte sie sich in eitel Glück gewandelt! Viel belacht wurde die drollige Geschichte mit den verschenkten Ringen und die Torheit der Männer, die ihre eigenen Frauen nicht wiedererkannten. In übermütiger Laune leistete Gratiano den Schwur:

„Lebenslang hüt' ich kein ander Ding
mit solcher Sorgfalt als Nerissas Ring!"

 # KÖNIG LEAR

König Lear von Britannien hatte drei Töchter: Goneril, die Gemahlin des Herzogs von Albany, Regan, die mit dem Herzog von Cornwall vermählt war, und Cordelia, ein junges Mädchen, um deren Gunst der König von Frankreich und der Herzog von Burgund gleichzeitig warben. Die beiden Freier weilten zu der Zeit, wo unsere Geschichte spielt, am Hofe König Lears.

Der altersschwache, von der Last der Regierungsgeschäfte ermüdete König, der überdies bereits das achtzigste Lebensjahr überschritten hatte, entschloß sich, der Krone zu entsagen und die Führung des Staates Jüngeren zu überlassen. Darum rief er seine drei Töchter zu sich, um aus ihrem Munde zu erfahren, welche von ihnen ihn am meisten liebte. Genau nach dem Grade ihrer Liebe gedachte er das Königreich unter sie aufzuteilen.

Goneril, die älteste, erklärte, sie liebe ihren Vater mehr, als Worte es auszudrücken vermögen. Er sei ihr lieber als ihr Augenlicht, lieber als Leben und Freiheit. Sie sagte dies in so überschwenglichen Worten, die sich bekanntlich leicht heucheln lassen, weil wahre Liebe fehlt, während es im Falle echter Herzensneigung nur ein paar liebevoller, aufrichtiger Worte bedurft hätte. Der König aber war entzückt, aus dem Munde seiner ältesten Tochter diese Zusicherung ihrer Liebe zu vernehmen; und da er auch überzeugt war, daß sie die volle Wahrheit sprach, schenkte er ihr und ihrem Gemahl ein Drittel seines gewaltigen Reiches.

Dann rief er seine zweite Tochter, Regan, zu sich. Auch diese fragte er, was sie zu sagen hätte. Regan, die aus demselben Holz geschnitzt war wie ihre Schwester, wollte dieser nicht nachstehen, sie vielmehr noch überbieten. Darum erklärte sie, das, was ihre Schwester gesagt hätte, sei nichts im Vergleich zu der Liebe, die sie Seiner Hoheit entgegenzubringen vorgab: alle anderen Freuden des Lebens seien für sie bedeutungslos im Vergleich zu der Freude, die ihr aus der Liebe zu ihrem königlichen Vater erwüchse.

Lear pries sich glücklich, so liebevolle Kinder zu haben. Denn liebevoll waren sie seiner Meinung nach, sonst hätten sie ihm ihre Liebe nicht in so schönen Worten beteuert. Wie konnte er die Liebe Regans besser belohnen, als daß er ihr und ihrem Gemahl das zweite Drittel seines Königreiches gab, einem Gebiet, das an Größe demjenigen, das er bereits Goneril gegeben hatte, gleichkam.

Schließlich wandte er sich an seine jüngste Tochter Cordelia, seinen Liebling, und fragte sie, wie sehr sie ihn liebe. Er zweifelte keinesfalls, daß sie ihre Liebe ebenso beteuern würde wie ihre Schwestern oder noch viel stärker, da er Cordelia als sein Nesthäkchen vor den anderen immer bevorzugt hatte.

Wie täuschte sich der König!

Angewidert von den listigen Schmeicheleien ihrer Schwestern, antwortete Cordelia nichts weiter als: „Ich liebe Seine Majestät, wie es meine Pflicht ist, nicht mehr und nicht weniger!"

Diese scheinbare Undankbarkeit verletzte den König aufs tiefste. Anfangs traute er seinen Ohren nicht. Darum sagte er, sie möge ihre Worte genau erwägen, um sich ihr Glück nicht zu verscherzen.

Cordelia aber erwiderte gelassen: „Du bist mein Vater. Du hast mich erzogen und liebst mich. Ich aber kann die mir in so reichem Maße erwiesenen Wohltaten nur dadurch vergelten, daß ich dir gehorche, dich liebe und dir die höchste Achtung entgegenbringe. Heuchlerische Worte wie meine Schwestern kann ich nicht über meine Lippen bringen. Wie können Goneril und Regan versprechen, niemanden anders zu lieben als ihren Vater? Haben sie denn keine Gatten? Wenn

ich mich verheirate, hat doch der Mann, dem ich die Hand zum Lebensbund reiche, mindestens auf meine halbe Liebe Anspruch! Mich verheiraten und nur meinen Vater lieben – wie es meine Schwestern angeblich behaupten –, das bringe ich nicht fertig!"

Zu jeder anderen Zeit hätte Cordelia, die tatsächlich ihren Vater innig liebte, dies kurz und bündig, aber etwas liebevoller ausgesprochen. Aber angesichts der unwahren, zum mindestens übertriebenen Reden ihrer Schwestern, die doch nur nach reicher Belohnung Ausschau hielten, erschien es ihr ratsamer, kindlich zu lieben – und zu schweigen! So konnte sie nicht in den Verdacht kommen, durch schmeichelnde Worte Vorteile einzuheimsen, sondern beweisen, daß ihre Liebe nicht schnöder Gewinnsucht entsprang.

Cordelias freimütige Rede, die Lear als Lieblosigkeit und Hochmut auslegte, brachte den alten König, der leider Wahrheit von Schmeicheleien nicht zu unterscheiden vermochte, dermaßen auf, daß er den noch übrigen dritten Teil

108

seines Reiches der aufrichtigen Prinzessin Cordelia vorenthielt und gleichmäßig unter ihre beiden Schwestern und deren Gatten – die Herzöge von Albany und Cornwall – verteilte.

Dann beschied er die beiden Schwiegersöhne zu sich und übertrug ihnen feierlich die Regierungsgeschäfte. Unter Verzicht auf jegliche weitere Ausübung seines königliches Amtes behielt sich Lear für sich nur den Königstitel. Um aber seinem Amt entsprechend fürstlich auftreten zu können, bedingte er sich das Recht aus, mit einem Gefolge von hundert Rittern abwechselnd vier Wochen lang am Hofe einer jeden seiner beiden Töchter wohnen zu dürfen – ein Vorbehalt, auf den beide Damen bereitwillig eingingen.

Diese übereilte Länderteilung, die weniger von der Vernunft als vom Zorn diktiert war, erfüllte alle Höflinge mit Verwunderung und Besorgnis. Aber keiner hatte den Mut, den König zu beschwichtigen und über den folgenschweren Willkürakt, den er vollzogen, aufzuklären. Nur der Graf von Kent faßte sich ein Herz und legte ein gutes Wort für Cordelia ein. Allein der aufs höchste erbitterte König schnitt ihm unter Androhung der Todesstrafe das Wort ab. Der beherzte Graf ließ sich aber nicht abschrecken. Er hatte dem König immer treu gedient. Er hatte ihn als Landesherrn geachtet, wie einen Vater geliebt. Ja, er hatte sein eigenes Leben immer als Pfand angesehen, das er verpflichtet war, gegen die Feinde seines königlichen Herrn in die Schanze zu schlagen. Nie hatte er gefürchtet, es zu verlieren, wenn es dem Wohl des Königs galt. Auch jetzt, da der König ihm feindselig gegenübertrat, blieb dieser seinen Grundsätzen treu und leistete dem König Widerstand. Da er es mit ihm gut meinte, so beschwor er den verblendeten König, sich die ungerechte Verteilung seines Reiches nochmal reiflich zu überlegen. Er bürge mit seinem Leben dafür, daß des Königs jüngste Tochter ihn nicht weniger, sondern im Gegenteil noch mehr liebe als ihre großsprecherischen Schwestern.

Die freimütige Rede des Grafen Kent empörte den König noch mehr, darum sprach er das Verbannungsurteil über seinen treuen Diener aus. Sollte er nach einer Frist von fünf Tagen noch immer auf britischem Boden angetroffen werden, so hätte er sein Leben verwirkt.

Kent sagte ohne Groll dem König Lebewohl. Cordelia aber, die so aufrichtig gesprochen hatte, empfahl er dem Schutz der Götter. Er wünschte nur, daß die schönen Worte der Schwestern auch Taten der Liebe zeugen möchten.

Nunmehr rief Lear den König von Frankreich und den Herzog von Burgund zu sich, um ihnen seine Entscheidung betreffs seiner jüngsten Tochter mitzuteilen und sie zu fragen, ob sie unter diesen Umständen ihre Werbung aufrechterhielten. Der Herzog von Burgund bedauerte, er könne mit einer mittellosen Prinzessin keinen Ehebund eingehen. Der König von Frankreich aber, der wohl wußte, daß sich Cordelia ihres Vaters Liebe nur durch ihre allzu große Offenheit und Wahrheitsliebe verscherzt hatte, nahm das junge Mädchen bei der Hand und erklärte ihr, ihre Tugenden seien ihm mehr wert als ein Königreich, darum nehme

109

er sie zur Gemahlin. Den Herzog von Burgund aber nannte er spöttisch einen ‚Wasserherzog‘, weil dessen Liebe zu der jungen Prinzessin im Nu zu Wasser geworden war.

Mit Tränen in den Augen nahm Cordelia von ihren Schwestern Abschied und bat sie, ihren Vater recht zu lieben und zu ihren Worten zu stehen. Jene aber erwiderten trotzig, Cordelia sollte sich lieber um ihren Gatten kümmern, der sie ja nur aus Gnade und Barmherzigkeit zur Frau nähme.

Schweren Herzens schied Cordelia aus ihrem Vaterhaus. Sie kannte die Gefühllosigkeit ihrer Schwestern nur zu gut, als daß sie ihnen den Vater unbesorgt hätte anvertrauen können. Kaum war sie fort, da zeigte sich auch schon die Gesinnung der beiden Damen im wahren Licht. Noch vor Ablauf des ersten Monats, den Lear der Verabredung gemäß bei seiner ältesten Tochter Goneril verlebte, sollte der alte Mann erfahren, wie groß der Unterschied zwischen einem Versprechen abgeben und erfüllen ist. Die Elende, die von ihrem Vater alles erhalten hatte, was er zu vergeben hatte, um deretwillen er sogar auf die Krone verzichtete – sie schämte sich nicht, ihm sogar jene kümmerlichen Reste königlichen Glanzes zu mißgönnen, die er sich vorbehalten hatte, um sich wenigstens in Gedanken zu schmeicheln, er sei doch ein König. Er und seine hundert Ritter waren ihr ein Dorn im Auge. Jedesmal, wenn sie den alten Mann sah, machte sie ein verdrießliches Gesicht. Und wollte er sie sprechen, schützte sie Krankheit vor. Und nicht nur sie versagte dem König die schuldige Ehrerbietung, auch die Diener erdreisteten sich – zweifellos auf ihr Geheiß – dem Monarchen die ihm gebührende Ehrfurcht oder schuldigen Gehorsam zu versagen. Lear merkte das alles sehr wohl, aber er drückte ein Auge zu, solange es eben ging.

Wie aber Liebe und Treue nicht erschüttert werden können, wenn sie auf Undank stoßen, ebensowenig lassen sich Falschheit und Hartherzigkeit durch Güte aussöhnen. Das zeigte sich deutlich am Beispiel des Grafen von Kent, der es trotz der königlichen Verbannung vorzog, im Lande zu bleiben. Vielleicht bestand doch noch eine Möglichkeit, seinem Herrn nützlich zu sein. Als Diener verkleidet, bot er sich dem König an. Sein offenes Wesen gefiel dem alten Herrn so gut, daß er Kent, der sich als Cajus ausgab, in seinen Dienst nahm.

Bald schon konnte dieser Cajus dem König seine Treue beweisen. Gonerils Haushofmeister hatte nämlich dem König verächtliche Blicke zugeworfen und verletzende Redensarten geführt. Das konnte Cajus nicht mit anhören. Kurz entschlossen packte er den unverschämten Burschen am Kragen, daß dem Hören und Sehen verging, und warf ihn schließlich in den Rinnstein. Durch diese Tat gewann Cajus vollends das Herz das Königs.

Aber Kent war nicht der einzige Freund, der dem alten Mann Treue bewahrte. Auch sein früherer Hofnarr scheute sich nicht, in seinen Versen den König damit zu necken, daß er so unvorsichtig gewesen sei, auf Krone und all seinen Besitz zu verzichten. Auch Goneril mußte sich manch bitteres Wort von ihm gefallen lassen. So verglich er einmal den König mit einer Grasmücke, welche die Jungen des

Kuckucks füttert, bis sie erwachsen sind, und ihr dann zum Dank den Kopf abbeißen. Dieses Gleichnis berührte Goneril so peinlich, daß sie dem Hofnarren mit Peitschenhieben drohte!

Wie hatte sich Goneril geändert!

Wo war die Liebe, die sie dem Vater einst in so überschwenglichen Worten beteuert hatte! Nichtachtung war alles, was sie dem armen Greis zu bieten hatte. Eines Tages erklärte sie ihm sogar, sein Aufenthalt falle ihr zur Last, zumal er darauf bestehe, sich mit einem Gefolge von hundert Rittern zu umgeben. Dieser Aufwand sei ebenso überflüssig wie kostspielig und störe den Frieden ihres Hofes. Er möge sich darum mit einem weniger großem Gefolge begnügen und nur bejahrte, seinem Alter angemessene Männer in seine Dienste nehmen.

Lear wollte anfangs seinen Ohren nicht trauen. Immer wieder fragte er sich: Ist

das wirklich meine Tochter, die so herzlose Worte über die Lippen bringt? Er konnte es nicht glauben, daß Goneril, die er mit einer Königskrone beschenkt hatte, jetzt seine Würde zu schmälern suchte. Als sie aber auf ihrer Forderung bestand, geriet der greise Fürst in solch einen Zorn, daß er seine Tochter eine Lügnerin nannte. Wehmütig sann er darüber nach, wie geringfügig doch Cordelias Vergehen im Vergleich zu dem ihrer Schwester gewesen war. Reue erfaßte ihn. Er fluchte der ungeratenen Tochter. Ein undankbares Kind sei schlimmer als der Biß einer giftigen Schlange, beteuerte er. Gonerils Gatte stammelte Worte der Entschuldigung. König Lear aber wollte nichts hören, sondern gab Befehl, die Pferde zu satteln, um mit seinem Gefolge zu Regan aufzubrechen.

Regan führte mit ihrem Gemahl ein üppiges Hofleben. Sie wären sehr wohl in der Lage gewesen, dem Vater ein seinem hohen Rang entsprechendes Heim zu bieten. Aber weit gefehlt!

Lear hatte Cajus mit einem Schreiben zu Regan gesandt, um ihr seine bevorstehende Ankunft mitzuteilen. Aber Goneril hatte ihrer Schwester geschrieben, der Vater wäre wunderlich und stets schlechter Laune. Sie täte am besten daran, die Aufnahme eines so großen Gefolges, wie er mitbrachte, abzulehnen. Ihr Bote kam mit dem Brief zur selben Zeit an wie Cajus. Es war jener, den Cajus unlängst wegen seines ungehörigen Benehmens Lear gegenüber auf die Straße geworfen hatte. Als Cajus den Burschen sah, ahnte er sogleich den Grund seines Kommens. Da zögerte er keinen Augenblick und prügelte den Mann so windelweich, daß ihm noch tagelang die Knochen wehtaten.

Als dieser Zwischenfall Regan und ihrem Gemahl zu Ohren kam, ließen sie Cajus auf eine Holzbank schnallen, obwohl er als königlicher Bote auf die größte Ehrerbietung Anspruch hatte.

Kaum betrat nun König Lear das Schloß, ach, da sah er seinen treuen Diener auf der Holzbank festgeschnallt! Ein schlimmes Vorzeichen. Als der König nach seiner Tochter und ihren Gatten fragte, ließen ihm diese sagen, sie seien von der Reise ermüdet und könnten ihn daher nicht begrüßen. Als sie auf sein dringendes Ersuchen sich dennoch herabließen zu erscheinen, sah Lear in ihrer Gesellschaft Goneril, die eigens gekommen war, um die jüngere Schwester gegen den Vater aufzuhetzen.

Der alte Mann war tief erschüttert. Noch mehr aber empörte es ihn, als Regan die Schwester zärtlich umarmte. Und als er Goneril fragte, ob sie sich ihres Benehmens ihm gegenüber nicht schäme, erwiderte Regan ironisch, er möge doch zu Goneril zurückkehren, sie um Verzeihung bitten und fortan in Frieden mit ihr leben. Freilich müsse er vorher sein Gefolge auf fünfzig Ritter herabsetzen. Lear aber sagte, es sei nicht üblich, daß ein Vater vor seinen Kindern niederkniet und Essen und Obdach erbettelt. Da wolle er doch lieber hier bei Regan bleiben, natürlich mit vollem Gefolge. Er habe ja auch nichts abgezogen, als es sich darum handelte, ihr ein halbes Königreich zu schenken!

König Lear irrte sich, wenn er von Regan eine liebevollere Behandlung erwartete als von Goneril. Als sei sie willens, ihre Schwester an Lieblosigkeit noch zu überbieten, erklärte Regan, fünfzig Ritter seien als Gefolge noch zu viel, fünfundzwanzig wären genug.

Dem greisen König brach fast das Herz! Da wollte er doch lieber zu Goneril zurückkehren, denn diese hatte ihm doch wenigstens fünfzig Ritter zugestanden. Aber Regan wandte ein, so sei das nicht gemeint! Was brauche er überhaupt irgendwelche Ritter. Er werde ja von seinen Dienern oder denen ihrer Schwester aufmerksam bedient.

Gewiß, ein glänzendes Gefolge war durchaus nicht erforderlich. Aber vom König zum Bettelmann, von der Herrschaft über Millionen bis zur völligen Verlassenheit, war ein gar schwerer Schritt! Kein Wunder, daß die ihm angetane Kränkung und andererseits die Reue über seine Übereilung des Königs Geist umnachteten, so daß er nicht mehr wußte, was er sprach, und seinen herzlosen Töchtern grausame Rache schwor.

113

Während er in wilde Drohungen ausbrach, die sein schwacher Arm nie ausführen konnte, brach die Nacht herein. Gewaltig toste der Sturmwind, ein schweres Gewitter ließ die Erde erzittern. Da die beiden Frauen noch immer hartherzig auf ihrer Forderung bestanden, er solle sein gesamtes Gefolge entlassen, bestieg er sein Pferd; denn er wollte sich lieber dem Sturm draußen preisgeben als noch eine Minute länger hier mit seinen ungeratenen Töchtern unter einem Dach weilen. Und die Erbarmungslosen ließen ihn ziehen und schlossen hinter ihm die Pforte.

Immer stärker prasselte der Regen nieder, immer dumpfer grollte der Donner, als der greise König aufbrach, um den Kampf mit den entfesselten Elementen aufzunehmen. Weit und breit war weder ein Baum noch ein Strauch! Der alte Mann war aber nicht allein. Der arme Narr war ihm gefolgt, um mit Witz und Spaß

sein namenloses Herzeleid hinwegzuscherzen. Den beiden war wieder in einer gewissen Entfernung Lears treuer Diener Cajus, der Graf Kent, nachgeschlichen. In dieser Einöde trat er dann vor seinen König und sagte: „Ach, Ihr hier, Herr? Selbst die Tiere, die sonst im Dunkel der Nacht auf Raub ausziehen, hat der furchtbare Sturm in ihre Höhlen zurückgescheucht. Auch ein Mensch kann die Schrecknisse einer solchen Nacht nicht ertragen."

Lear aber wollte das nicht gelten lassen. Er bemerkte nur: „Leiden des Körpers sind nichts im Vergleich zu denen der Seele. Wenn einem das Herz wehtut, ist man gegen alle Unbilden der Natur abgestumpft." Dann klagte er weiter über die Undankbarkeit der Kinder den Eltern gegenüber, die sie ein ganzes Leben lang fürsorglich betreut haben.

Cajus wußte sehr wohl, welch ein Kummer dem König am Herzen nagte. Um ihn abzulenken, bat er den alten Herrn, sich nicht länger im Freien aufzuhalten. Da drüben wäre eine Hütte, die ihnen ein Obdach böte. Der König willigte ein. Als erster betrat der Narr die elende Hütte, prallte aber entsetzt zurück, denn ein Gespenst schien dort zu hausen. In Wirklichkeit war dies ein armer Geisteskranker.

Als König Lear die Jammergestalt erblickte, die statt eines Anzugs nur ein Laken um die Lenden geschlungen hatte, hielt er den Mann gleichfalls für einen Vater, der sein Hab und Gut an seine Töchter verteilt hatte und nun selber Not leide. Aus diesen Worten entnahm der gute Cajus, daß Lear nicht ganz bei Sinnen war und die Undankbarkeit der Töchter sein Gemüt verdüstert hatte. Er bot deshalb alles auf, dem König zu helfen. Bei Tagesanbruch ließ er ihn nach der Festung Dover überführen, wo er — der Graf Kent — zahlreiche Freunde und Anhänger hatte. Er selber eilte nach Frankreich hinüber und berichtete der jungen Königin Cordelia von der schmachvollen Lage ihres Vaters und der Herzlosigkeit der beiden Schwestern. Unter Tränen beschwor diese liebevolle Tochter ihren königlichen Gemahl, er möge ihr gestatten, mit ausreichenden Streitkräften nach England zu fahren, um diese grausamen Töchter und ihre mitschuldigen Männer in einer großen Schlacht zu besiegen und so ihrem Vater wieder das königliche Amt zu übertragen. Bereitwillig stimmte der französische König zu, und Cordelia landete mit einem großen Heer in Dover.

Inzwischen war Lear durch einen unglücklichen Zufall den Wächtern entwischt, die der gute Kent mit seiner Beaufsichtigung betraut hatte, und wurde — als er in der Umgebung von Dover ziellos umherirrte — von Cordelias Leuten in jammervollem Zustand aufgefunden. Völlig wahnsinnig lallte er Lieder vor sich hin. Um das einst so stolze Haupt hatte er sich einen Kranz aus Stroh und Nesseln gewunden. Obwohl Cordelia vor Sehnsucht brannte, ihren alten Vater wiederzusehen, so verschob sie auf Anraten der Ärzte die Begegnung so lange, bis er sich nach erquickendem Schlaf und dem Einnehmen wirksamer Heilmittel in besserer Verfassung befände. In der Tat: Mit Hilfe dieser geschickten Ärzte, denen Cordelia all ihr Gold und ihre Edelsteine versprach, wenn sie ihren Vater heilten, erholte sich König Lear bald wieder, so daß einem Wiedersehen mit seiner jüngsten Tochter nunmehr nichts im Wege stand.

Erschütternd war das Wiedersehen zwischen Vater und Tochter. Wie freute sich der alte Mann, seine einst geliebte Tochter wieder an sein Herz drücken zu können. Wie beschämt fühlte er sich andererseits, so viel kindliche Liebe gerade von der Tochter zu empfangen, die er eines vermeintlichen Vergehens wegen verstoßen hatte. Aufs Knie sank er sogar und bat sein Kind um Verzeihung. Auch Cordelia hatte sich neben den Vater gekniet und küßte ihn, um, wie sie meinte, alle Lieblosigkeit ihrer Schwestern hinwegzuküssen. Dann berichtete sie freudestrahlend, daß sie mit einem kampferprobten Heer aus Frankreich herübergekommen wäre, um ihm Hilfe zu bringen. Lear aber bat sein Kind, das ihr zugefügte Unrecht zu vergessen und zu vergeben; er sei zwar ein König, aber leider auch nur ein schwacher Mensch und darum wie alle Sterblichen einem Irrtum unterworfen.

Minutenlang weinte Cordelia an der Schulter ihres geliebten Vaters, der nunmehr unter der sorgsamen Pflege der Tochter seiner Genesung entgegenging.

Wie beschämt hätten sich Goneril und Regan fühlen müssen, hätten sie die Aussöhnung Lears mit Cordelia mit angesehen. Allein diese beiden Frauen hatten anderes zu tun, als sich um ihren Vater zu kümmern.

So wie sie es übers Herz gebracht hatten, sich von ihrem Vater loszusagen, so waren sie mit der Zeit ihrer Männer überdrüssig geworden und hatten sich nicht gescheut ganz offen zu zeigen, daß ihre Liebe einem anderen Manne gehöre. Zufällig gehörte ihre Liebe ein und demselben Mann, nämlich Edmund, einem Sohn des verstorbenen Grafen Gloster, der durch Ränke und List seinen Bruder Edgar, den rechtmäßigen Erben, um seine Grafenwürde gebracht und die Herrschaft an sich gerissen hatte. Ein solcher Bösewicht war der Liebe der beiden unwürdigen Frauen, Goneril und Regan, durchaus ebenbürtig!

Der Gram über den schnöden Treuebruch seiner Gattin hatte dem Herzog von Cornwall, Regans Gatten, das Herz gebrochen. Eines Morgens wurde er tot aufgefunden − zur Freude seiner Frau, die sofort kundgab, den Grafen Gloster zu heiraten. Das verdroß ihre älteste Schwester Goneril, die − wie wir wissen − den Grafen gleichfalls liebte. In ihrer blinden Eifersucht fand sie Mittel und Wege, ihre Nebenbuhlerin Regan durch Gift aus dem Weg zu schaffen. Für diese Freveltat ließ sie aber ihr Gemahl, der Herzog von Albany, ins Gefängnis werfen, wo Goneril aus Reue, Scham und Verzweiflung ihrem Leben ein Ende machte.

So hatte sich des Himmels Strafgericht an diesen herzlosen Schwestern vollzogen.

Während noch alle Gemüter unter dem Bann dieser schrecklichen Ereignisse standen, verbreitete sich die Kunde von dem grausamen Schicksal der jungen tugendhaften Cordelia, deren Edelmut einen würdigeren Lohn verdient hätte. Die Streitkräfte nämlich, die Goneril und Regan ausgesandt hatten, erfochten einen glänzenden Sieg über das französische Heer und nahmen dessen Anführerin,

Cordelia, gefangen. Sie wurde ins Gefängnis geworfen, dessen feuchtkalte Zelle ihrer Gesundheit so schadete, daß die junge Königin in wenigen Tagen ihre edle, reine Seele aushauchte. Lear überlebte den Verlust dieses nunmehr einzigen und einzigartigen Kindes nicht lange. Schnöden Undank hatte er geerntet, aber das Bewußtsein, sich mit dieser Tochter ausgesöhnt zu haben, erleichterte ihm das Scheiden von dieser Welt.

Darüber, wie auch der schurkische Graf Gloster gestraft wurde, der im Zweikampf mit seinem Bruder, dem rechtmäßigen Erben der Grafenwürde, den Tod fand, und wie Gonerils Gatte, der Herzog von Albany, der an Cordelias Tod unschuldig war und seiner Gattin Vorgehen gegen ihren Vater aufs schärfste mißbilligt hatte, nunmehr als König Lears Nachfolger den britischen Thron bestieg, brauchen wir hier nicht zu berichten, denn Lear und seine drei Töchter, deren Schicksal allein uns hier angeht, sind aus diesem Leben geschieden.

 MACBETH

Als König Duncan der Gütige über Schottland herrschte,
lebte dort ein mächtiger Baron namens Macbeth, der nicht
nur wegen seiner nahen Verwandtschaft mit dem König, sondern vor allem wegen
seiner in zahlreichen Kriegen bewiesenen Tapferkeit bei Hof in hohem Ansehen
stand. Erst unlängst hatte er ein rebellisches Heer vernichtet, obwohl es von
zahlreichen norwegischen Truppen unterstützt wurde.

Als Macbeth und sein Kampfgefährte Banquo nach jenem Sieg heimkehrten,
führte ihr Weg über eine dürre Heide. Hier traten den beiden Männern drei
seltsame Gestalten in den Weg, die wie Frauen aussahen, aber Bärte trugen. Ihre
welke Haut und absonderliche Kleidung verliehen ihnen etwas Unheimliches
— das konnten nur Hexen sein!

Als Macbeth sie grüßte, legten alle drei die dürren Finger an die rissigen Lippen,
als wollten sie die beiden Heerführer auffordern, über alles, was sie jetzt
vernehmen würden, tiefstes Stillschweigen zu bewahren. Dann begrüßte die eine
Macbeth als „Fürsten von Glamis".

Macbeth war nicht wenig erstaunt, daß die häßlichen Geschöpfe ihn kannten.
Sein Erstaunen wuchs, als die zweite ihn „Fürst von Cawdor" nannte, ihm also
eine Würde zusprach, auf die er nicht den geringsten Anspruch hatte. Und die
dritte sagte aus zahnlosem Mund: „Heil dir, Macbeth, König wirst du werden!"
Dieser Spruch überraschte ihn um so mehr, als des Königs Söhne noch lebten und
er also keinerlei Aussicht hatte, den Thron Schottlands zu besteigen.

Bevor sich Macbeth noch von seiner Überraschung erholen konnte, wandten
sich die drei Hexen an Banquo. In geheimnisvollen Worten verrieten sie ihm, er
werde „geringer sein als Macbeth und doch größer, nicht so glücklich und doch
glücklicher als dieser". Besser verstand Banquo ihre Verheißung, er selbst werde
niemals regieren, seine Söhne aber würden einst über Schottland herrschen. Nach
diesen Prophezeiungen entschwanden die Hexen durch die Lüfte.

Während die beiden Heerführer noch allerlei Vermutungen über das Wesen
dieser seltsamen Erscheinungen anstellten, kamen Boten, die Macbeth im Auftrag
des Königs mitteilten, dieser habe ihm die Würde eines „Fürsten von Cawdor"
verliehen. Daß die erste Prophezeiung der Hexen so schnell in Erfüllung ging,
verwirrte Macbeth dermaßen, daß er den Boten kein einziges Dankeswort zu
sagen vermochte. Doch dann erwachte in seinem Herzen die kühne Hoffnung,
auch die Weissagung der dritten Hexe könnte sich erfüllen und er werde eines
Tages König von Schottland werden.

Um seine geheimsten Wünsche und Gedanken zu verschleiern, fragte er den biederen Banquo: „Freust du dich nicht, daß deine Söhne einst Könige werden? Sieh doch, wie wunderbar das, was die Hexen mir prophezeit haben, in Erfüllung ging!"

Banquo erwiderte gelassen: „Ich glaube gern, daß dich die Hoffnung reizt, den Thron zu besteigen. Aber vergiß nicht, daß uns diese Sendboten der Hölle oft Wahrheiten über Kleinigkeiten sagen, um uns zu folgenschweren Taten zu verleiten!"

Doch die bösen Einflüsterungen der Hexen hatten Macbeth zu tief beeindruckt, als daß er auf die Warnungen des guten Banquo gehört hätte. Von nun an beherrschte ihn nur noch ein einziger Gedanke — wie er es anstellen könnte, den schottischen Thron an sich zu bringen.

Daheim angekommen, hatte er nichts Eiligeres zu tun, als seiner Frau die seltsame Weissagung der Hexen und deren teilweise Erfüllung mitzuteilen. Lady Macbeth war eine bösartige, ehrgeizige Frau. Königin von Schottland zu werden, dünkte ihr ein hohes, ein erstrebenswertes Ziel zu sein. Kein Mittel war ihr zu schlecht, um dieses Ziel zu erreichen. Obwohl Macbeth den Gedanken an Blutvergießen zunächst weit von sich wies, ließ die Lady nicht ab, ihm Tag und Nacht einzureden, daß die einzige Möglichkeit, seine kühnen Hoffnungen zu verwirklichen, darin bestände, König Duncan zu ermorden. Man müsse es nur geschickt anstellen.

Ein Zufall kam ihrer teuflischen Absicht entgegen. König Duncan pflegte nämlich häufig seine schottischen Edelleute zu besuchen. So traf er eines Tages unverhofft auch als Gast auf der Burg seines lieben Verwandten und Feldherrn Macbeth ein, und zwar in Begleitung seiner beiden Söhne Malkolm und Donalbain sowie eines großen Gefolges von Grafen und Dienern. Durch dieses königliche Gepränge wollte Duncan dem neuernannten Fürsten von Cawdor seine besondere Verehrung und Dankbarkeit für die kürzlich erwiesenen Dienste bezeigen.

Lady Macbeth empfing den König so liebenswürdig und aufmerksam, daß er sich keine bessere Gastgeberin wünschen konnte. In der Tat, sie verstand es wie keine zweite, ihre wahren Absichten unter gewinnendem Lächeln zu verbergen und sich unschuldig wie ein Lamm zu gebärden, während sie in Wirklichkeit ihre teuflischen Pläne spann.

Da der König von der Reise ermüdet war, wünschte er sich früh zurückzuziehen. Zuvor aber verteilte er an seine Würdenträger reiche Geschenke. Auch Lady Macbeth erhielt von ihm einen überaus kostbaren Brillantschmuck.

Wie schmachvoll vergalt die unwürdige Lady diese Huld des guten Königs!

Nach alter Sitte schliefen neben dem Lager des Königs zwei seiner Kammerjunker. Um Mitternacht, als alles schlief, erhob sich die ruchlose Verbrecherin, um ihren mörderischen Plan in die Tat umzusetzen. Sie wollte den Mord selbst verüben, denn sie war überzeugt, daß ihr Gatte trotz seines Ehrgeizes nicht kaltblütig genug sein würde, um durch ein solches Verbrechen ans Ziel seiner Wünsche zu gelangen. Ihr genügte es, daß er von dem beabsichtigten Mord wußte und ihn billigte.

So schritt sie selbst zur Tat.

Mit einem Dolch in der Hand schlich sie sich ans Bett des Königs. Die beiden Kammerjunker hatte sie noch bei Tisch so sehr zum Trinken angehalten, daß sie nun in tiefem Rausch lagen.

Auch König Duncan lag in tiefem Schlaf. Als ihn die Lady betrachtete, gewahrte sie in seinem Antlitz eine entfernte Ähnlichkeit mit ihrem eigenen Vater. Das nahm ihr für einen Augenblick den Mut. Noch einmal schreckte sie vor dem furchtbaren Verbrechen des Königsmords zurück und suchte wieder ihren Gatten auf, um sich neuen Mut zu holen.

Aber auch Macbeth war inzwischen in seinem Entschluß wankend geworden. Ein Funken Reue glimmte in ihm auf — war er doch nicht nur ein Untertan, sondern sogar ein naher Verwandter des Königs. Überdies war der König sein Gast, und er hätte eher die Pflicht gehabt, ihn vor jeder Gefahr zu beschützen. Was hatte ihm Duncan getan? War er nicht ein gerechter und gnädiger König, der besonders ihm und seiner Gemahlin stets nur Wohltaten erwiesen hatte?

Aber in Lady Macbeth' bösem Herzen hatte schon wieder die Machtgier die Oberhand gewonnen, und so wandte sie all ihre weibliche Beredsamkeit auf, um ihren Gatten mit dem Hinweis auf die hohen Ehren, die ihn erwarteten, umzustimmen.

„Bedenke", sagte sie, „die Tat ist leicht auszuführen und dauert nur einen Augenblick; wenn sie gelingt, können wir unser ganzes weiteres Leben unumschränkt herrschen und genießen königliche Würden."

Noch schwankte Macbeth, ob er ehrlich bleiben oder zum Mörder werden sollte. Da zog das teuflische Weib andere Register auf. Sie verhöhnte ihn wegen seines Wankelmuts und schalt ihn einen Feigling. Dann wieder beteuerte sie, es wäre doch nichts einfacher, als die Schuld auf die beiden Kammerjunker zu wälzen.

Ein willensstarker Mensch wäre den Einflüsterungen eines solchen Weibes nicht erlegen. Aber das war Macbeth nicht, und so gelang es der verruchten Lady schließlich, ihn zu dem blutigen Verbrechen zu treiben.

Leise schlich er sich in das Gemach, wo Duncan schlief. Als er vor dem Lager des Königs stand, schien ihm, als schwebe ein blutbespritzter Dolch in der Luft. Er versuchte, nach ihm zu greifen, aber sogleich zerfloß das Trugbild — seine erhitzte Phantasie hatte es ihm vorgegaukelt!

Schnell schüttelte er die Furcht ab. Jetzt oder nie! Hell blitzte der Dolch durch das dunkle Gemach — und König Duncan war tot!

Im gleichen Augenblick, als Macbeth den Dolch zückte, lachte einer der beiden Kammerjunker im Schlaf auf, während der andere aufschrie: „Mord!" Dabei fuhren beide aus dem Schlaf und sprachen ein kurzes Gebet. Der eine schloß mit

den Worten: „Gott segne uns!" Der andere bekräftigte das mit einem Amen. Dann schliefen sie unverzüglich wieder ein. Macbeth wollte das „Gott segne uns!" nachsprechen, aber er vermochte keinen Laut über die Lippen zu bringen. Wie von Furien gehetzt, von schrecklichen Wahnvorstellungen geängstigt, kehrte Macbeth zu seiner Frau zurück. Die Teufelin hatte schon geglaubt, die Reue hätte ihn abermals gepackt oder der Anschlag wäre mißglückt. Doch als sie Macbeth totenbleich eintreten sah, frohlockte ihr verruchtes Herz. Seelenruhig forderte Lady Macbeth ihren Mann auf, sich die Hände zu waschen. Dann nahm sie ihm den Dolch aus der Hand und eilte in das Mordzimmer. Dort bestrich sie die Wangen der schlafenden Kammerjunker mit Blut, damit jeder glauben sollte, die beiden hätten den Mord verübt.

Am Morgen wurde der Mord entdeckt. Obwohl Macbeth und seine Frau tiefe Trauer heuchelten und den Verdacht sogleich auf die beiden Kammerjunker lenkten, traute niemand diesen beiden jungen Leuten ein solches Verbrechen zu. Im Gegenteil — alle verdächtigten vielmehr Macbeth selbst am meisten, denn ihm allein würde der vorzeitige Tod des Königs Vorteile bringen.

Nach Duncans Ermordung fürchteten auch seine Söhne für ihr Leben und flohen. Malkolm, der ältere, fand am englischen Hof Zuflucht, während sein Bruder Donalbain nach Irland entkommen konnte. Da nun die rechtmäßigen Thronerben die Regierung nicht antraten, wurde Macbeth — als nächster Thronanwärter — zum König von Schottland gekrönt. So ging die Weissagung der drei Hexen in allen Teilen in Erfüllung.

123

Macbeth und seine Frau hatten ihr Ziel erreicht, aber sie konnten ihrer neuen Würde nicht so recht froh werden; denn nach der Prophezeiung der Hexen sollte Macbeth zwar König sein, aber seine Kinder sollten den Thron nie besteigen.

Unerträglich war den beiden der Gedanke, daß sie nur deshalb ein so schweres Verbrechen verübt hatten, um Banquos Nachkommen den Thron zu sichern. Daher beschlossen sie, nicht nur Banquo, sondern auch dessen Sohn zu beseitigen, um die Weissagungen der Hexen zu vereiteln.

Vom Plan eines neuen Mordes bis zu seiner Ausführung war nur ein Schritt. Macbeth veranstaltete ein großes Festmahl, zu dem er den gesamten hohen Adel einlud – auch Banquo. Doch auf Banquo lauerten unterwegs von Macbeth gedungene Mörder. Heimtückisch erdolchten sie den Ahnungslosen, während es seinem Sohn Fleance gelang, zu entkommen. So konnte auch das in Erfüllung gehen, was die Hexen Banquo prophezeit hatten: Von diesem Fleance stammte später ein Herrschergeschlecht ab, das dann jahrhundertelang auf dem schottischen Thron saß und erst mit Jakob I. endete.

Bei diesem Festmahl geschah etwas Eigenartiges. Während die Königin mit einer Anmut und Aufmerksamkeit, die jeden Anwesenden versöhnte, die Wirtin spielte, unterhielt sich Macbeth ungezwungen mit den Edelleuten. Er freue sich, alle Vornehmen des Landes unter seinem Dach versammelt zu sehen. Wie glücklich wäre er jedoch, wenn erst sein lieber Freund Banquo dawäre. Hoffentlich habe er sich nur verspätet und Gott behüte keinen Unfall erlitten!

Als diese Worte fielen, erschien im Saal Banquos Geist und setzte sich auf den Stuhl, auf dem Macbeth gerade Platz nehmen wollte. Obgleich Macbeth ein kaltblütiger Mann war, der, wie wir sahen, sogar vor einer Bluttat nicht zurückschreckte, erbleichte er doch bei diesem furchtbaren Anblick. Unverwandt starrte er auf den Geist. Die Königin aber und ihre Gäste sahen nichts! Daß Macbeth so auf seinen leeren Stuhl hinstarrte, hielten sie für einen Wahnsinnsanfall. Die Königin versuchte ihn aus seiner starren Haltung zu reißen und zischte ihm ins Ohr, er möge doch kein unliebsames Aufsehen erregen. Doch was kümmerte Macbeth jetzt seine Frau! Er redete den Geist sogar mit wirren Worten an, die wie eine Rechtfertigung oder Entschuldigung für eine böse Tat klangen. Lady Macbeth erschrak zu Tode! Wie leicht konnten die Gäste ihr schreckliches Geheimnis entdecken! Sie mußte sie schnellstens verabschieden! Dabei entschuldigte sie das absonderliche Verhalten des Königs mit einem Gemütsleiden, das ihn leider öfter quäle. Tatsächlich wurde Macbeth seit der Ermordung seines Königs von schrecklichen Wahnvorstellungen heimgesucht.

Mehr noch als durch das Erscheinen des Geistes, von dem Macbeth seiner Frau gleich nach dem Fortgang des letzten Gastes entsetzt berichtete, fühlten sich beide durch die Flucht Fleances beunruhigt. In diesem Prinzen mußten sie nun nach der Weissagung der Hexen den Stammvater eines Königsgeschlechts sehen, das ihre eigenen Nachkommen verdrängen sollte. Weil ihnen dieser Gedanke keine Ruhe ließ, beschloß Macbeth, die Hexen noch einmal aufzusuchen.

Er fand sie in einer Höhle auf öder Heide, während sie ihre schrecklichen Zaubermittel zur Beschwörung höllischer Geister brauten und schon auf ihn zu warten schienen. Denn kaum betrat er die Höhle, fragten sie ihn sogleich: „Wir wissen, was dich bedrückt, König Macbeth! Sollen wir die Geister rufen?"

Macbeth erwiderte, zu allem entschlossen: „Wo sind sie? Ich will sie sehen!"

Nun riefen sie die Geister, drei an der Zahl. Der erste stieg empor — es war ein Bewaffneter. Er rief Macbeth beim Namen und mahnte ihn, sich vor dem Baron von Fife zu hüten. Macbeth dankte für diese Warnung — konnte er doch Macduff, den Baron von Fife, noch nie leiden und hatte ihn immer als Nebenbuhler in der Gunst des Schicksals betrachtet.

Der zweite Geist erschien in der Gestalt eines blutigen Kindes. Auch dieses rief Macbeth beim Namen und redete ihm jegliche Furcht aus. Niemand würde ihm etwas anhaben können, wenn er rücksichtslos, kühn und entschlossen wäre.

Nach dieser Verheißung fühlte sich Macbeth beruhigt und erleichtert. Dennoch war er mehr als je zuvor fest entschlossen: Macduff muß sterben!

Als der zweite Geist verschwunden war, stieg ein dritter auf: ein Kind mit einer Krone auf dem Haupt und einem Zweig in der Hand. Es rief Macbeth gleichfalls beim Namen, sprach ihm Mut zu — doch dann weissagte es ihm den Untergang, falls der Birnamwald zum Berge Dunsinan hinaufgewandert käme.

„Nette Prophezeiungen!" rief Macbeth belustigt. „Wer könnte wohl den Wald entwurzeln und ihm gebieten, sich fortzubewegen? Ich sehe schon, ich sterbe eines natürlichen Todes wie jeder andere. Und dennoch bin ich ungeduldig und voller Ungewißheit. Drum sagt mir, wenn ihr's wißt: Werden Banquos Nachkommen jemals über dies Königreich regieren?"

Da versank der Kessel in der Tiefe, Musik ertönte, und acht Schatten — Königen gleich — schritten an Macbeth vorüber. Der letzte war Banquo mit einem Spiegel in der Hand, in dem Macbeth noch eine ganze Reihe Monarchen erblickte. Banquo grinste Macbeth an und deutete mit geisterhaftem Finger auf das Spiegelbild. Aus dieser Erscheinung schloß Macbeth, daß die Gestalten Banquos Nachkommen waren, die einst in Schottland regieren würden.

Seitdem Macbeth die seltsamen Gesichte geschaut hatte, sann er nur noch auf Tod und Verderben. Als er die Höhle der Hexen verließ, wurde ihm gemeldet, daß Macduff nach England geflohen war, um sich dem Heer anzuschließen, das Malkolm, der ältere Sohn des ermordeten Königs Duncan, um sich gesammelt hatte, um den frechen Thronräuber zu verjagen. Wutentbrannt fiel Macbeth in Macduffs Burg ein, tötete dessen Frau und Kinder und jeden, der auch nur im entferntesten mit Macduff verwandt war. Durch dieses grauenhafte Gemetzel verlor Macbeth jedoch die letzte Achtung seiner Adligen. Wer irgend konnte, floh aus Schottland, um sich in England dem mächtigen Heer Malkolms und Macduffs anzuschließen. Doch auch jene, die aus Furcht vor Macbeth nicht offen gegen ihn aufzutreten wagten, hofften im stillen, er möge bei dem unvermeidlichen Kampf unterliegen. Alle haßten den Tyrannen, niemand traute ihm mehr. Doch auch

Macbeth konnte seines Lebens nicht mehr froh werden, und so berührten ihn die Feindschaft im Innern des Landes und die Bedrohung von außen kaum noch.

Da starb plötzlich die Königin. Man vermutete, sie habe sich selbst das Leben genommen, weil sie die Verachtung, mit der man sie von allen Seiten strafte, bei ihrer Herrschsucht und ihrem Stolz nicht mehr ertragen konnte. Macbeth stand allein. Er liebte niemanden, hatte für niemanden zu sorgen, doch er besaß auch keine Seele, die ihn getröstet hätte, und keinen Freund, dem er sich hätte anvertrauen können. Da wünschte er nichts sehnsüchtiger als den Tod.

Doch der Gedanke an das Näherrücken von Malkolms und Macduffs Heer weckte noch einmal seinen alten Mut. Da ihn außerdem die Vorspiegelungen der von den Hexen beschworenen Geister mit trügerischem Zutrauen in seine Kraft erfüllt hatten, hielt er sich für unbesiegbar, solange nicht der Birnamwald zum

126

Berge Dunsinan hinaufgewandert käme. Wenn er daran dachte, glitt ein hochmütiges Lächeln über seine fahlen Züge. Das war unmöglich, läppisches Hexengeschwätz!

Entschlossen, eher in voller Rüstung zu sterben, als einen Schritt zurückzuweichen, zog sich Macbeth auf seine Burg zurück, die er stark genug wähnte, um jeder Belagerung standzuhalten. Dort erwartete er trotzigen Antlitzes das Herannahen des feindlichen Heeres. Er brauchte nicht lange zu warten. Eines Tages meldete eine Wache bleich und zitternd: „Herr, als ich auf dem Hügel Posten stand, sah ich, daß sich der Birnamwald bewegt und zur Burg hinaufmarschiert!"

Da begann Macbeth zu verzagen — sollte das Unvorstellbare dennoch möglich sein? Mit schriller Stimme schrie er: „Wenn der Bericht der Wache wahr ist, dann schnell zu den Waffen! Hier gibt es weder ein Entkommen noch ein Bleiben!"

In heller Verzweiflung trat er den Belagerern entgegen, die inzwischen zur Burg emporgestiegen waren.

Was die Wachen für einem „wandernden Wald" gehalten hatten, stellte sich nun von nahem als etwas ganz Natürliches heraus: Als das Heer durch den Birnamwald marschierte, befahl Malkolm als geschickter Feldherr, jeder Soldat solle sich einen Zweig abschneiden und zur Tarnung vor sich hertragen, damit die wahre Anzahl und Stärke des Heeres nicht vor der Zeit verraten würde. Von der Ferne erweckten die im Schutz der Zweige marschierenden Soldaten den Anschein, als wandere ein ganzer Wald den Berg hinauf.

So waren die Weissagungen der Hexen in Erfüllung gegangen — allerdings anders, als Macbeth sie verstanden hatte!

Malkolms Heer drang in die Burg ein. Ein hartnäckiger Kampf entbrannte.

Obwohl Macbeth nur von einigen angeblichen Freunden unterstützt wurde, die ihn in Wirklichkeit haßten und eher Malkolm und Macduff den Sieg wünschten, kämpfte er dennoch äußerst tapfer und schlug alle nieder, die sich ihm entgegenstellten — bis er dorthin gelangte, wo Macduff kämpfte. Als er diesen erblickte, erinnerte er sich an die Warnung des Geistes, der ihm geraten hatte, vor Macduff auf der Hut zu sein. Er wollte zurückweichen, vor dem Kampf mit Macduff fliehen, aber dieser setzte ihm nach, ließ nicht von ihm ab. So kämpften beide erbittert. Im Bewußtsein seiner Überlegenheit forderte Macduff den Feind heraus: „Bleib am Leben, Macbeth! Wir wollen dich auf Jahrmärkten zur Schau stellen, wie man mißgestaltete Ungeheuer zeigt, und auf einem Schild soll geschrieben stehen: ‚Hier ist ein Tyrann zu sehen!‘“

Das war Macbeth denn doch zuviel. Noch einmal raffte er alle Kräfte zusammen und warf sich auf Macduff. Doch es half ihm nichts, nach heftigem Kampf unterlag er. Macduff hieb ihm den Kopf ab und legte ihn dem jungen Malkolm zu Füßen.

Endlich hatten die arglistigen Anschläge des Thronräubers ein Ende. Jetzt konnte der rechtmäßige König und Nachfolger Duncans des Gütigen den schottischen Thron besteigen — zur Freude des ganzen Volkes, das diesen endlichen Triumph des Rechts über Bosheit, Neid und Hinterlist mit lautem Jubel begrüßte.

# ENDE GUT,
ALLES GUT

Graf Bertram von Roussillon hatte durch den Tod seines Vaters ein ansehnliches Vermögen an Geld und Ländereien geerbt. Doch mehr als an diesem Vermögen lag ihm an der Freundschaft des Königs von Frankreich, die dieser seinem Vater zeitlebens bewiesen hatte. Und so begrüßte es Graf Bertram freudig, daß ihn der König noch vor Beendigung des Trauerjahres an den Hof nach Paris berief. Die Einladung überbrachte ein alter Höfling, Graf Lafeu.

Wenn ihm auch der Befehl des Königs — denn ein solcher war die Einladung eigentlich — zur höchsten Ehre gereichte, so fiel es Graf Bertram doch schwer, sich von seiner Mutter zu trennen. Wie einsam würde sie jetzt sein.

Und wirklich, als die alte Dame ihren Sohn scheiden sah, war es ihr, als stünde sie zum zweiten Mal an einer Gruft. Aber sie durfte sich ihren Kummer nicht anmerken lassen, sondern mußte alles für die Abreise ihres Sohnes vorbereiten.

Nur Lafeu ahnte, wie der Gräfin zumute war. Mit sanften Worten suchte er sie über den Verlust ihres Gatten hinwegzutrösten. Und was ihren Sohn beträfe, so solle sie sich keine Sorgen machen — der König sei ein so gnädiger Herr, daß er Graf Bertram sicher wie seinen eigenen Sohn behandeln werde. Leider litte er unter einer schweren Krankheit, die, wie die Ärzte behaupteten, unheilbar sei.

Daß der König von Frankreich ein Auge auf den reichen Besitz des jungen Grafen geworfen hatte, verschwieg jedoch der schlaue Höfling!

Nun lebte bei der Gräfin als ihre Gesellschafterin ein junges Edelfräulein, Helena, die Tochter eines schon vor Jahren verstorbenen Arztes. Als die Gräfin von dem angeblich unheilbaren Leiden des Königs erfuhr, bedauerte sie, daß Helenas Vater nicht mehr unter den Lebenden weilte. Er hätte den König sicher heilen können.

Lafeu betrachtete das junge Edelfräulein interessiert. Da erzählte ihm die Gräfin, Helena sei die einzige Tochter Gerard von Narbonnes, eines weitberühmten Arztes, der ihr sein Kind auf dem Totenbett anvertraut habe. Seitdem lebte die Waise in ihrem Hause und unter ihrem mütterlichen Schutz. Und während die Gräfin noch die ausgezeichneten Eigenschaften pries, die ihr Schützling von seinem Vater geerbt habe, starrte Helena schweigend aus dem Fenster und bemühte sich, ihre Tränen zu verbergen.

Schließlich drängte Lafeu zum Aufbruch. Als sich die Gräfin von ihrem Sohn verabschiedete, bat sie den erfahrenen Höfling: „Nehmt Euch bei Hofe seiner an. Bertram ist noch so ungeschult im Umgang mit den Mächtigen dieser Welt."

Während sich Bertram zum Aufbruch anschickte, sah ihn Helena fragend an – hatte ihr denn der junge Graf gar nichts zu sagen? O ja, er verabschiedete sich auch von ihr, aber nur mit ein paar Höflichkeitsfloskeln: „Leb wohl und sei glücklich, tröste meine Mutter und nimm dich ihrer an!"

Das war alles! Kein liebevoller Blick, kein zärtliches Wort! Hatte denn der Graf nicht bemerkt, wie innig Helena ihn liebte? Offenbar nicht. Aber Helenas Tränen flossen nicht um den längst verstorbenen Vater, nein, sie war traurig, weil sie glaubte, den scheidenden Jugendgefährten nun für immer zu verlieren. Doch andererseits – durfte denn sie, die Gesellschafterin seiner Mutter, hoffen, dem Grafen jemals mehr zu sein als nur eine ergebene Dienerin?

Da Helena sehr klug war, hatte sie sich über die Hoffnungslosigkeit ihrer Liebe nie einer Täuschung hingegeben, sondern in Bertram immer nur ihren Gebieter gesehen. So groß erschien ihr der Abstand zwischen seinem hohen Rang und ihrer niederen Stellung, daß sie sich oft selbst sagte: „Worauf hoffe ich eigentlich? Fort mit den süßen Trugbildern! Bertram steht so hoch über mir, daß er nie auf den Gedanken kommen kann, mich, das einfache Landedelfräulein, als seine Gattin heimzuführen!"

Doch wenn sie auch wußte, daß ihre Liebe hoffnungslos war, so hatte ihr doch jede Stunde Trost gespendet, die sie in seiner Nähe weilen durfte, und unauslöschlich hatte sich sein Bild in ihr empfindsames Herz geprägt.

Helena war nicht so arm, wie es den Anschein hatte. Sie besaß zwar kein Vermögen, aber ihr Vater hatte ihr das Rezept für einige Arzneien von seltener, wohlerprobter Kraft hinterlassen. Auch gegen die Krankheit, an der der König litt, glaubte sie ein sicheres Mittel zu haben. Deshalb beschloß sie, Bertram nach Paris zu folgen und den König von seinem Leiden zu befreien.

Doch wenn das Edelfräulein auch über das heilbringende Mittel verfügte, so war es doch sehr fraglich, ob der König und seine gelehrten Ärzte, die die Krankheit ja für unheilbar hielten, ihr, einem armen, ungelehrten Mädchen, gestatten würden, den König zu behandeln. Aber ihre Hoffnung auf den Erfolg der Behandlung war so groß wie ihr Vertrauen in die Heilkraft des kostbaren Vermächtnisses. Und wie sich später zeigen wird, waren ihre Hoffnung und ihr Vertrauen nicht nur gerechtfertigt, sondern das Heilmittel sollte auch ihr eigenes Glück begründen!

Seit Bertrams Abreise waren erst ein paar Stunden vergangen, als die Gräfin von ihrem Haushofmeister von Helenas geheimer Absicht erfuhr. Dieser hatte das junge Mädchen nämlich bei einem Selbstgespräch belauscht.

Die Gräfin ließ Helena zu sich bitten. Und während sie auf sie wartete, erinnerte sie sich der eigenen glücklichen Jugendzeit, da in ihrem Herzen die Liebe zu Bertrams Vater erwacht war. „Ach ja", seufzte sie, „auch mir ist's einstmals so ergangen. Die Liebe ist ein Dorn, der unweigerlich zum Rosenstrauch der Jugend gehört. Solange wir jung sind, verfallen wir alle in denselben Fehler — wenn wir es auch nicht eingestehen, daß die Liebesleidenschaft ein Fehler ist."

Helena trat ins Zimmer. Die Gräfin strich ihr liebkosend übers Haar und sprach: „Helena, mein Kind, du weißt, daß ich dir immer eine Mutter war."

„Ihr seid meine hohe Gebieterin."

„Nein, du bist meine Tochter und ich bin deine Mutter", erklärte die Gräfin nachdrücklich. „Warum sträubst du dich gegen meine Worte und warum wirst du so blaß?"

Helena senkte den Blick, aus Furcht, die Gräfin könnte ihre Verlegenheit als Eingeständnis ihrer Liebe deuten.

„Verzeiht mir", hohe Gebieterin", erwiderte sie, „Ihr könnt nicht meine Mutter sein, denn sonst wäre der Graf von Roussillon mein Bruder — und das ist unmöglich."

„Nun, wenn du nicht meine Tochter sein willst, wie wär's, wenn du meine Schwiegertochter würdest? Du liebst doch meinen Sohn?"

„Verzeiht, Gebieterin", stammelte Helena errötend.

„Liebst du meinen Sohn?" wiederholte die Gräfin ernst und eindringlich.

„Liebt Ihr ihn etwa nicht?" fragte Helena in ihrer grenzenlosen Verwirrung zurück.

„Weiche mir nicht aus, Helena", forderte die Gräfin sanft. „Komm an mein Herz und schenke mir dein Vertrauen. Ich weiß, daß du ihn liebst!"

Da gestand Helena ihre heimliche Liebe und bat ihre Gebieterin gleichzeitig voller Scham und Bestürzung um Vergebung, denn sie wüßte sehr wohl, daß die Ungleichheit von Rang und Stand die Erfüllung ihres sehnlichsten Wunsches für immer ausschlösse. Im übrigen wäre Graf Bertram ganz schuldlos, denn er habe von ihrer stillen Verehrung keine Ahnung.

„So? Hast du nicht die Absicht, meinem Sohn nach Paris zu folgen?"

„Ich gestehe, daß ich mit diesem Gedanken spielte, als ich von der Krankheit des Königs hörte."

„Das war der einzige Grund für deine Absicht?" fragte die Gräfin, wobei sie das junge Mädchen scharf musterte.

„Wenn ich ehrlich sein soll, so muß ich gestehen, daß mir meine Liebe zu Eurem Sohn diesen Gedanken eingab. Ohne Herrn Bertram hätte ich weder an Paris noch an den König oder das Heilmittel gedacht."

Die Gräfin nahm Helenas Geständnis ihrer Liebe weder mit einem tadelnden noch mit einem zustimmenden Wort zur Kenntnis. Sie fragte nur, ob Helena wirklich fest an die Heilkraft des Mittels glaube, das sie dem König verabreichen wolle. Helena behauptete, es sei das beste Heilmittel, das ihr Vater je besessen, und noch auf dem Sterbebett habe er sie in dessen wundertätige Kraft eingeweiht.

Nun erinnerte sich die Gräfin des feierlichen Versprechens, daß sie dem berühmten Arzt vor seinem Tod betreffs des ferneren Wohls seiner Tochter gegeben hatte. Sie begriff, daß sich Helenas Schicksal in seltsamer Weise mit dem des Königs zu verbinden begann und daß die Heilung des Königs zugleich das Lebensglück der armen Waise begründen könnte. Deshalb gab sie von Herzen gern die Erlaubnis zu Helenas Reise nach Paris und versah sie auch mit den dazu erforderlichen Mitteln. So reiste das junge Mädchen, begleitet von den Segenswünschen ihrer Beschützerin, schon am folgenden Tag ab.

Durch die Vermittlung des Grafen Lafeu erhielt Helena gleich nach ihrer Ankunft in Paris eine Audienz beim König. Doch es war nicht einfach, den Herrscher von der Heilkraft ihrer Arzenei zu überzeugen und ihn zur Einnahme des Heiltranks zu bewegen. Lange mußte sie den König bitten, ihr doch Vertrauen zu schenken, und schließlich half nur der Hinweis, daß der Heiltrank das letzte Vermächtnis des berühmten Arztes, ihres Vaters, war. Bevor der König jedoch das Getränk zu sich nahm, drohte er, falls es seinen Zweck verfehle, sei ihr Leben

verwirkt. Sollte die Kur aber innerhalb von zwei Tagen — wie Helena behauptete — anschlagen, so dürfe sie sich unter den Vornehmsten des Landes einen Gatten auswählen. Ein Bräutigam also sollte das Honorar für die Heilung sein!

Helena war von der Wirksamkeit des Heiltranks so fest überzeugt, daß sie lächelnd in die vom König gestellten Bedingungen einwilligte. Und wirklich, noch ehe zwei Tage vergingen, war der König gesund.

Seinem Versprechen folgend, beschied der Herrscher am nächsten Tag alle jungen Edelleute des Hofes zu sich und bat seine schöne junge Ärztin, sich aus dem Kreis dieser vornehmsten Jünglinge einen Gatten zu wählen.

Helena fiel die Wahl nicht schwer!

Als sie den Grafen Roussillon erblickte, schritt sie auf ihn zu und sprach: „Hier steht der Mann meiner Wahl! Herr Graf, ich kann nicht sagen, ich nehme Euch — nein, ich will meine Dienste auch fernerhin Eurer Macht weihen und mich Eurer starken Führung anvertrauen."

„Wohlan denn, Bertram", rief der König, „sie sei dein!"

Bertram aber blieb bei der zarten Werbung des schönen Mädchens kalt. „Verzeiht, Herr König", rief er, „mein Sinn ist auf Höheres als auf diese junge Dame gerichtet. Wißt Ihr, wer sie ist? Die Tochter eines armen Arztes, die auf Kosten meines Vaters erzogen wurde. Jetzt lebt sie bei meiner Mutter in dienender Stellung."

Helena hörte diese gefühllosen, ja verächtlichen Worte ruhig mit an. Dann aber machte sie dem unerfreulichen Auftritt ein Ende, indem sie zum König sagte: „Ich bin glücklich, daß Ihr geheilt seid. Alles andere ist mir gleichgültig."

Der König aber duldete keinen Widerspruch. Seit alters her hatten die Könige von Frankreich das Recht, ihre Edelleute zu verheiraten. Deshalb halfen dem Grafen von Roussillon seine Ausreden nichts — noch am selben Tag mußte er sich mit Helena vermählen!

Wäre doch diese Ehe nie erzwungen worden!

Bertram war von Anfang an kalt und lieblos, und Helena fühlte sich daher in tiefster Seele enttäuscht. Den vornehmen Gatten hatte sie zwar gewonnen, sogar unter Einsatz ihres eigenen Lebens, aber der König vermochte nicht, ihr mit der Hand des Grafen auch seine Liebe zu schenken!

Gleich nach der Hochzeit mußte Helena auf Befehl des Grafen ein Gesuch an den König schreiben, in dem sie bat, ihrem Gatten zu gestatten, den Hof zu verlassen.

Der König war einverstanden.

Nun entschuldigte sich Graf Bertram bei Helena für sein liebloses Benehmen. Er sei auf eine so rasche Vermählung nicht vorbereitet gewesen, sein Herz habe in dieser für das ganze Leben so wichtigen Angelegenheit noch nicht gesprochen und sie solle sich nicht wundern, wenn er sein Verhalten ihr gegenüber nicht ändere.

„Da ich den Hof nun verlasse", fuhr er fort, „ist auch deines Bleibens hier nicht länger. Kehre deshalb sofort zu meiner Mutter nach Schloß Roussillon zurück!"

„Mein Gebieter, Euer Wunsch ist mir Befehl", erwiderte Helena. „Ich bin und bleibe Eure treue Dienerin und werde mich immer bemühen, meinen Mangel an vornehmem Rang und irdischen Gütern durch treuen Diensteifer wettzumachen."

Aber auch diese demütigen Worte stimmten den hochmütigen Grafen weder weich noch mitleidig. Nicht einmal ein höfliches Wort gönnte er seiner schönen jungen Frau beim Abschied!

Helena kehrte zur Gräfin Roussillon zurück, freudigen Herzens, das Leben des Königs gerettet und den Geliebten als Gatten gewonnen zu haben.

Die Gräfin hieß ihre Schwiegertochter aufs herzlichste willkommen, als wäre sie eine Dame von Rang und Adel. Doch um so niederschmetternder empfand

Helena den Brief, den sie gleich nach ihrer Ankunft bei der Gräfin von ihrem Gatten erhielt. Die alte Dame suchte das junge Mädchen für die unfreundliche Behandlung durch ihren Sohn zu entschädigen, indem sie es besonders freundlich und herzlich behandelte. Aber weder ihre liebevollen Worte noch ihre Liebkosungen vermochten Helena über das Weh hinwegzutrösten, das ihr Gemüt nach dem Empfang des Briefes verdüsterte.

„Gütige Gräfin“, sprach sie traurig, „ich habe nichts mehr zu hoffen. Mein Gebieter hat sich für immer von mir losgesagt.“

Dann las sie der alten Dame eine Stelle aus Bertrams Brief vor: „Wenn du den Ring von meinem Finger ziehen könntest — an dem er ewig bleiben wird —, so nenne mich deinen Gatten. Aber mit diesem ‚So‘ spreche ich ein ‚Niemals‘ aus.“

Seufzend fügte sie hinzu: „Das ist ein furchtbarer Spruch!“

Die Gräfin tröstete das junge Mädchen: „Hab Geduld, geliebtes Kind! Jetzt, da Bertram sich von dir losgesagt hat, nehme ich dich an Kindesstatt an. Du verdienst einen Gatten, den zwanzig solcher gefühlloser junger Männer wie Bertram bedienen müßten!“

Aber auch diese herzlichen Worte vermochten Helenas Kummer nicht zu lindern. Unverwandt starrte sie auf den Brief und las aus ihm in höchster Verzweiflung die Stelle vor: „Solange ich keine Gattin habe, besitze ich überhaupt nichts auf Erden.“

Am nächsten Morgen war Helena fort. Ein Brief, den man der Gräfin aushändigte, erklärte ihr Verschwinden. Mit bewegten Worten bat sie ihre Beschützerin um Vergebung, daß sie sie ohne Abschied verlasse. Aber ihre Reue, daß sie Bertram aus dem Hause seiner Mutter und aus der Heimat vertrieben habe, sei so tief, daß sie zur Sühne ihres Frevels eine Pilgerfahrt nach Jerusalem zum Grab des heiligen Jakobus unternehmen wolle. Ihren Sohn möge die Gräfin von ihr grüßen und ihm mitteilen, daß sie sein väterliches Schloß für immer verlassen habe.

Und wo war Bertram geblieben?

Als er Paris verlassen hatte, war er in den Dienst des Herzogs von Florenz getreten. Nach einem Krieg, in dem er sich durch Tapferkeit und kühnen Mut ausgezeichnet hatte, erhielt er von seiner Mutter einen Brief, in dem sie ihn Helenas Fortgang mitteilte und ihm anflehte, sie nicht ihrer Einsamkeit zu überlassen, sondern so schnell wie möglich heimzukehren.

Bertram traf schon seine Vorbereitungen zur Heimreise, als Helena als Pilgerin in Florenz eintraf.

Die Pilgerinnen, deren Weg über Florenz führte, pflegten bei einer Witwe aus einem vornehmen, aber verarmten Adelsgeschlecht Unterkunft zu nehmen. Auch Helena fand hier eine freundliche Aufnahme. In Begleitung der würdigen Dame besichtigte sie die Sehenswürdigkeiten der schönen Stadt. Die Witwe versprach überdies, ihr für die am folgenden Tag vorgesehene Parade des herzoglichen Heeres einen guten Platz zu besorgen, „denn“, so erklärte sie, „Ihr werdet dort

einen berühmten Landsmann von Euch sehen, den Grafen von Roussillon, der unserem Herzog in dem gerade beendeten Krieg große Dienste erwiesen hat."

Also Bertram weilte ebenfalls in Florenz? Da ließ sich Helena nicht zweimal auffordern, ihre Wirtin zu der Parade zu begleiten! Mit zwiespältigen Gefühlen ließ sie das gewaltige Heer an sich vorüberziehen, an dessen Spitze der Graf von Roussillon in strahlender Jugendfrische einherritt.

„Ist's nicht ein schöner Mann?" fragte die Wirtin, als Bertram herangesprengt kam.

„Er gefällt mir recht gut", erwiderte Helena scheinbar gleichgültig.

Auf dem Heimweg unterhielt die gesprächige Wirtin ihren Gast nur über Bertram. Sie erzählte von seiner erzwungenen Vermählung „mit einer gewissen

Helena" und daß der Graf jene Dame verlassen habe, um nicht mit ihr leben zu müssen.

„Ist er wieder verheiratet?" fragte Helena.

„Noch nicht, aber er wird es bald sein."

„Wer ist denn die Glückliche?"

„Graf Bertram liebt meine Tochter..."

Ein Dolchstoß hätte Helena nicht tiefer treffen können als diese Kunde!

Die Wirtin hatte nicht gelogen. Obgleich Bertram die ihm vom König zugewiesene Gattin so schnöde verlassen hatte, war sein Herz doch nicht für immer kalt geblieben. Denn kurz nach seiner Ankunft in Florenz hatte er sich sterblich in Diana, die schöne Tochter jener Witwe, verliebt. Und wie zartfühlend konnte er sein! Jeden Abend ließ er vor dem Fenster des armen Edelfräuleins ein Ständchen bringen, und unzählige Male flehte er sie mit zärtlichen Worten an, seinem Werben doch endlich Gehör zu schenken.

Aber Diana wies seine Bitten um ein Stelldichein ohne Zeugen jedesmal mit Entrüstung zurück. Einmal war sie zu feinfühlig, als daß sie die Liebe eines Mannes erhört hätte, von dem sie wußte, daß er verheiratet war und sich an seiner Gattin versündigt hatte, und zum andern dünkte sie sich aus einem weit vornehmeren Geschlecht zu stammen als der Graf von Roussillon.

All das erzählte die geschwätzige Wirtin ihrem jungen Gast, ohne zu ahnen, welch enge Bande Helena mit dem Grafen verknüpfen. Dabei wurde die alte Dame nicht müde, die Schönheit ihrer Tochter zu preisen und ihre Tugend, die sie ihrer vortrefflichen Erziehung und ihren klugen Ratschlägen verdanke.

Zwischen Mutter und Tochter muß wirklich ein schönes, vertrautes Verhältnis geherrscht haben, denn Diana hatte kein Geheimnis vor ihrer Mutter und fand für alles, was sie ihr mitteilte, Verständnis und Rat. Deshalb erzählte sie ihr auch, Graf Bertram habe sie für heute abend dringend um eine Unterredung gebeten, weil er Florenz am folgenden Morgen zu verlassen gedenke.

Wohl bekümmerte es Helena, als sie von Bertrams Liebe zu der schönen Tochter ihrer Wirtin erfuhr, aber dann beschloß sie sogleich, diese Unterredung zu benutzen, um den Grafen, den sie nach wie vor innig liebte, endlich für sich zu gewinnen. Sie verriet der Witwe, daß sie selbst Bertrams verstoßene Gattin war, und bat sie, ihr zu gestatten, den Grafen an Dianas Stelle empfangen zu dürfen. Dabei werde sie sich aber nicht verraten und so tun, als wäre sie Diana. Helena vertraute der alten Dame auch an, warum sie um diese heimliche Zusammenkunft mit dem Grafen bäte: Sie wolle ihrem Gatten einen Ring vom Finger ziehen, denn Bertram habe ihr einst versprochen, sie als seine rechtmäßige Gattin anzuerkennen, wenn sie diesen Ring vorweisen könne.

Bereitwillig versprachen die Witwe und ihre Tochter, Helena zu helfen, teils aus Mitleid mit ihrem harten Schicksal, teils wegen der hohen Belohnung, die ihnen Helena in Aussicht stellte.

Noch am gleichen Tag beauftragte Helena jemand, dem Grafen mitzuteilen, seine Gattin sei plötzlich verstorben! Damit wollte sie erreichen, daß Bertram sich frei fühlen und dann am Abend um sie — die vermeintliche Diana — freien würde. Sei sie erst im Besitz des Ringes und seines Eheversprechens, so werde sicher ihrem künftigen Glück nichts mehr im Wege stehen.

Der Abend dämmerte.

Bertram erschien wie verabredet und wurde in Dianas etwas verdunkeltes Zimmer geführt. Dort aber empfing ihn — Helena!

Die stürmische Art, in der der verliebte Graf die vermeintliche Diana begrüßte, und die heißen Liebesschwüre, die er ihr im Laufe des Abends ins Ohr flüsterte, versetzten Helena in helles Entzücken, obwohl sie sehr gut wußte, daß seine Zärtlichkeiten eigentlich einer anderen galten. Und Bertram war um so verliebter, je länger ihr Beisammensein dauerte, und versprach ihr schließlich feierlich, sie zu heiraten und nie eine andere als sie zu lieben.

Helena war überglücklich und überzeugt, nach diesem Abend werde sie der Graf auch dann noch ebenso glühend wie jetzt lieben, wenn er erführe, wessen Unterhaltung ihn so entzückt hatte.

Während seiner erzwungenen Ehe mit Helena hatte Bertram sie nie zu lieben gesucht. Sonst hätte er sich gewiß nicht so rücksichtslos von ihr abgewandt! Häufig genug hatte er sie gesehen, und dennoch war er an ihrer Schönheit achtlos vorbeigegangen. Von ihrem beweglichen Geist und ihrem tiefen Gemüt hatte er nichts geahnt, denn Helenas Liebe zu dem jungen Grafen war mit einer solchen Ehrfurcht gepaart, daß das junge Mädchen in seiner Gegenwart kaum ein Wort gesprochen hatte. Aber nun, da ihr künftiges Glück von der Unterhaltung an diesem Abend abhing, konnte sie frei und ungehemmt sprechen und tat alles, um Bertram zu gefallen.

Und der Graf war von ihrer schlichten Anmut und ihrer Bescheidenheit so begeistert, daß er gelobte: „Die oder keine sonst auf Erden!"

Da bat ihn Helena, er möge zum Zeichen seiner Liebe seinen Ring vom Finger ziehen und ihr schenken. Für diesen Ring, an dessen Besitz ihr soviel lag, wolle sie dem Grafen einen anderen geben, den sie einst vom König von Frankreich bekommen habe.

Bereitwillig stimmte Graf Bertram dem Ringtausch zu. Dann nahm er zärtlich Abschied von Helena und reiste unverzüglich heim zu seiner Mutter.

Jetzt war Helena am Ziel.

Glücklich bat sie die Witwe und ihre Tochter, sie nach Paris zu begleiten, denn der fernere Beistand der beiden Damen war für das vollständige Gelingen ihres Planes notwendig!

In Paris erfuhren sie, daß der König zu einem Besuch in der Grafschaft Roussillon weile. Helena und ihre Begleiterinnen reisten ihm nach.

Der König erfreute sich blühender Gesundheit. Und seine Dankbarkeit für Helena, die ihm das Mittel zu seiner Genesung geboten hatte, war so groß, daß er sie der alten Gräfin gegenüber als „kostbares Juwel" bezeichnete. Wie traurig, daß es durch die Torheit ihres Sohnes verlorenging! Denn auch dem König war die Kunde vom angeblichen Tod seiner „Ärztin" zu Ohren gekommen! Doch als der König bemerkte, daß die Erwähnung der angeblich Verstorbenen der Gräfin peinlich war, sprach er begütigend: „Euch trifft ja keine Schuld, liebe Gräfin. Drum sei alles vergeben und vergessen."

Zufällig war bei dieser Unterhaltung der alte Graf Lafeu anwesend. Sogleich trat ihm das Bild des edlen Mädchens vor die Seele und er rief seufzend: „Fürwahr, ich muß bekennen, daß der junge Graf Seiner Majestät, seiner Mutter und seiner jungen Gattin schweres Leid zufügte. Aber am meisten Unrecht hat er sich selbst angetan, denn er hat ein Weib verloren, dessen Schönheit jedermann entzückte, dessen Rede jedes Ohr fesselte, dessen Vollkommenheit in allen Herzen den Wunsch weckte, ihm zu dienen."

„Wer das Verlorene preist, der erhöht dessen Wert", bestätigte der König. „Wohlan, ruft Graf Bertram her!"

Bertram erschien. Aufs tiefste bereute er die Leiden, die er Helena zugefügt hatte — jetzt, da es für alle Zeiten zu spät schien. Als der König die Reue des jungen Mannes sah, verzieh er ihm im Andenken an seinen Vater und wegen seiner schuldlosen Mutter, die Helena immer wie ihre eigene Tochter geliebt hatte. Aber der freundliche Blick des Königs verfinsterte sich, als er an Bertrams Finger den Ring gewahrte, den er Helena einst verehrt hatte. Denn er erinnerte sich, daß Helena damals geschworen hatte, sich von diesem Ring nur dann zu trennen und ihm dem König wieder zurückzuschicken, wenn ihr ein schweres Mißgeschick begegnete.

Wie kam Bertram zu dem Ring?

Darüber erzählte er dem König eine ebenso unwahrscheinliche wie unkontrollierbare Geschichte. Eine Dame habe ihm den Ring zum Fenster hinaus zugeworfen. Helena — das könne er beschwören — habe er seit dem Tag ihrer Vermählung nicht wiedergesehen.

Da dem König bekannt war, daß Bertram seine Gattin nicht liebte, stieg ein schrecklicher Verdacht in ihm auf: Hatte Helena ihr Leben etwa durch Mörderhand eingebüßt und war der Graf selber der verruchte Täter?

In diesem Augenblick erschien Diana in Begleitung ihrer Mutter. Die beiden Damen überreichten dem König ein Gesuch, in dem die Witwe Seine Majestät bat, ihre Tochter mit Graf Bertram von Roussillon zu vermählen, denn dieser habe ihr die Ehe versprochen und es feierlich beschworen. Bertram beteuerte, das sei ihm nicht im Traum eingefallen und hier müsse ein Irrtum vorliegen. Diana aber wies Bertrams Ring vor, den Helena ihr zuvor gegeben hatte, und versicherte, sie habe zum Zeichen ihres Verlöbnisses mit Bertram die Ringe gewechselt.

Als der König dies hörte, ließ er auch Diana verhaften, denn die Unterschiedlichkeit ihrer beider Aussagen hatten starke Zweifel in ihm geweckt. Bei seiner Krone schwor er, wenn sie nicht bekennen würden, wie sie zu Helenas Ring gekommen waren, werde er sie beide hinrichten lassen.

In ihrer Angst bat Diana den König, er möge ihrer Mutter gestatten, den Juwelier herbeizuschaffen, von dem sie den Ring gekauft hatte. Damit war der König einverstanden, und die Witwe entfernte sich. Bald kehrte sie zurück, doch wie erstaunt waren alle, als sich der versprochene Juwelier als die totgeglaubte Helena entpuppte!

Vor allem die gute Gräfin war vor Freude keines Wortes mächtig — hatte sie doch sehr gut die Gefahr erkannt, in der ihr Sohn schwebte. Auch der König konnte es kaum fassen, daß Helena noch am Leben war. Halb erfreut, halb ungläubig rief er: „Ist das wirklich Bertrams Frau, die hier vor mir steht?"

Helena, die vom Grafen selbst als seine Frau anerkannt sein wollte, erwiderte zurückhaltend: „Nein, Majestät, Ihr seht hier nur den Schatten seiner Gattin, nur den Namen, nicht die Gattin selber."

Da überkam es Bertram wie eine Erleuchtung. Begeistert und beschämt zugleich rief er: „Du bist beides, Helena, verzeih mir...!"

„Ja, hoher Herr", antwortete sie, „als ich die Rolle dieses schönen Mädchens spielte, wart Ihr wie umgewandelt. Aber seht einmal her: Kennt Ihr diesen Ring?"

Und dann las sie in heiterem Ton die Worte vor, die ihr einst so großen Kummer bereitet hatten: „Wenn du den Ring von meinem Finger ziehen könntest... Das ist nun geschehen, denn Ihr gabt mir den Ring freiwillig. Ich hab Euch somit doppelt gewonnen — wollt Ihr jetzt mein sein?"

Scheinbar gelassen erwiderte Bertram: „Könnt Ihr mir beweisen, daß Ihr die Dame seid, mit der ich mich an jenem Abend in Florenz unterhielt, dann will ich Euer sein für alle Zeit."

Helena fiel es nicht schwer, diesen Beweis zu erbringen, denn dazu waren ja die Witwe und ihre Tochter mitgekommen.

Der König war über den freundlichen Beistand, den Diana seiner schönen „Ärztin" geleistet hatte, so erfreut, daß er ihr ebenfalls einen Gatten von hohem Adel versprach. Helenas Schicksal bewies ihm, daß es einem König wohl anstand, schöne Damen für ihre Dienste so zu belohnen.

Wenn Helena ihr bewegtes Schicksal überdachte, so fand sie, daß tatsächlich ein glücklicher Stern über dem Vermächtnis ihres Vaters geleuchtet hatte. Nach mancherlei Irrungen und Wirrungen hatte sie ihr Glück an der Seite des geliebten Jugendgefährten, des Sohnes ihrer edlen Gebieterin, gefunden und war selbst Gräfin von Roussillon geworden.

DER WIDERSPENSTIGEN ZÄHMUNG

Der wohlhabende Edelmann Baptista hatte eine Tochter namens Katharina. Sie hatte einen so störrischen Charakter und ein so ungestümes und eigensinniges Wesen, daß man sie in Padua nicht anders als die „widerspenstige Käthe" nannte.

Ganz und gar unmöglich, ja sogar unwahrscheinlich, daß sich ein junger Herr entschließen würde, diese Dame zu heiraten, die das ganze Gegenteil ihrer sanften und gutmütigen Schwester Bianca war. Wer verwunderte sich daher, daß der alte Baptista alle Freier, die um die Hand der jüngeren Schwester anhielten, mit den Worten abwies: „Zuerst soll sich meine älteste Tochter Käthe verheiraten, dann steht einer Werbung um Bianca nichts mehr im Wege."

Eines Tages kam ein vornehmer, junger Herr namens Petruchio nach Padua auf Brautschau. Man schlug ihm unter anderen Damen die widerspenstige Käthe vor und schilderte ihm auch ihr Wesen. Da er dabei erfuhr, daß sie nicht nur schön, sondern auch reich war, ließ er sich nicht entmutigen und beschloß, um diesen stadtbekannten Zankteufel zu freien und sie zu einer sanften und fügsamen Frau zu erziehen.

Sicher war das keine leichte Aufgabe, aber Petruchio fühlte sich ihr durchaus gewachsen, war er doch ebenso gebildet wie Katharina, dabei von heiterem Gemüt und stets zu Scherzen und Neckereien aufgelegt. Dabei war er ein Meister der Verstellungskunst und konnte ohne weiteres mit zornfunkelnden Augen einen Wüterich spielen, während er in Wirklichkeit ein besonnener, ruhiger Mensch war. Für den Fall einer Heirat mit Katharina nahm er sich vor, diese finstere Miene beizubehalten, denn sie schien ihm das einzige Mittel, dem eigensinnigen und schwierigen Charakter Katharinas beizukommen.

Allen Ernstes freite Petruchio um die widerspenstige Käthe. Zuerst sprach er bei ihrem Vater vor und bat ihn listig, die Bekanntschaft seiner ‚sanften' Tochter machen zu dürfen. Er habe schon in Verona gehört, wie schüchtern, bescheiden und sanftmütig sie sei. Darum wäre er hierher gekommen, um ihre Liebe und Hand zu gewinnen.

Obwohl Baptista seine älteste Tochter zu gern unter die Haube gebracht hätte, mußte er doch einsehen, daß sie keinesfalls der Vorstellung entsprach, die sich Petruchio von ihr machte, und aus ganz anderem Holz geschnitzt war. Also überlegte er, wie er es ihm sagen sollte, ohne daß es wie eine Absage klang.

Aber noch ehe Baptista alles in Worte kleiden konnte, stürzte der Musiklehrer jammernd ins Zimmer und beklagte sich bitter, Käthe habe ihm die Laute

144

um die Ohren geschlagen, weil er mit ihrem Spiel nicht zufrieden gewesen sei.

Petruchio lachte laut und sagte: „Wenn's weiter nichts ist! Käthchen ist ein braves Mädchen. Ich liebe sie und brenne darauf, mit ihr ein wenig plaudern zu können."

Dann wandte er sich an Baptista und ersuchte ihn um Antwort:

„Ich habe nicht viel Zeit, Signor, und kann nicht alle Tage freien kommen. Ihr kennt meinen Vater und wißt, daß er mich zum alleinigen Erben seines ganzes Besitzes eingesetzt hat. Sagt mir also, welche Mitgift bekommt Eure Tochter für den Fall, daß ich ihre Liebe gewinne?"

Baptista fand zwar die Art und Weise, wie er um die Hand seiner Tochter

anhielt, die er vorgab, aus Liebe heiraten zu wollen, plump; trotz allem bewahrte er äußerlich Ruhe, weil er sie gern verheiraten wollte, und erwiderte:

„Sie bekommt hunderttausend Goldstücke und nach meinem Tod die Hälfte des restlichen Vermögens."

Petruchio gab sich damit zufrieden, und Baptista suchte sogleich seine Tochter auf, um sie mit dem ehrenvollen Antrag des gleichfalls reichen Freiers zu überraschen.

Inzwischen überlegte Petruchio, wie er sich verhalten solle, wenn das schöne und doch so sonderbare Mädchen nach der Unterredung mit ihrem Vater ins Zimmer käme, um sich zu seinem Antrag zu äußern.

„Ha, ich hab's!" rief er, „ich werde ihr keck entgegentreten!"

146

Und schon öffnete sich die Tür, und das stattliche Mädchen trat ein.

Petruchio begrüßte sie unbefangen: „Guten Morgen, Käthchen, so heißt du ja wohl?"

Katharina aber verbat sich diese Vertraulichkeit und sagte gereizt: „Für Sie bin ich noch lange kein Käthchen. Wer mit mir spricht, hat mich Katharina zu nennen, nicht anders."

„Du irrst dich", versetzte der Freier, „man nennt dich einfach Käthchen, allenfalls das schöne Käthchen, manchmal sogar das widerspenstige Käthchen. Aber trotzdem erkläre ich: Du bist das schönste Käthchen auf der ganzen Welt. Überall wirst du wegen deiner Sanftmut gerühmt. Darum frage ich dich: Käthchen, willst du meine Frau werden?"

Eine seltsame Brautwerbung, nicht wahr? Es kam aber noch besser.

Mit lauter Stimme und ganz empört betonte sie, daß sie ihren Beinamen „Widerspenstige" mit Recht trage. Er aber rühmte fortwährend ihr sanftes und höfliches Wesen, bis er plötzlich ihren Vater kommen hörte. Da er entschlossen war, sich nie und nimmer abweisen zu lassen, steuerte er geradewegs auf sein Ziel los:

„Nun aber genug des törichten Geschwätzes, liebes Käthchen. Dein Vater hat nämlich nichts dagegen, daß du meine Frau wirst. Ich heirate dich also — ob du willst oder nicht!"

Noch ehe Katharina etwas erwidern konnte, trat ihr Vater ein.

Freudestrahlend ging Petruchio auf ihn zu und teilte ihm mit, seine Tochter habe seine Werbung freundlich aufgenommen. Nächsten Sonntag solle bereits die Vermählung sein.

Katharina aber lehnte dies mit aller Entschiedenheit ab und erklärte schroff, sie wolle den Freiersmann nächsten Sonntag lieber am Galgen sehen als ihn zum Manne nehmen. Dann machte sie ihrem Vater heftige Vorwürfe wegen seiner Zustimmung. Nie und nimmer würde sie einen so verrückten Flegel wie Petruchio heiraten.

Petruchio aber bat ihren Vater, diesen scharfen Worten keinerlei Glauben beizumessen, hätten sie doch verabredet, daß Käthchen in seiner Gegenwart die Widerstrebende spielen solle, während sie noch kurz zuvor liebenswürdig, ja zärtlich gewesen sei. Ohne die Antwort des Vaters abzuwarten, sagte er zu dem Mädchen:

„Gib mir deine Hand, Käthchen. Morgen reise ich nach Venedig, um das Brautkleid zu besorgen. Ihr aber, lieber Schwiegervater, trefft inzwischen alle Vorbereitungen zur Hochzeit und ladet die Gäste ein. Ich besorge Ringe und Kleider, denn hübsch soll mein Mädchen sein. Nun aber gib mir einen Kuß, liebes Käthchen, nächsten Sonntag wird geheiratet!"

Ein Widerstreben gab's nicht mehr, und so fanden sich dann am folgenden Sonntag tatsächlich die Hochzeitsgäste pünktlich ein. Nur der Bräutigam ließ lange auf sich warten! Katharina konnte die Tränen nicht mehr zurückhalten — sie fürchtete, Petruchio habe sie angeführt und wolle sie zum Narren machen. Da erschien er! Aber er brachte nichts von dem bräutlichen Staat mit, den er versprochen hatte. Ebensowenig war er festlich gekleidet. Wie ein Bauer sah er aus, der sich über die ernste Feier, in deren Mittelpunkt er stehen sollte, lustig machen wollte. Auch sein Diener und sogar seine Pferde trugen nichts, was auf ein so wichtiges Ereignis wie die Hochzeit hätte hindeuten können.

Vergebens bat man den Bräutigam, sich doch festlich zu kleiden. Er erklärte, Katharina solle ja seine Wenigkeit heiraten und nicht seinen Anzug.

In der Kirche benahm er sich ebenso absonderlich. Als ihn der Priester fragte, ob er bereit sei, den Ehebund mit Katharina einzugehen, brüllte er sein Ja so laut, daß der Geistliche vor Schreck sein Buch fallen ließ. Und als sich der ehrwürdige Diener Gottes bücken wollte, um es aufzuheben, versetzte ihm der anscheinend verrückt gewordene Bräutigam so einen Faustschlag, daß der Betroffene zu Boden sank.

Während der Festlichkeit stampfte er dann laut auf den Boden, lärmte und fluchte, daß Katharina vor Furcht wie Espenlaub zitterte. Ungestüm verlangte er nach Kuchen und Wein. Und als ihm beides gereicht wurde, stieß er mit lauter Stimme auf das Wohl der Hochzeitsgesellschaft an und küßte dabei die junge Braut so ungestüm, daß es laut durch die Kirche schallte. Darauf warf er dem Küster einen in Wein getauchten Bissen ins Gesicht, weil der so gierigen Blickes auf den Wein geschaut hatte, den Petruchio gerade trank.

Eine so sonderbare Hochzeit hat sicherlich kaum je stattgefunden!

Dem Wunsche seines Schwiegersohnes entsprechend, hatte Baptista ein glänzendes Festmahl herrichten lassen. Bei der Rückkehr aus der Kirche aber erklärte Petruchio kurz und bündig: „Wir fahren sogleich nach Verona ab."

Weder die Einwände seines Schwiegervaters noch Katharinas Entrüstung konnten ihn von seinem Vorhaben abbringen. Er berief sich auf sein Recht als Gatte, das ihn berechtige, über seine Frau zu verfügen, ganz wie es ihm beliebe. Da half kein Widerstreben. Er führte Katharina mit so finsterem Gesicht von dannen, daß niemand wagte, ihn aufzuhalten.

Und schon hob Petruchio seine Frau auf ein abgezehrtes, lahmendes Pferd, das er zu diesem Zweck eigens ausgesucht hatte. Er und sein Diener hatten übrigens keine besseren Tiere.

Der Weg quälte sich durch Moraste und Schlamm. Und jedesmal, wenn Katharinas Gaul strauchelte, wetterte und fluchte der zärtliche Gatte über das elende Tier, das unter der Last zusammenzubrechen drohte. Und dabei tat er so, als ob er der zornigste Mensch auf der Erde wäre, der seine Wut nur mühsam beherrschen könne.

Nach dieser beschwerlichen Reise gelangte die Reisegesellschaft endlich in Verona an. Indes Petruchio seine junge Gattin in seinem Heim willkommen hieß, war sein Denken und Streben auf Mittel und Wege gerichtet, wie er sie so recht quälen könne.

Als sie das Zimmer betrat, war sie erstaunt über die Pracht und den Glanz, der sie umfing. Auf einer festlich reichbesetzten Tafel standen die erlesensten Speisen. Aber Petruchio hatte an jedem Gericht etwas auszusetzen. Unter dem Vorwand, alles sei verdorben, warf er das Essen auf die Erde, damit seine geliebte Käthe ja keinen Bissen bekäme, der nicht aufs schmackhafteste zubereitet wäre.

Müde und hungrig wollte sich Katharina ins Bett legen. Aber da hatte Petruchio wieder allerlei zu bemängeln. Fluchend warf er die Kopfkissen und Decken im Zimmer umher, so daß die junge Frau genötigt war, die Nacht auf einem Stuhl sitzend zu verbringen. Kaum war sie ein wenig eingenickt, weckte sie wieder das Geschrei des Gatten, die Dienstboten hätten das Bett schlecht hergerichtet!

Am folgenden Tag ging die Geschichte von neuem los. Im Gespräch mit Katharina war Petruchio zwar die Liebenswürdigkeit selbst. Wollte sie aber etwas essen, so erklärte er alles, was man ihr vorsetzte, für ungenießbar und warf die Gerichte − genau wie tags zuvor − auf die Erde. Der stolzen Käthe blieb nichts anderes übrig, als die Dienerschaft heimlich um einen Bissen Brot zu bitten. Aber Petruchio hatten ihnen streng untersagt, seiner Frau auch nur einen Schluck Wasser zu reichen!

„Ah", klagte die Arme wehmütig, „habe ich denn geheiratet, um zu hungern? Bittet ein Bettler vor der Tür meines Vaters um ein Almosen, so gibt man ihm reichlich zu essen. Ich aber, die nie um etwas bitten mußte, ich sterbe jetzt Hungers! Und was mich dabei am meisten schmerzt: mein Mann quält mich so aus Liebe und meint, wenn ich schliefe oder äße, so könnte ich möglicherweise krank werden und sterben."

Während des Selbstgespräches trat Petruchio ein. Da es natürlich nicht seine Absicht war, Katharina verhungern zu lassen, gab er ihr ein kleines Stück Fleisch mit den Worten: „Nun, wie geht's, geliebtes Käthchen? Sieh mal, wie aufmerksam ich bin. Das Mahl habe ich selbst zubereitet, weil ich weiß, daß du dich darüber freuen und mir dankbar sein wirst."

Doch Katharina schwieg wie das Grab!

„Nanu, nicht ein Wort? Du magst es nicht? Dann also war meine Mühe und Arbeit umsonst."

Schon befahl er dem Diener, die Schüssel wieder wegzutragen. Da beugte der fürchterliche Hunger Katharinas Stolz, und mit ingrimmiger Stimme sagte sie: „Gib schon her, Petruchio!"

Damit war Petruchio aber nicht zufrieden: Die Widerspenstige mußte noch gefügiger werden. Darum erwiderte er sanft: „Für die kleinste Gefälligkeit pflegt man ein Wort der Anerkennung zu sagen. Darum sollst du dich erst bedanken, ehe du einen Bissen genießt."

Seit sie solchen Hunger hatte, war Katharina ungewöhnlich zahm. Wohl oder übel bequemte sie sich auch zu der Antwort: „Ich danke dir, mein Gebieter!"

Erst jetzt gestattete er ihr, das kärgliche Mahl einzunehmen, bei dem er sie zum Essen ermunterte: „Wohl bekomms, süßes Herz. Aber beeil dich ein bißchen, denn wir werden zu deinem Vater fahren. Dort wollen wir so lustig sein, wie wir können, und du sollst in seidenen Kleidern, goldenen Ringen, mit Fächern und anderem Zierat mit mir einherstolzieren."

Wie freute sich Katharina!

Nun sollte sie endlich die verheißenen Schmuckgegenstände erhalten!

In der Tat: Petruchio ließ einen Schneider und einen Putzmacher kommen. Sie brachten kostbare Kleider und Hüte, genau solche, wie sie sich die junge Frau gewünscht hätte. Als Petruchio aber ihre Freude über einen Hut sah, den sie gerade aufprobierte, fing er gleich wieder zu toben an: „Was, den Hut willst du tragen? Der wurde ja auf einem Suppennapf geformt. In dem wirst du wie eine Vogelscheuche aussehen!"

„Ich will aber diesen Hut. Alle feinen Damen tragen solche Hüte!" erklärte Katharina bestimmt.

„Erst wenn du fein sein wirst, sollst du ihn haben, nicht eher", entgegnete darauf der liebenswürdige Gatte.

Durch die Mahlzeit fühlte sich Katharina wieder bei Kräften. Darum sagte sie herausfordernd: „Sag mal, was soll das eigentlich? Du wirst doch nicht im Ernst behaupten wollen, daß ich hier kein Wörtchen mitzureden habe. Ganz andere als du haben sich schon meiner Meinung angeschlossen. Willst du das nicht, so verstopfe dir gefälligst die Ohren!"

Petruchio aber wollte ihre Worte nicht wahrhaben. Er hatte nämlich ein besseres Mittel gefunden, mit seiner Frau fertig zu werden. Darum sagte er mit gewollter Gleichgültigkeit: „Was du sagst, ist völlig richtig. Der Hut ist häßlich. Ich freue mich, daß du die gleiche Meinung hast."

„Freu dich oder freu dich nicht — und dreh mir nicht das Wort im Mund herum", erwiderte Katharina ärgerlich. „Der Hut gefällt mir! Den will ich, sonst keinen!"

„Du willst doch aber auch das Kleid, nicht wahr?" fragte Petruchio.

Auf einen Wink Petruchios breitete der Schneider vor Käthchens Augen ein prächtiges Kleid aus, das er für sie angefertigt hatte. Petruchio aber gönnte der armen Frau weder den Hut noch das Kleid. Auch an dem Kleid hatte er nun allerlei auszusetzen: „Donnerwetter, was ist das für ein Stoff? Das hier nennt Ihr einen Ärmel? Der sieht ja aus wie ein Kanonenrohr. Gekerbt ist er wie ein Napfkuchen!"

Der Schneider erlaubte einzuwenden: „Ihr befahlt, das Kleid nach der letzten Mode anzufertigen, und das tat ich."

Auch Katharina erklärte: „Noch nie sah ich ein so schönes Kleid!"

Kurz und gut: Käthe bekam weder den Hut noch das Kleid! Nachdem Petruchio die beiden Geschäftsleute unauffällig bezahlt und wegen der ihnen widerfahrenen seltsamen Behandlung um Entschuldigung gebeten hatte, jagte er sie vor Katharinas Augen heftig schimpfend zur Tür hinaus.

Dann wandte er sich an seine Gattin: „Komm, Käthchen, laß uns jetzt zu

deinem Vater reiten. Was brauchen wir neue Kleider, machen wir uns auf den Weg so wie wir sind!"

Und schon ließ er die Pferde satteln, um zur Mittagszeit in Padua einzutreffen. Als ihn seine Gattin fragte, wie spät es sei, erwiderte er, es wäre sieben, obwohl die Glocke gerade zwölf geschlagen hatte. Demgemäß erlaubte sich Katharina die bescheidene Bemerkung: „Ich habe aber genau gehört, daß es soeben zwölf geschlagen hat. Wir werden also erst zum Abendbrot in Padua eintreffen."

Das alles wußte Petruchio sehr wohl. Er wollte aber seine Käthe so gefügig haben, daß sie alles guthieß, was er auch sagte. Darum rief er mit zornfunkelnden Augen: „Merkwürdig, ich kann wirklich sagen und machen was ich will, immer mußt du mir widersprechen. Darum bleiben wir hier. Aber reisen wir ein andermal, dann ist's so spät wie ich sage, hast du verstanden!"

151

Petruchio hatte sich vorgenommen, ihres Vaters Schwelle erst dann wieder zu betreten, wenn die widerspenstige Katharina gezähmt war! Aus diesem Grunde hätte er sie, als sie dann doch nach Padua gingen, unterwegs beinahe stehengelassen, nur weil sie sich erlaubt hatte zu sagen, es sei die Sonne, die am Nachmittag so hell scheine, während er behauptete, es wäre der Mond!

„Ich tue keinen Schritt weiter, ehe du nicht erklärst, es ist der Mond, der jetzt scheint!"

Dann tat er so, als kehre er um, aber Katharina, deren Stolz langsam dahinschmolz, bat flehentlich: „Komm, gehen wir weiter. Da wir schon hier sind, wollen wir doch auch ans Ziel gelangen. Meinetwegen mag es die Sonne sein oder

der Mond. Und wenn du es eine Tranfunzel heißt – ich schwöre dir, ich will es auch so nennen."

„Nun denn", erklärte Petruchio mit Bestimmtheit, „ich behaupte, es ist der Mond."

„Ich weiß bestimmt, es ist der Mond", bekräftigte die hartgeprüfte Gattin.

„Du lügst, es ist die Sonne", rief Petruchio triumphierend aus. „Dann ist es die liebe Sonne", bestätigte Katharina. „Doch hört sie auf, Sonne zu sein, wenn du sie nicht mehr dafür hältst."

Jetzt setzte das junge Ehepaar seine gemeinsame Reise fort. Um sich aber zu vergewissern, ob die Nachgiebigkeit seiner Frau auch von Dauer sei, grüßte er einen alten Edelmann, der gerade vorüberkam, als wäre es ein junges Mädchen: „Guten Morgen, schöne Jungfrau!"

Dann wandte er sich an Katharina und rief: „Sieh doch, wie sich ihre blassen Wangen röten und ihre großen Augen funkeln und blitzen. Sag, hast du je ein schöneres Mädchen gesehen? Gib ihr schnell einen Kuß, Käthchen!"

Das nunmehr gezähmte Käthchen schloß sich schnell der Meinung ihres Mannes an und schaute demgemäß schwärmerisch auf den alten Mann. Dann rief sie: „Ach, wie schön du bist, wie frisch und lieblich! Glücklich die Eltern, die ein solches Kind ihr eigen nennen!"

Da wurde Petruchio plötzlich ernst: „Was redest du da, Käthchen. Bist du toll geworden? Das ist doch kein Mädchen, sondern ein alter, würdiger Greis!"

Sofort verbesserte sich Katharina: „Verzeiht mir, alter Herr, die Sonne hat meine Augen geblendet. Jetzt erst bemerke ich, daß Ihr ein würdiger Greis seid. Entschuldigt darum meinen Irrtum!"

„Tut es, guter Herr", bekräftigte Petruchio die Bitte seiner Frau, „doch nun sagt uns, wohin Ihr reitet."

Der Alte sagte mit verzeihendem Lächeln:

„Euer seltsames Gebaren hat mich wirklich etwas erstaunt. Ich heiße Vincentio und will meinen Sohn in Padua besuchen."

Petruchio dachte einen Augenblick nach und erkannte dann in jenem alten Herrn den Vater Lucentios, der gerade im Begriff stand, sich mit Käthchens Schwester Bianca zu verheiraten. Wie freute sich der alte Herr, so nahe Verwandte seines Sohnes kennenzulernen! Vergnügt setzten die drei gemeinsam die Reise fort.

Gegen Abend erreichten sie Baptistas Haus. Hier war bereits eine große Gesellschaft versammelt, um Biancas Vermählung mit Lucentio zu feiern.

Baptista aber hatte Katharina und ihren Mann nicht erkannt. Um so größer war seine Freude, daß auch dieses junge Paar an der Festlichkeit teilnahm.

Aber noch ein drittes neuvermähltes Paar war anwesend.

An der reichbesetzten Hochzeitstafel gaben Lucentio und der dritte im Bunde, Hortensio, allerlei Witze über widerspenstige Frauen zum besten und spöttelten dabei über Petruchio: „Deine Frau, lieber Petruchio, möchten wir für nichts in der

Welt geschenkt haben. Kein Vergleich mit unseren Frauen, die sanft, entgegenkommend, gefällig und gütig sind."

Sie predigten aber tauben Ohren, denn Petruchio wartete nur auf den Augenblick, wo man die Tafel aufhob und die Damen sich in ihre Gemächer zurückzogen. Im stillen aber ärgerte es ihn, daß sich der alte Baptista an den Spöttelein über ihn und seine Frau beteiligte.

Darum stellte er den Alten zur Rede und versicherte ihm dabei, es gebe keine gehorsamere Frau als seine Käthe. Baptista sah ihn erst ungläubig an, dann klopfte er dem Schwiegersohn mitleidig auf die Schulter und sagte: „Aber, aber, damit wirst du mich doch nicht zum besten haben. Hast du doch die Widerspenstigste von allen heimgeführt."

Darauf Petruchio: „Nein und abermals nein. Wollen wir wetten? Jeder von uns lasse seine Frau holen, und derjenige, dessen Frau zuerst erscheint, der hat die Wette gewonnen."

Die beiden anderen Ehemänner willigten gleich ein. Waren sie doch überzeugt, daß sich ihre Frauen als gehorsam erweisen würden, Katharina dagegen als trotzig und starrköpfig. Hundert Goldstücke sollten dem glücklichen Gewinner zufallen. Siegesbewußt rief Petruchio: „Was, hundert Goldstücke? Soviel wette ich, wenn es sich um meinen Hund oder meinen Falken handelt. Ich aber wette fünfhundert Goldstücke, daß meine Frau die beste ist und zuerst erscheint."

„Wir nehmen dich beim Wort!" riefen die beiden anderen Ehemänner, „wir wetten um fünfhundert Goldstücke."

„Einverstanden."

Als erster schickte Lucentio seinen Diener in das Gemach und ließ seiner Frau Bianca ausrichten, sie möchte schnell mal zu ihm kommen.

Wie erstaunte aber Lucentio, als der Diener mit der Meldung zurückkam: „Die Dame läßt grüßen, aber sie ist im Augenblick so sehr beschäftigt, daß sie beim besten Willen nicht kommen kann."

„Was soll das heißen", wandte Petruchio ein, „sie ist beschäftigt und kann nicht kommen? Ziemt sich solche Antwort für eine Ehefrau?"

„Warte nur, was deine Frau dir sagen läßt", höhnten die anderen, „ihre Antwort dürfte etwas gröber ausfallen."

Jetzt kam Hortensio an die Reihe, nach seiner Frau zu schicken: „Ich lasse meine Frau bitten, mal herzukommen."

„Oho, du läßt sie bitten", spöttelte Petruchio, „da kannst du lange warten!"

„Na schön", verbesserte sich Hortensio, „sie soll schleunigst herkommen. Übrigens, Petruchio, bei deiner Frau wirst du wohl mit Bitten nicht viel ausrichten."

Wie aber erbleichte dieser siegesgewisse Gatte, als der Diener ohne die Frau Gemahlin zurückkehrte und mit verhaltener Ironie verkündete: „Die Dame läßt fragen, ob Ihr Euch einen Spaß erlauben wollt? Wenn Ihr sie sprechen wollt, möget Ihr Euch zu ihr bemühen."

„Das wird ja immer besser", sagte Petruchio. Dann aber schickte er nach Katharina. Kaum fanden die drei Herren Zeit, sich in Vermutungen zu ergehen, ob die Widerspenstige wohl diesem Ersuchen Folge leisten würde, als plötzlich Baptista verwundert ausrief: „Wahrhaftig, seht, da kommt Katharina!"

Und sie war wirklich die erste. Bescheiden fragte sie ihren Mann: „Du sandtest nach mir, Geliebter? Was wünschst du?"

„Wo ist Hortensios Frau, und wo ist deine Schwester?"

„Sie sitzen am Kaminfeuer und unterhalten sich."

„Geh, hol sie hierher", gebot Petruchio.

„Hier ist ein Wunder geschehen", rief Lucentio, „wenn es Wunder gibt!"

„Es gibt welche", entgegnete Hortensio, „und dies hier ist eins. Nur weiß ich nicht, was es bedeuten soll."

„Es bedeutet, daß ich der Herr im Hause bin", rühmte sich Petruchio, „und daß wir beide dennoch in Liebe und Frieden zusammen leben."

Als Baptista die tiefe Wandlung im Wesen seiner Tochter wahrnahm, rief er entzückt: „O mein Sohn Petruchio, du hast die Wette gewonnen. Darum erhöhe ich gern Käthchens Mitgift um weitere hunderttausend Goldstücke, als ob sie eine weitere Tochter von mir wäre. Denn sie ist anders geworden als sie war."

„Ich will aber diese Wette noch besser gewinnen", erwiderte Petruchio. „Katharina soll noch weitere Proben ihres neu erworbenen Gehorsams ablegen." Da in diesem Augenblick die junge Frau in Begleitung der beiden Damen eintrat, fuhr Petruchio fort: „Na, hatte ich recht oder nicht? Seht, ihr ist es gelungen, eure ungehorsamen Frauen herzuführen. Aber, liebe Käthe, dein Hut steht dir ja gar nicht. Nimm den Plunder ab und trampele mit den Füßen darauf."

Und Katharina tat, wie ihr geheißen.

Voll Abscheu wandte sich Hortensios Frau ab und rief: „Das sollte mir einfallen, mich so beherrschen zu lassen!"

Bianca pflichtete ihr bei: „Welche Albernheit!"

Darauf entgegnete Biancas Gatte: „Ich wünschte, du wärst so albern! Deine Klugheit, oder vielmehr dein mangelnder Gehorsam, kostet mich die Kleinigkeit von fünfhundert Goldstücken!"

„Wie dumm von dir, auf meinen Gehorsam zu wetten!" erwiderte Bianca.

Jetzt ergriff der triumphierende Petruchio das Wort: „Käthchen, mach mal diesen starrköpfigen Frauen die Pflichten ihren Männern gegenüber klar!"

Und wirklich führte die einstige Widerspenstige zum Erstaunen aller Anwesenden ihren Genossinnen die Notwendigkeit, ihren Männern gehorsam zu sein, so beredt und so eindringlich vor Augen, wie sie es soeben Petruchio gegenüber durch die Tat bewiesen hatte.

In der Folgezeit wurde Katharina in ihrer Vaterstadt abermals gerühmt, aber nicht mehr als die widerspenstige Käthe – jetzt pries man sie als die folgsamste, pflichttreueste Ehefrau in ganz Padua.

➤ DIE KOMÖDIE
➤ DER IRRUNGEN

Während eines langen Krieges zwischen den Städten Ephesus und Syrakus wurde in Ephesus ein grausames Gesetz erlassen, demzufolge jeder syrakusische Kaufmann, der sich in Ephesus blicken ließ, hingerichtet wurde, sofern er sich nicht durch ein Lösegeld von tausend Dukaten loskaufen konnte.

Nun wurde tatsächlich ein alter Kaufmann aus Syrakus in den Straßen von Ephesus angetroffen. Die Häscher schleppten ihn vor den Herzog, damit er entweder das hohe Lösegeld bezahle oder sein Todesurteil empfinge.

Ägeon, so hieß der Kaufmann, verfügte aber nicht über das nötige Geld zur Begleichung der Strafe. Also mußte er sterben. Bevor der Herzog das Todesurteil verkündete, bat er, Ägeon möge ihm die Geschichte seines Lebens erzählen, denn er wollte erfahren, was Ägeon bewogen habe, nach Ephesus zu kommen, dessen Betreten doch jedem syrakusischen Kaufmann unweigerlich den Tod brachte.

Ägeon erklärte, er fürchte den Tod nicht; er habe so quälende Sorgen, daß er seines Lebens überdrüssig sei. Dennoch könnte ihm keine härtere Strafe auferlegt werden, als sein ganzes unglückliches Lebens noch einmal von Anfang an zu erzählen. „Nun denn", hub er an, „ich wurde in Syrakus geboren und widmete mich dem Kaufmannsstand. Es ging mir gut, und so schloß ich einen Ehebund, der sich in der Folgezeit als sehr glücklich erwies. Eines Tages mußte ich geschäftlich nach Epidamnium reisen. Als sich nach sechs Monaten herausstellte, daß ich dort noch weitere Zeit verbleiben müsse, packte mich die Sehnsucht, und ich ließ meine Frau nachkommen, die bald darauf zwei Söhnen das Leben schenkte. Die beiden Knaben waren einander so ähnlich, daß man einen vom andern kaum unterscheiden konnte. Zur gleichen Zeit gebar in demselben Gasthaus, wo unsere beiden Kinder das Licht der Welt erblickt hatten, eine arme Frau gleichfalls Zwillinge, die einander ebenso zum Verwechseln ähnlich sahen wie meine beiden Söhne. Da die Eltern in bitterster Armut lebten, kaufte ich ihnen die Knaben ab und erzog sie, damit sie später einmal meinen Söhnen dienten.

Meine beiden Jungen waren wirklich hübsch und der ganze Stolz meiner Frau. Darum drängte sie zur Rückkehr nach Syrakus, denn sie wollte die schönen Knaben den Verwandten und Freunden zeigen. Wohl oder übel fügte ich mich ihrem Wunsch. Ach, hätte ich das nur nicht getan! Kaum waren wir eine Meile vom Ufer entfernt, erhob sich ein furchtbarer Sturm. Grauenhaft tobte das Unwetter. Die Matrosen flüchteten feig in ein Boot, denn sie sahen keine

Möglichkeit, das Schiff zu retten. Mitleidslos ließen sie uns allein auf dem Schiff zurück. Jeden Augenblick konnte uns das sturmgepeitschte Meer mit den mächtigen, haushohen Wellen den Tod bringen.

Meine Frau weinte still vor sich hin und auch die Kinder schluchzten laut, obwohl sie nichts von der Gefahr wußten, in der wir schwebten. Sie weinten nur darum, weil sie die Tränen der Mutter sahen. Ihr Wehgeschrei zerriß mir fast das Herz. Ich fürchtete den Tod nicht. All mein Sinnen und Denken war darauf gerichtet, Mittel und Wege für ihre Rettung zu suchen. Endlich hatte ich eine Idee. Ich band meinen jüngsten Sohn an das eine Ende eines kleinen Mastes, an das andere den jüngsten Sohn der beiden Zwillingssklaven. Gleichzeitig band auch meine Frau die älteren Knaben an einen Mast. Schließlich knüpften wir beide uns an die Mastbäume fest, und zwar jeder dort, wo seine beiden Schutzbefohlenen hingen.

Ohne diese Maßregel wären wir alle verloren gewesen, denn das Schiff geriet auf ein gewaltiges Felsenriff und zerschellte in tausend Stücke. Da wir uns aber an die beiden Maste klammerten, vermochten wir uns über Wasser zu halten. Ich setzte alles daran, mich und meine beiden kleinen Schutzbefohlenen in Sicherheit zu bringen. Zu meinem tiefsten Schmerz konnte ich mich aber meiner Frau nicht annehmen, so daß sie mir mit den beiden Knaben entrissen wurde. Ich schöpfte jedoch Trost, als ich sah, wie ein Fischer — vermutlich aus Korinth — sie in sein Boot aufnahm. Da ich sie nun in Sicherheit wußte, konnte ich mit erhöhtem Eifer mein Leben für die Rettung meines Söhnchens und des jüngsten Sklaven einsetzen. Endlich nahm auch uns ein zufällig vorüberfahrendes Schiff auf. Und siehe, die Matrosen kannten mich! Sie hießen mich willkommen, gaben mir alle erdenkliche Hilfe und brachten uns in Syrakus wohlbehalten an Land. Aber in meine Freude über unsere glückliche Rettung mischte sich die bange Sorge, wo meine Frau mit den beiden Kindern geblieben war. Jahrelang hörte ich nichts von ihnen. Inzwischen reifte mein jüngster Sohn zu einem stattlichen Jüngling heran. Seit seinem achtzehnten Jahr quälte er mich unablässig mit Fragen nach dem Verbleib seiner Mutter und seines Bruders. Und als ich ihm die Antwort schuldig bleiben mußte, bat er mich um Erlaubnis, mit dem jungen Sklaven, der ja bei jener unseligen Fahrt gleichfalls seinen Bruder verloren hatte, in die Welt zu ziehen, um nach den Verschollenen zu forschen. Nach langem Widerstreben gab ich meine Zustimmung.

Sieben Jahre sind seitdem vergangen. Fünf Jahre lang habe ich ihn überall in der Welt gesucht. Ich zog bis an die äußersten Grenzen Griechenlands, bis nach Kleinasien hinüber trug mich die Sehnsucht, dann gab ich die Hoffnung auf. Auf meiner Heimreise landete ich hier in Ephesus, um Nachforschungen anzustellen, denn ich wollte und konnte keinen Ort auslassen, wo Menschen leben. Aber das Unglück verfolgt mich auf Schritt und Tritt. Hier endet nun meine Geschichte und nach Eurem Ratschluß auch mein armes Leben. Ich füge mich bereitwillig. Aber noch in der Todesstunde würde ich mich glücklich preisen, wenn ich die Gewißheit hätte, daß meine Frau und die Kinder noch am Leben wären."

Dieser Bericht des leidgeprüften alten Mannes machte auf den Herzog tiefen Eindruck. Er hätte ja kein Herz im Leib haben müssen, wenn er nicht das innigste Mitgefühl mit dem unglücklichen Vater empfunden hätte, der aus Liebe zu seinen verschollenen nächsten Angehörigen sich so schweren Gefahren aussetzte! Mitfühlend reichte er dem bedauernswerten Ägeon die Hand und sagte: „Gern würde ich Euch begnadigen und Euch des Weges ziehen lassen, aber mein Amt als oberster Hüter des Gesetzes und auch mein Eid auf die Staatsverfassung gestatten es nicht, irgend jemandem zu Gefallen gegen die Landesgesetze zu verstoßen. Dennoch will ich eine Ausnahme machen: Anstatt Euch sofort dem Henker zu übergeben, wie es das Gesetz verlangt, will ich Euch noch einen Tag Frist geben. Vielleicht gelingt es Euch noch in letzter Stunde, das vom Gesetz vorgeschriebene Lösegeld aufzutreiben."

Aber Ägeon kannte ja niemanden in Ephesus und durfte somit kaum hoffen, daß irgendein Einwohner ihm, dem Fremden, die tausend Dukaten schenken oder wenigstens leihen würde.

Aber gerade zu dieser Zeit, als Ägeon den Verbleib seines jüngsten Sohnes ermitteln wollte und dadurch in Lebensgefahr schwebte, befand sich dieser in Ephesus, und nicht nur er, sondern auch der älteste, längst verschollene!

Ägeons Söhne waren einander nicht nur zum Verwechseln ähnlich, sie hatten auch beide denselben Namen Antipholis, ebenso wie die Zwillingssklaven beide Dromio hießen.

Gerade an dem Tag, an welchem Ägeon in Ephesus angetroffen wurde, war auch sein jüngster Sohn Antipholis von Syrakus mit seinem Sklaven Dromio hier gelandet. Da er ja ebenfalls ein syrakusischer Kaufmann war, hätte nicht viel gefehlt, und er hätte die ganze Strenge des grausamen Gesetzes kennengelernt. Zum Glück aber traf er einen Freund. Der erzählte ihm gleich von dem furchtbaren Schicksal des alten Kaufmanns aus Syrakus und gab ihm den Rat, er solle sich einfach als ein Kaufmann aus Epidamnium ausgeben. Antipholis tat wie ihm geheißen. Es schmerzte ihn zwar, daß einem seiner Landsleute ein so furchtbares Schicksal beschieden war, daß dies sein eigener Vater war, ließ er sich nicht im entferntesten träumen.

Ägeons ältester Sohn, den wir — um ihn von seinem Bruder aus Syrakus zu unterscheiden — Antipholis von Ephesus nennen wollen, hatte hier bereits schon zwanzig Jahre lang gewohnt und es zu Ehren und Reichtum gebracht. Es wäre ihm sicherlich ein leichtes gewesen, das Lösegeld für seinen Vater zu bezahlen. Aber Antipholis wußte nichts von ihm, denn er war noch zu klein gewesen, als er von ihm getrennt wurde und der Fischer ihn mit seiner Mutter gerettet hatte. Dunkel erinnerte er sich an das grauenhafte Unwetter auf hoher See. Aber er entsann sich weder seines Vaters noch seiner Mutter. Einfache Fischer hatten ihn, seine Mutter und den jungen Sklaven Dromio damals aufgenommen — aber nicht aus Barmherzigkeit! Die beiden Knaben wollten sie als Sklaven verkaufen. Tatsächlich hatte der Herzog Menaphon, ein berühmter Kriegsheld, der Oheim des Herzogs von Ephesus, die beiden Knaben gekauft und nach Ephesus mitgenommen, als er einmal zu Besuch seines Neffen hierher gereist war.

Der Herzog von Ephesus gewann den jungen Antipholis lieb. Er ließ ihn an seinem Hofe erziehen und nahm ihn später als Offizier in seine Armee, wo er sich durch Tapferkeit auszeichnete und einmal seinem Herzog das Leben rettete. Zum Dank vermählte ihn der Herzog mit der reichen Dame Adriana in Ephesus. Zu der Zeit, als der alte Vater nach Ephesus kam, lebte sein Sohn mit Adriana in glücklichster Ehe. Dromio bekleidete eine Dienerstelle bei dem jungen Paar.

Wie war's inzwischen Antipholis von Syrakus ergangen? Als dieser sich von seinem Freund verabschiedet hatte, der ihm riet, sich als Einwohner von Epidamnium auszugeben, schickte er seinen Sklaven Dromio in ein Wirtshaus, um dort auf seine Kosten zu speisen. Er wollte sich indessen die Stadt ansehen.

Dromio war ein lustiger Bursche. So oft Antipholis schlechte Laune hatte, pflegte er sich an dem köstlichen Humor und den fröhlichen Scherzen seines Sklaven aufzuheitern.

Nachdem Antipholis von Syrakus sich von Dromio getrennt hatte, überdachte er einige Augenblicke die Schritte, die er unternommen hatte, um den Aufenthalsort seiner Mutter und seines Bruders zu ermitteln. Leider hatte er bisher auch nicht die leiseste Spur ausfindig machen können. Während er noch in Gedanken vertieft war, kehrte Dromio zurück. „Nanu, so schnell zurück?" fragte Antipholis verwundert. „Übrigens, wo hast du das Geld gelassen?" — „Welches Geld?" fragte Dromio entrüstet. „Na, warst du nicht im Gasthaus?"

— „Gasthaus?" Die beiden verstanden einander nicht, denn dieser Dromio war nicht sein Diener Dromio, sondern der Zwillingsbruder, der bei Antipholis von

Ephesus in Stellung war! Die beiden Dromio und die beiden Antipholis aber waren einander auch jetzt noch so ähnlich, wie es — nach Ägeons Aussage — in ihrer Kindheit der Fall war. Deshalb war es kein Wunder, daß Antipholis annahm, sein eigener Sklave sei zurückgekehrt. Dromio sagte: „Eure Gattin hat mich geschickt, Ihr sollt schleunigst nach Hause kommen, das Essen wird kalt."

„Laß die albernen Scherze", entgegte Antipholis, „sag mir nur, wo du das Geld gelassen hast."

Aber Dromio blieb dabei, die Gattin habe ihn geschickt, Antipholis solle nach Hause kommen.

Nun war aber Antipholis gar nicht verheiratet. Darum rief er erzürnt: „Also weil ich zuweilen etwas vertraulich mit dir scherze, nimmst du dir heraus, dich über mich lustig zu machen? Heute aber bist du an die falsche Adresse geraten, denn ich

163

bin in sehr schlechter Laune. Ich frage dich nochmal: Wo ist das Geld? Wir sind hier fremd, wie durftest du es da wagen, meinem Befehl zuwiderzuhandeln?"

Als Dromio seinen vermeintlichen Herrn davon reden hörte, daß sie Fremde seien, erwiderte er heiter: „Ich bitte Euch, macht Eure Scherze, wenn Ihr beim Essen sitzt! Ich kenne keinen anderen Befehl als den, Euch nach Hause zu holen. Noch einmal: Ihr sollt mit Eurer Gattin und der Frau Schwägerin Mittag essen."

Nun verlor Antipholis die Geduld und versetzte dem armen Dromio einen heftigen Schlag. Heulend lief der nach Hause und berichtete seiner Herrin, der Herr weigere sich, zum Essen zu kommen und behaupte sogar, er sei gar nicht verheiratet.

Adriana glaubte anfangs, ihr Mann habe den Verstand verloren. Und eifersüchtig wie sie war, nahm sie an, er habe eine andere Dame in sein Herz

geschlossen. In heftigen Worten schmähte sie den Gatten, während ihre Schwester Luciana sich eifrig bemühte, ihr den ganz unbegründeten Verdacht auszureden.

Inzwischen hatte sich Antipholis von Syrakus in das Wirtshaus begeben und dort Dromio wohlbehalten mit dem Geld angetroffen. Als er nun diesen seinen eigenen Dromio erblickte, schalt er ihn mit heftigen Worten: „Warum hast du dir einen so albernen Scherz mit mir erlaubt?" Indem vertrat ihm Adriana den Weg, und da sie nicht im mindesten daran zweifelte, daß der, den sie erblickte, ihr Gatte wäre, begann sie, ihm über seine Gleichgültigkeit ihr gegenüber Vorwürfe zu machen. Er aber blieb ganz ruhig — konnte er sich anders als gleichgültig gegen eine Dame verhalten, die er noch nie gesehen hatte? Jetzt zog sie andere Saiten auf: „Weißt du noch", fragte sie, „wie sehr du mich vor der Hochzeit geliebt hast? Schäme dich, du Treuloser, du liebst eine andere!" Unter Tränen fuhr sie dann fort: „Habe ich mir etwa deine Liebe verscherzt?"

„Zieht Ihr etwa mich zur Rechenschaft, schöne Dame?" fragte Antipholis höchst erstaunt. Aber vergebens beteuerte er, nicht ihr Gemahl zu sein, außerdem halte er sich erst seit zwei Stunden hier in Ephesus auf. Adriana entgegnete: „Dumme Scherze! Sei vernünftig und komm mit nach Hause."

Was blieb Antipholis anderes übrig als gute Miene zu machen. Er ging mit ihr zu seines Bruders Haus und setzte sich mit Adriana und ihrer Schwester zu Tisch. Als ihn nun hier die eine Dame ‚mein Gemahl‘, die andere ‚lieber Bruder‘ anredete, war er im höchsten Maß erstaunt. Er konnte sich alles nicht anders erklären, als daß er mit Adriana im Schlaf vermählt worden sei. Dromio, der seinem Herrn gefolgt war, wunderte sich nicht weniger, denn die Köchin, seines Bruders Frau, beanspruchte ihn ebenfalls als ihren Ehemann.

Während nun Antipholis von Syrakus mit der Gattin seines Bruders speiste, kam sein Bruder, der wirkliche Gatte Adrianas, mit seinem Diener Dromio zum Essen nach Hause. Die Diener aber wollten die Tür nicht öffnen, weil ihre Herrin befohlen hatte, niemanden hereinzulassen. Mehrere Male klopften sie an, und als niemand öffnete, nannten sie ihre Namen. Da aber lachten die Dienerinnen sie aus: „Was redet ihr für Unsinn? Antipholis sitzt oben mit seiner Gattin beim Essen, und Dromio ißt, wo er hingehört, in der Küche!"

Obwohl die beiden Männer fast die Tür einschlugen, wurden sie nicht hereingelassen. Mißmutig ging Antipholis davon — was sollte er von all dem denken?

Während der syrakusische Antipholis am fremden Tisch saß, fiel er von einem Erstaunen ins andere: Wie kommt diese Dame dazu, mich für ihren Mann zu halten, und warum behauptet die Köchin, Dromio sei ihr Mann? Hier war's offenbar nicht ganz geheuer! Unter einem Vorwand verabschiedete er sich und schlich sich eilends davon. Gewiß, Luciana — die Schwester — hatte ihm gefallen. Die eifersüchtige Adriana aber konnte er nicht ausstehen. Auch Dromio war mit seiner Schönen in der Küche nicht zufrieden. Herr und Diener waren deshalb froh, schnell wieder von ihren neuen Frauen loszukommen.

Kaum hatte er das Haus verlassen, trat ein Goldschmied auf ihn zu, der ihn ebenfalls für Antipholis von Ephesus hielt und ihm eine goldene Kette überreichte. Antipholis weigerte sich, diese anzunehmen: „Was soll ich damit? Ich habe sie nicht bestellt!" Der Goldschmied aber erwiderte: „Wieso? Natürlich habt Ihr sie bestellt, sonst hätte ich sie doch nicht angefertigt!" Kopfschüttelnd entfernte er sich, ließ aber die Kette in Antipholis Händen. Erstaunen über Erstaunen! Antipholis hatte nunmehr genug von dem Ort, wo ihm so seltsame Abenteuer widerfuhren, daß man in der Blüte der Jahre blödsinnig werden konnte. Darum befahl er seinem Diener Dromio, unverzüglich das Gepäck an Bord eines Schiffes zu bringen.

Bald darauf wurde der Goldschmied, der die Kette dem falschen Antipholis gegeben hatte, wegen Schulden verhaftet. Zufällig kam Antipholis, der verheiratete Bruder, vorbei. Als der Goldschmied nun den jungen Mann erblickte, mahnte er ihn laut: „Bezahlt mir doch die Kette, die ich Euch vor einigen Minuten gegeben habe. Ihr Preis übersteigt bei weitem die Summe, wegen der ich festgenommen worden bin!" Aber Antipholis bestritt aufs entschiedenste, die fragliche Kette erhalten zu haben. Der Goldschmied aber blieb bei seiner Behauptung. Lange stritten sie sich, denn beide glaubten, im Recht zu sein. Eine Einigung kam nicht zustande, so daß der Offizier den Goldschmied ins Gefängnis führte. Der Goldschmied ersuchte aber den Offizier, er solle Antipholis verhaften, weil er sich weigerte, die ihm ausgehändigte Kette zu bezahlen. So wanderten schließlich beide ins Gefängnis.

Auf dem Weg dorthin begegnete Antipholis dem Sklaven seines Bruders. Natürlich hielt er ihn für seinen eigenen und befahl ihm, schleunigst zu seiner Gattin Adriana zu gehen und sie zu bitten, die Summe, wegen der er verhaftet worden war, sofort herzuschicken. Dromio wunderte sich, daß sein Herr ihn in das fremde Haus zurückschickte, das sie kurz zuvor so eilig verlassen hatten. Er wagte aber nicht, Einspruch zu erheben. Eigentlich war er nur darum gekommen, um seinem Herrn zu sagen, daß das Schiff seeklar sei. Da er aber sah, daß Antipholis nicht in der Stimmung war, mit ihm zu scherzen, trollte er eiligst von dannen.

Adriana gab ihm das verlangte Geld. Auf dem Rückweg begegnete ihm Antipholis von Syrakus, der aus dem Staunen nicht herauskam. Da nämlich sein Bruder hier allgemein bekannt war, so grüßte ihn fast jeder. Einige händigten ihm sogar Geld aus, welches sie ihm angeblich schuldeten. Andere luden ihn ein, sie zu besuchen, wieder andere dankten ihm herzlich für Gefälligkeiten, die er ihnen erwiesen habe. Ein Schneider legte ihm sogar seidene Stoffe vor, die er für ihn gekauft hatte, und wollte gleich einen Anzug nach Maß anfertigen.

Antipholis war zumute, als befände er sich unter Zauberern und Hexen. Als ihn Dromio nun noch fragte, wie er's angestellt habe zu entkommen, und ihm dabei die Geldbörse zur Begleichung der angeblichen Schuld überreichte, brachte ihn dies vollends in Verwirrung. Wutentbrannt herrschte er Dromio an: „Du bist wohl verrückt geworden?"

Es kam aber noch toller. Eine Dame trat zu ihm und fragte: „Wie steht's mit der goldenen Kette, he?"

„Welche goldene Kette?"

„Nun die Kette, die Ihr mir neulich beim Essen versprochen habt."

Jetzt aber riß ihm der Geduldsfaden. Hätte er nicht eine Dame vor sich gehabt — er wäre sicherlich grob, wenn nicht gar handgreiflich geworden.

„Meine Dame", rief er, „ich kenne Euch nicht. Ich habe mit Euch nie gespeist, und eine Kette habe ich Euch ebensowenig versprochen."

Sie aber blieb bei ihrer Behauptung: „Leugnen hilft nichts. Ihr wart mein Tischgenosse, und Ihr habt mir eine goldene Kette versprochen. Wollt Ihr sie mir nicht geben, so verlange ich meinen Ring zurück."

„Ich weiß von keinem Ring. Laßt mich in Ruhe — ich verliere sonst noch mein bißchen Verstand!"

Dann lief er fort und ließ die Dame verdutzt stehen. Die Geschichte mit der Kette und dem Ring war durchaus wahr — nur war der Schwerenöter der verheiratete Bruder dieses Antipholis, den man jetzt aller dieser Streiche beschuldigte.

Als nämlich diesem verheirateten Antipholis der Eintritt in sein eigenes Haus verwehrt wurde, war er ärgerlich weggegangen, denn er glaubte, seine Frau sei wieder einmal schlecht gelaunt. In einer solchen Gemütsverfassung pflegte sie ihn oft des Umgangs mit anderen Frauen zu beschuldigen. Um sich nun für die Abweisung zu rächen, die ihm an der Schwelle seines eigenen Hauses widerfuhr, faßte er den Entschluß, eine dieser Damen wirklich zu besuchen und mit ihr zu speisen. Diese Dame war über seinen Besuch sehr erfreut, noch mehr aber darüber, daß er versprach, ihr eine goldene Kette zu verehren, die er eigentlich seiner Gattin schenken wollte.

Das war die Kette, die der Goldschmied irrtümlich seinem Bruder ausgehändigt hatte!

Als Antipholis der Dame eine schöne, goldene Kette in Aussicht stellte, fühlte sie sich so glücklich, daß sie ihm einen Ring schenkte. Als sie nun diesen Ring von dem unverheirateten Antipholis zurückforderte, behauptete dieser wahrheitsgetreu, er kenne sie gar nicht. Hierbei geriet er in solchen Zorn, daß sie an seiner Zurechnungsfähigkeit zu zweifeln begann. Darum lief sie so schnell, als ihre Füße sie trugen, zu Adriana und schrie ihr ins Gesicht: „Euer Mann ist plötzlich wahnsinnig geworden!" Kaum hatte sie dies getan, kam Antipholis in Begleitung eines Gefangenenaufsehers seelenvergnügt dahergeschlendert, um sich Geld zur Begleichung seiner Schuld zu holen. Wir aber wissen, Adriana hatte dies bereits durch Dromio in einer Geldbörse gesandt, der sie aber dem anderen Antipholis ausgehändigt hatte!

Jetzt glaubte Adriana selber, ihr Mann sei wahnsinnig, denn dieser hatte ja während des Mittagsmahles bestritten, ihr Gemahl zu sein und dazu behauptet, gerade erst in Ephesus angekommen zu sein. Schweigend legte sie dem

Gefangenenaufseher das Geld auf den Tisch, ihren Mann aber ließ sie gefesselt in ein dunkles Zimmer führen, bis ein Arzt käme. Antipholis wehrte sich aufs entschiedenste, zumal er ja völlig gesund war. Da aber auch Dromio auf seinen Aussagen beharrte, wurde er gleichfalls gebunden und zusammen mit seinem Herrn eingesperrt.

Kaum hatte Adriana ihren Gemahl einsperren lassen, eilte auch schon ihr Diener herbei und meldete, Antipholis und Dromio seien ihren Wärtern entlaufen, denn sie gingen vergnügt auf der Straße spazieren. Als Adriana dies vernahm, lief die auf die Straße, um die vermeintlichen Flüchtlinge wieder einfangen zu lassen. An der Tür des benachbarten Klosters sah sie wirklich Antipholis und Dromio — nur waren es deren Zwillingsbrüder! Ja, ja, Antipholis von Syrakus hatte unter der Ähnlichkeit mit seinem Bruder arg zu leiden!

Jetzt schritt Adriana auf Antipholis zu, um ihn wieder einsperren zu lassen. Schon wollten die Leute, welche sie mitgebracht hatte, gewaltsam an Antipholis und Dromio Hand anlegen, als die beiden in das Kloster flüchteten und die Äbtissin um Schutz anflehten.

Die Äbtissin sagte bereitwillig ihre Hilfe zu und fragte deshalb Adriana über die Wahnsinnssymptome aus, die sie an ihrem Gatten wahrgenommen zu haben glaubte.

„Hat er vielleicht seine Neigung einer anderen Dame geschenkt?"

„Das ist leicht möglich", erwiderte Adriana.

„Vielleicht hat ihm die Liebe zu der fremden Dame den Verstand getrübt. Vielleicht aber habt Ihr ihm durch Eifersucht Euer Haus und Euer gemeinsames Leben verleidet?"

Die welterfahrene Äbtissin hatte recht: Adriana mußte zugeben, daß sie ihren Mann oft genug mit ihrer Eifersucht quäle.

Obwohl sich Adriana ihres Betragens ihrem Gatten gegenüber schämte, bestand sie dennoch darauf, daß die Äbtissin ihn ausliefere. Aber die ehrwürdige Frau gestattete niemanden den Zutritt ins Kloster, am allerwenigsten einer eifersüchtigen Frau. Sie beschloß vielmehr, dem unglücklichen Mann zur Wiedererlangung seiner Gesundheit zu verhelfen.

Im Verlaufe jenes ereignisreichen Tages, an welchem die Ähnlichkeit der beiden Zwillingsbrüder so viele Irrungen und Wirrungen zeitigte, lief auch die Begnadigungsfrist für Ägeon ab. Die Sonne neigte sich schon am Horizont, und nach Sonnenuntergang sollte er sterben, wenn er das Geld nicht bezahlen konnte.

Die Richtstätte lag in der Nachbarschaft des Klosters, an welchem Ägeon gerade in dem Augenblick vorübergeführt wurde, als die Äbtissin die eifersüchtige Adriana verabschiedete. Der Herzog begleitete den armen Mann in der Hoffnung, es werde sich doch noch jemand finden, der das Geld für Ägeon bezahlen und ihn somit vom sicheren Tod retten würde.

Als Adriana den Herzog erblickte, warf sie sich ihm zu Füßen und beschwor ihn, er möge ihre Rechte gegenüber der Äbtissin vertreten, denn die ehrwürdige Frau weigere sich, ihren geisteskranken Mann auszuliefern. Wie erstaunte sie aber, als ihr wirklicher Gemahl nebst seinem Diener Dromio, die beide ihren Wärtern entlaufen waren, plötzlich auf der Bildfläche erschien und gleichfalls den Schutz des Herzogs anrief: „Hoheit, helft mir, meine Gattin hält mich für verrückt und will mich ins Irrenhaus sperren!"
Wer beschreibt Ägeons Freude, als er seinen Sohn erblickte, jenen Sohn, der ihn verlassen hatte, um seine Mutter und seinen Bruder zu suchen! Dieser Sohn, so hoffte er, werde gewiß freudigen Herzens das verlangte Lösegeld entrichten. Aber zu Ägeons größtem Erstaunen wandte sich Antipholis entrüstet ab, er kenne den Mann nicht, er habe ihn nie gesehen und werde sich deshalb hüten, Geld für ihn zu entrichten.

Antipholis hatte nicht unrecht, denn er hatte seinen Vater nie mehr wiedergesehen, seit der Sturm ihn von seiner Seite gerissen hatte. Während nun der arme

Ägeon bat, ihn nicht zu verleugnen und sich in seiner unverschuldeten Not seiner nicht zu schämen, trat die Äbtissin mit dem anderen Antipholis und Dromio aus dem Kloster, und Adriana sah auf einmal zwei Ehemänner und zwei Dromios vor sich — eine reizende Überraschung, nicht wahr?

Jetzt aber klärten sich die Irrtümer auf, welche alle Gemüter in solche Spannung versetzt hatten. Denn als der Herzog die täuschende Ähnlichkeit der beiden Antipholis und der beiden Dromios gewahrte, fiel ihm plötzlich die Lebensgeschichte des Ägeon ein, und in einer blitzhaften Erleuchtung rief er aus: „Diese beiden Männer sind entschieden die beiden Söhne Ägeons, und die anderen beiden ihre Zwillingssklaven!"

Ägeon drückte hochbeglückt seine beiden wiedergefundenen Söhne ans Herz. Welche Freude aber erfüllte ihn und sie, als sich die ehrwürdige Äbtissin als die längst verschollen geglaubte Gattin Ägeons und die schmerzlich vermißte Mutter der beiden Antipholis zu erkennen gab!

Als ihr nämlich damals der Fischer den ältesten Sohn und den einen Dromio entrissen hatte, war sie ins Kloster gegangen und hatte es hier durch Tugend und Frömmigkeit bis zur Äbtissin gebracht.

So wurden Eltern und Kinder auf wunderbare Weise miteinander vereint. Selbstverständlich überreichte Antipholis von Ephesus dem Herzog das Lösegeld für den Vater. Der hohe Herr aber lehnte die Geldsumme ab, schenkte dem alten Ägeon die Freiheit und geleitete die fünf überglücklichen Menschen ins Kloster, wo sie ihre Wiedervereinigung würdig feierten. Auch die beiden Dromios nahmen an dieser Festlichkeit teil. Auch sie beglückwünschten und begrüßten einander, und jeder von beiden war entzückt, sich selbst wie in einem Spiegel in dem eigenen Bruder zu erblicken.

Adriana hatte sich die weisen Ratschläge ihrer Schwiegermutter zu Herzen genommen und nie wieder ungerechten Verdacht gegen ihren Gatten aufkommen lassen.

Antipholis von Syrakus vermählte sich mit der schönen Luciana, der Schwester seiner Schwägerin Adriana, und der gute alte Ägeon lebte mit seiner Frau und seinen Söhnen noch viele Jahre glücklich in Ephesus. Freilich beseitigte die Enthüllung dieser Irrungen nicht für alle Zukunft jedes Mißverständnis. Noch häufig wurde der eine Antipholis mit dem anderen, der eine Dromio mit dem anderen verwechselt. Wenn sich aber die Mißverständnisse aufklärten, dann lachten alle Beteiligten jedesmal über eine neue Komödie der Irrungen.

# MASS
FÜR MASS

Vor vielen hundert Jahren regierten in Österreich die Babenberger. Ein Herzog aus diesem Geschlecht war so milde und nachsichtig, daß er oft ein Auge zudrückte, wenn einer seiner Untertanen einmal ein Gesetz übertrat. Besonders ein Gesetz schien niemand mehr ernst zu nehmen, denn sogar die ältesten Wiener konnten sich nicht entsinnen, daß wegen seiner Übertretung je einer bestraft worden wäre. Dies Gesetz bedrohte jeden mit der Todesstrafe, der mit einem Mädchen oder einer Frau lebte, mit der er nicht getraut war. Da die losen Wiener ein solches Zusammenleben für bequemer und verantwortungsloser als die Ehe hielten, gab es viele Paare, die gar nicht daran dachten, sich trauen zu lassen. Daher trafen beim Herzog fast täglich Beschwerden ehrbarer Bürger ein, die sich beklagten, junge Männer hätten ihnen die Töchter entführt und zu einem unsittlichen Lebenswandel verleitet.

Dem guten Herzog bereitete die zunehmende sittliche Verwilderung seiner Hauptstädter manche schlaflose Nacht. Aber was sollte er dagegen tun? Was würden seine lieben Wiener von ihm denken, wenn er von der bisherigen Nachsicht zu plötzlicher Strenge überginge? Sie würden ihn für einen Tyrannen halten. Doch sollten nicht Sitte und Moral gänzlich verfallen, dann mußte etwas geschehen!

Und weil der Herzog zu gutmütig war, selbst den Gestrengen hervorzukehren, beschloß er, sich eine Zeitlang aus Wien zu entfernen und alle Befugnis einem Statthalter zu übertragen, dem er ans Herz legte, bei nochmaliger Übertretung des Gesetzes mit aller Strenge vorzugehen.

Nach einem solchen Statthalter brauchte der Herzog nicht lange zu suchen. Er fand ihn in Angelo, einem frommen Mann, der bei den Wienern wegen seines sittenstrengen Lebenswandels fast im Ruf eines Heiligen stand. Auch des Herzogs Kanzler Escalus war mit dieser Wahl einverstanden.

Also konnte der Herzog beruhigt verreisen – nach Polen, wie er vorgab. In Wirklichkeit machte er nur einen Ausflug in den Wiener Wald und kehrte bald wieder zurück. Unbemerkt verkleidete er sich als Mönch, um sich das Wesen und Wirken des frommen Angelo einmal näher anzusehen.

Bald fand Angelo die erste Gelegenheit, das Gesetz anzuwenden.

Wieder einmal hatte ein junger Mann namens Claudio ein vornehmes Mädchen entführt, dessen Eltern ihn nun deshalb bei Gericht verklagten. Claudio wurde sofort verhaftet und nach kurzer Gerichtsverhandlung zum Tode verurteilt. Einflußreiche Freunde legten Fürsprache für Claudio ein, selbst der Kanzler Escalus verwandte sich für ihn: „Mir wäre es lieb, wenn er begnadigt würde. Gewiß, er hat eine Strafe verdient. Aber mit Rücksicht auf seinen angesehenen, ehrwürdigen Vater könnte man ihm gegenüber eine Ausnahme machen."

„Nein", erwiderte Angelo entschieden, „wir können ihn mit keinem anderen Maß messen als die anderen Übeltäter. Das Gesetz ist keine Vogelscheuche, die man aufstellt, um Raubvögel fernzuhalten, bis die Biester das Ding nicht mehr gefährlich finden und sich sogar darin einnisten. Ich bestehe auf Claudios Hinrichtung!"

Am selben Tag empfing Claudio im Gefängnis den Besuch seines Freundes Lucio. Diesen bat er: „Tu mir einen Gefallen, Lucio. Meine Schwester Isabella will heute in das Kloster der heiligen Clara eintreten. Sag ihr, in welcher Gefahr ich schwebe, und bitte sie, mit dem unbeugsamen Statthalter zu sprechen. Da sie klug und gewandt ist, wird es ihr sicherlich gelingen, ihn zur Nachsicht zu überreden."

Tatsächlich war Isabella an jenem Tag als Novize in das Kloster eingetreten. Nach Beendigung der Prüfungszeit wollte sie den Schleier nehmen. Als sie mit einer Nonne gerade über die Klosterregeln sprach, hörte sie Lucios Stimme: „Friede sei mit diesem Ort!"

„Wer ist denn das?" fragte Isabella erstaunt.

„Ein Mann hat sich hier eingeschlichen", erwiderte die Nonne. „Geh, Isabella, frag ihn nach seinem Begehr. Du darfst mit ihm sprechen, ich nicht. Wenn du erst den Schleier genommen hast, darfst auch du mit Männern nur noch in Gegenwart der Oberin sprechen, und zwar mit verschleiertem Gesicht."

Lucio meldete sich abermals. Der Nonne fiel die ungewohnte Störung lästig und sie sagte verärgert: „Der Mann da draußen ruft schon wieder. Bitte, geh und sprich mit ihm."

Isabella begrüßte den Fremden: „Heil und Friede! Was begehrt Ihr?"

Lucio trat ehrfurchtsvoll näher. „Heil Euch, Jungfrau", sprach er, „ich möchte mit der Novize Isabella sprechen, des unglücklichen Claudio schöner Schwester."

„Keine Schmeicheleien an dieser heiligen Stätte! — Ich bin Isabella."

„Euer Bruder sendet mich zu Euch. Er sitzt im Gefängnis."

„Weh mir! Was hat er verbrochen?"

Da erzählte Lucio, der Statthalter Angelo wolle in Abwesenheit des guten Herzogs wohl ein Exempel statuieren. Er habe Claudio zum Tode verurteilt, weil

der eine vornehme Dame aus ihrem Elternhaus entführt habe. Und Claudio sähe nun seine einzige Rettung bei ihr, seiner Schwester.

„Ach", seufzte Isabella, „ich fürchte, es handelt sich um meine Freundin Julie. Ich weiß, daß sie meinen Bruder zärtlich liebt, und sicher hat sie sich deshalb zur Übertretung des Gesetzes verleiten lassen."

„Ja, Julie heißt die Dame", bestätigte Lucio.

„Nun, so mag mein Bruder meine Freundin heiraten."

„Das will er ja. Aber der Statthalter hat ihn bereits verurteilt."

„Läßt das Gesetz keine Ausnahme zu?"

„Wenn Ihr einmal versuchtet, mit Angelo zu sprechen! Ihr seid so klug und schön…"

„Das wird kaum helfen. Angelo gilt als ein gar gestrenger Herr."

„Wenn Jungfrauen knien, weinen, flehen, so lassen sich selbst gestrenge Herren erweichen!"

„Gut. Ich will es versuchen. Grüßt meinen Bruder und richtet ihm aus, daß ich ihn noch heute abend wissen lasse, ob ich etwas ausrichten konnte oder nicht."

Isabella eilte sogleich ins Schloß, warf sich Angelo zu Füßen und sprach: „Gestrenger Herr, ein schwerer Kummer bedrückt mich. Seid so gütig und hört mich an."

„Was wünscht Ihr?"

Da bat die junge Novize den Statthalter mit rührenden Worten um Gnade für ihren Bruder.

Angelo erwiderte kalt: „Jungfrau, Ihr bittet umsonst. Das Todesurteil ist gesprochen − hier gibt's kein Mittel mehr, Euer Bruder muß sterben."

„O du grausames aber leider gerechtes Gesetz! Mein Bruder ist verloren. Gott befohlen, Euer Hoheit!" Und Isabella wollte sich schon schweren Herzens entfernen, als ihr Lucio, der sie begleitet hatte, ins Ohr flüsterte: „Gebt Euch noch nicht geschlagen, Isabella! Werft Euch dem gestrengen Herrn noch einmal zu Füßen und fleht ihn nochmals an!"

Noch einmal bat Isabella auf Knien um Gnade für ihren Bruder.

Doch Angelo sagte gebieterisch: „Eure Fürbitte kommt zu spät!"

„Zu spät!" rief Isabella. „Wer ein Urteil sprechen kann, kann es auch widerrufen, ohne sich etwas zu vergeben. Glaubt mir, Herr, kein Zeichen irdischer Macht, weder des Königs Krone noch ein Marschallstab, weder des Kriegers Schwert noch des Ritters Harnisch sind ein größerer Schmuck als Gnade."

„Entfernt Euch!" war Angelos einzige gebieterische Antwort.

Isabella aber ließ sich nicht abweisen. „Wärt Ihr an meines Bruders Stelle, so hättet Ihr vielleicht gleichfalls einen Fehltritt begangen. Er aber hätte Euch dafür nie so hart bestraft."

„Ihr irrt Euch, schöne Jungfrau. Nicht ich, sondern das Gesetz verurteilte Euren Bruder. Wäre er mein Verwandter, mein Bruder oder Sohn, so müßte er gleichfalls die Strenge des Gesetzes fühlen. Darum mein letztes Wort in dieser Sache: Morgen muß Claudio sterben!"

„Morgen!" rief Isabella laut weinend. „Oh, das geht so schnell. Er ist noch gar nicht auf den Tod vorbereitet. Noch über keinen, der sich das gleiche Vergehen wie mein Bruder zuschulden kommen ließ, wurde bisher das Todesurteil verhängt. Ihr wärt der erste, der es ausspräche, und mein armer Bruder der erste, an dem es vollzogen würde."

„Einer muß der erste sein!"

Isabella ließ sich nicht beirren. „Klopft einmal an Eure eigene Brust. Fragt Euer Herz. Hat es jemals ähnliche Regungen empfunden, dann habt Ihr kein Recht, auf meinen Bruder einen Stein zu werfen!"

Diese Worte des schönen Mädchens machten sichtlich Eindruck auf den

175

strengen Richter. Isabellas Anmut hatte in seinem Herzen tatsächlich ein Gefühl erweckt, das der Liebe verzweifelt ähnlich sah. Ja, es stiegen bereits Gedanken an eine ähnliche Handlungsweise in ihm auf, für die er Claudio verurteilte. Rasch wandte er sich ab, damit Isabella sein Erröten nicht bemerken sollte. Diese hätte aber kein Weib sein dürfen, wenn ihr sein verändertes Verhalten entgangen wäre. Darum bat sie: „Edler Gebieter, wendet Euch nicht ab von mir. Ich will Euch bestechen."

„Bestechen?" fragte Angelo erstaunt.

„Ich will Euch nicht mit goldenen Schätzen oder gleißenden Steinen bestechen, deren Wert nur so hoch ist, wie unsere Phantasie ihn einschätzt. Nein, ich will Euch mit frommen Gebeten bestechen, die zum Himmel steigen."

Angelo gab nach: „Kommt morgen wieder."

Da faßte Isabella trotz der zuvor gesprochenen niederschmetternden Worte: „Er muß morgen sterben!" doch wieder Hoffnung und sagte im Scheiden zu dem Statthalter: „Der Himmel möge Euch beschützen, Eure Hoheit!"

Angelo aber dachte bei sich: ‚Der Himmel bewahre mich vor dir und deinen Verführungskünsten! Niemals konnte ein Weib Leidenschaften in mir erwecken, aber diese tugendsame Jungfrau besiegt mich.'

Von Stund an litt Angelo in seinem aufgeregten Gemüt mehr als der Gefangene, der in seiner Zelle dem Tod entgegensah. Denn dort besuchte ihn der gute Herzog, der in Mönchstracht erschien, um den Jüngling auf seinen letzten Gang vorzubereiten und ihm Worte des Friedens und der Versöhnung mit auf den Weg zu geben.

Angelo machte alle Qualen aufkeimender Liebe durch. Bald wünschte er Isabella für sich zu gewinnen, bald fühlte er Gewissensbisse über seinen Wankelmut. Schließlich aber unterlag er der Versuchung. Er beschloß in seinem verräterischen Herzen, die Gunst der schönen Jungfrau um den Preis einer so hohen Bestechung zu erreichen, daß sie unfähig wäre, sie zurückzuweisen — um das kostbare Leben ihres Bruders.

Als Isabella am nächsten Morgen erschien, empfing er sie in seinem Privatgemach. „Ich will Euren Bruder retten", erklärte er, „wenn Ihr, wie Eure Freundin Julie mit Claudio, einen freien Liebesbund mit mir eingehen wollt."

„Mein Bruder liebt Julie", rief Isabella entrüstet, „und doch wollt Ihr ihm den Tod bereiten!"

„Claudio soll nicht sterben, wenn Ihr heimlich Euer Elternhaus verlaßt und zu mir kommt, wie Julie sich nachts aus dem Hause ihres Vaters entfernt hat, um Claudio aufzusuchen."

Erstaunt über das Ansinnen, genau das Gleiche zu tun, wofür ihr armer Bruder ins Unglück geraten war, rief Isabella entsetzt: „Obwohl ich für meinen armen Bruder alles tun würde, so will ich doch lieber sterben als in Schande weiterleben."

„Ist das Euer letztes Wort?"

„Ich habe meine festen Grundsätze. Aber Eure Zumutung nehme ich eigentlich nicht ernst — Ihr steht ja im Rufe eines Heiligen. Sicher wolltet Ihr nur meine Tugend auf die Probe stellen."

„Bei meiner Ehre, schöne Jungfrau, mein Angebot war ganz ernst gemeint."

Empört, daß der angeblich so sittenstrenge Mann das Wort Ehre im Zusammenhang mit einem so schmählichen Ansinnen aussprach, erwiderte Isabella: „Eine schöne Ehre habt Ihr und ein netter Hüter des Gesetzes seid Ihr! Nehmt Euch in acht, Herr Angelo — entweder Ihr unterzeichnet sofort die Begnadigung meines Bruders, oder ich will aller Welt verkünden, was Ihr für ein Heuchler seid!"

„Drohen wollt Ihr mir? Nur zu! Niemand würde Euren Worten Glauben schenken! Gegen meinen angesehenen Namen, meine strenge Lebensführung und mein Wort als Statthalter könnte Eure Anklage nichts ausrichten. Ich wiederhole: Werdet mein, oder Euer Bruder muß morgen sterben! Bis morgen habt Ihr Zeit, Euch mein Angebot zu überlegen!"

Wieder war ein Tag gewonnen. Isabella sagte sich recht verzagt: ‚Der Schurke hat recht. Bei wem soll ich meine Klage vorbringen? Wer wird mir Glauben schenken?'

Als sie ins Gefängnis kam, in dem ihr Bruder schmachtete, traf sie dort den Mönch — den verkleideten Herzog — an, der ihrem Bruder Worte des Trostes sprach. Vorher war der Herzog bei Julie gewesen und hatte auch sie über ihre Schuld befragt. Julie hatte unter heißen Tränen und in tiefer Reue bekannt, daß sie tadelnswerter sei als Claudio, da sie ja seiner leidenschaftlichen Werbung gefolgt sei.

Als Isabella zu ihrem Bruder kam, ließ der Herzog die Geschwister allein. Er bat jedoch den Gefängniswärter, ihm die Nachbarzelle aufzuschließen, denn er wollte von dort aus das Gespräch der beiden mit anhören, um, wenn sie es verdienten, Claudio vor dem schmachvollen Tod zu retten.

Folgendes vernahm er:

„Nun, liebe Schwester, welchen Trost bringst du mir?"

„Gar keinen — du mußt morgen sterben."

„Gibt es denn kein Mittel, mich zu retten?"

„Doch, aber nur ein solches, das dich und mich für immer ehrlos macht."

„Rede!"

„Ich fürchte, lieber Bruder, ein paar Lebensjahre mehr sind dir lieber als deine ewige Ehre."

„Hältst du mich einer so ehrlosen Gesinnung für fähig? Wenn ich sterben muß, so blicke ich dem Tod mutig ins Angesicht."

Beruhigt antwortete Isabella: „An dieser Antwort erkenne ich meinen Bruder! Mir ist, als vernähme ich die Stimme unseres Vaters."

Nun verriet Isabella ihrem Bruder die schmachvolle Bedingung, die der Statthalter Angelo an seine Begnadigung knüpfte.

„Ich danke dir, teure Schwester", sagte Claudio und drückte Isabella tiefgerührt die Hand.

„Nun, so bereite dich vor, morgen zu sterben. Ach, der Tod ist etwas Furchtbares!"

„Aber ein Leben in Schimpf und Schande ist verabscheuenswert."

Doch nach einem Weilchen übermannte die Furcht vor dem Tod den armen Gefangen doch derart, daß er flehend rief: „O geliebte Schwester, laß mich leben. Wenn du eine Sünde begehst, um das Leben deines Bruders zu retten, so wandelt sich dein Vergehen in Tugend!"

„Pfui, du Elender! Ich dachte, du besäßest ein solches Ehrgefühl, daß du lieber zwanzigmal dein Haupt dem Beil des Henkers beugen als einmal deiner Schwester zumuten würdest, die Reinheit ihrer Seele zu beflecken."

„Höre mich ruhig an", flehte Claudio. Er wollte seine Schwäche entschuldigen.

Da öffnete sich die Tür, und der gute Herzog trat ein. „Claudio, ich habe mit angehört, was du mit deiner Schwester gesprochen hast. Ich sage dir: Angelo hat sicher nicht die Absicht, deine Schwester unglücklich zu machen. Im Herzen freut er sich, daß sie seinen Lockungen gegenüber standhaft bleibt und ihm so die Durchführung des Gesetzes ermöglicht. Für dich gibt's leider keine Hoffnung mehr. Deshalb widme deine letzten Stunden dem Gebet, das ist die würdigste Vorbereitung auf den Tod."

„Nun, so will ich sterben!" rief Claudio. Da er seine Schwester durch seine unmännliche Schwäche tief gekränkt hatte, war er nun des Lebens überdrüssig. Beschämt durch seinen Mangel an Opfermut zog er sich zurück.

Als der Herzog mit Isabella allein war, pries er begeistert ihren tugendhaften Sinn. „Fürwahr", rief er, „der Schöpfer, der dich so schön machte, ließ dich auch gut werden."

Isabella aber dachte in diesem Augenblick an den guten Herzog — ohne zu ahnen, daß er in Mönchskleidung vor ihr stand! „Wenn unser Herzog zurückkehrt", sprach sie, „will ich ihm entdecken, wie Angelo sein Vertrauen mißbraucht hat."

„Das kann ich dir nur empfehlen, der Herzog wird dir dankbar sein. Nur schade, daß Angelo deine Anklage, so wie die Sache jetzt steht, leicht entkräften kann. Wenn ich dir jedoch einen Rat geben darf und du ihn befolgst, so kannst du deinen Bruder doch noch vor dem Tod retten und wirst dennoch deine Ehre nicht verlieren."

„Wenn Ihr nichts Böses verlangt, so laßt mich Euren Rat hören. Ich will ihn gern befolgen."

„Hast du einmal etwas von der Dame Marianne gehört", fragte der verkleidete Mönch, „deren Bruder Friedrich bei einer Seeschlacht ertrank?"

„Ich kenne die Dame."

„Nun, Marianne ist Angelos Gattin. Ihr Brautschatz befand sich auf dem Schiff

ihres Bruders. Diese Dame wurde hart vom Schicksal betroffen. Sie verlor nicht nur ihren zärtlich geliebten Bruder und ihr Vermögen, sondern auch die Liebe ihres Gatten, eben jenes scheinheiligen Angelo. Dieser behauptete nämlich, seine Frau habe einen schlechten Charakter, worauf er leider erst nach der Hochzeit gekommen sei. In Wirklichkeit aber war er über den Vermögensverlust aufgebracht. Angelo ließ sich nicht durch die Tränen seiner Frau rühren, die ihn trotz der schnöden Behandlung nach wie vor liebte, und fand kein Wort des Trostes für sie."

Und dann erkärte der Herzog Isabella seinen Plan: „Geh zu Angelo und willige scheinbar in den Vorschlag, den er dir gemacht hat, ein. Statt deiner wird aber Marianne zu dem Stelldichein gehen, und Angelo wird sie in dem abendlichen Dunkel für Isabella halten."

Die Aussicht, durch eine kleine, noch dazu von einem „heiligen" Mann geratene List das Leben ihres Bruders zu retten, erfüllte Isabella mit lebhafter Freude.

Während sie heimkehrte, um sich für den Besuch bei dem „hohen" Herrn umzukleiden, suchte der Herzog Marianne auf, um sie in seinen Plan einzuweihen. Der Mönch war der unglücklichen Dame kein Unbekannter: Wiederholt hatte er sie besucht, ihr freundlichen Trost zugesprochen und bei dieser Gelegenheit ihre Lebensgeschichte erfahren. Selbstverständlich willigte Marianne ein, die ihr zugedachte Rolle zu übernehmen.

Bevor Isabella ihren Bruder in den listigen Plan des vermeintlichen Mönches einweihte, traf sie sich mit diesem in Mariannes Wohnung und berichtete, wie die Verabredung mit Angelo vonstatten gehen sollte: „Der Statthalter hat einen Garten, der von einer Mauer umgeben ist. Im Westen grenzt der Garten an einen Weinberg, zu dem man durch ein Tor gelangt. Hier sind zwei Schlüssel. Der eine öffnet das Tor zum Weinberg, der andere das Tor vom Weinberg zum Garten. Dorthin haben wir das Stelldichein verabredet. Die vereinbarte Stelle kann man nicht verfehlen − zweimal hat mir Angelo den Weg dorthin auf das genaueste beschrieben."

„Habt ihr sonst noch etwas vereinbart?" fragte der Herzog.

„Nein, nur, daß die Zusammenkunft um Mitternacht stattfinden soll. Ich habe Herrn Angelo ferner gesagt, daß mir nur wenig Zeit zur Verfügung steht und daß mich eine Dienerin begleitet, der ich gesagt hätte, ich käme um meines Bruders willen."

Der Herzog pries Isabellas Klugheit. Sie aber dachte an Wichtigeres als an Schmeicheleien. Eindringlich mahnte sie Marianne: „Wenn Ihr Euch von Angelo verabschiedet, so flüstert ihm mit sanfter Stimme zu: ‚Vergeßt meinen armen Bruder nicht!'"

Wie verabredet, führte Isabella Marianne zu dem mit Angelo vereinbarten Treffpunkt. Wie freute sie sich, daß sie durch den klug ausgetüftelten Plan sowohl das Leben ihres Bruders als auch ihre eigene Ehre retten konnte!

Wenn auch Isabella dem vermeintlichen Mönch die Versicherung gab, daß ihrem Bruder keine Gefahr mehr drohe, so war der gütige Herzog doch keinesfalls beruhigt. Wie von einer dunklen Ahnung getrieben, eilte er um Mitternacht ins Gefängnis — zum größten Glück Claudios, der sonst in dieser Nacht unweigerlich enthauptet worden wäre! Denn kaum hatte der Herzog die Zelle betreten, als ein Befehl vom Statthalter eintraf: Claudio sei sofort zu enthaupten und sein Kopf sei ihm bis fünf Uhr morgens zuzusenden.

Aber der Herzog überredete den Gefängniswärter, die Hinrichtung zu verschieben und Angelo zu täuschen, indem er ihm den Kopf eines in derselben Nacht im Gefängnis verstorbenen Sträflings zustelle. Der Wärter war nicht gleich zu solchem Betrug bereit, doch als ihm der Mönch einen vom Herzog geschriebenen und mit seinem Siegel versehenen Brief zeigte, willigte er in die Täuschung ein. Claudio war gerettet.

Jetzt war der Herzog entschlossen, seine Verkleidung abzulegen. Er schrieb dem Statthalter einen Brief, in dem er ihm mitteilte, verschiedene Ereignisse hätten ihn bewogen, seine Reise abzubrechen. Er wolle am nächsten Morgen wieder in Wien eintreffen, und Angelo solle ihn am Stadttor empfangen. Gleichzeitig erließ der Herzog einen Aufruf an seine Untertanen, jeder, der sich irgendwie in seinen Rechten benachteiligt glaube, möge ihm seine Beschwerden bei seinem Einzug in die Stadt vortragen. Er wolle jedem sein geneigtes Ohr leihen.

Am nächsten Morgen kam Isabella in aller Frühe ins Gefängnis, wo sie der Herzog bereits erwartete. Sie glaubte, den befreiten Bruder in die Arme schließen zu können, doch wer beschreibt ihr Herzeleid, als ihr der Mönch die — wie wir wissen — unwahre Mitteilung machte: „Claudio ist tot!"

„Unglücklicher Bruder, elende Isabella, verbrecherische Welt, verruchter Angelo!" schrie Isabella in maßlosem Schmerz.

Mit sanften Worten tröstete sie der Mönch. Als sich Isabella ein wenig beruhigte, erzählte er ihr von der bevorstehenden Rückkehr des Herzogs und gab ihr Ratschläge, wie sie ihre Klage am sichersten bei dem Landesherrn vorbringen könnte. Dann eilte er zu Marianne und gab auch ihr die erforderlichen Verhaltensregeln.

Noch ein paar Minuten — und der Mönch hatte seine Rolle endgültig ausgespielt. Er legte seine Kutte ab und zog in fürstlicher Pracht und unter freudigem Jubel seiner getreuen Untertanen als Herzog in seine Residenzstadt ein. Auch Angelo hatte sich zu seinem Empfang eingefunden.

Da drängte sich durch das festliche Gedränge ein junges Mädchen zu dem allverehrten Herrscher. Es war Isabella, die dem Herzog eine Bittschrift mit den Worten überreichte: „Hoher Herr, Gnade! Ich bin die Schwester eines gewissen Claudio, der wegen Verführung eines jungen Mädchens zum Tode verurteilt wurde. Auf meine Bitten versprach Euer Statthalter, meinen Bruder zu begnadigen, aber nur unter der Bedingung, daß ich bereit sei, mich ihm

hinzugeben. Um meinen Bruder zu retten, opferte ich meine Ehre. Er aber brach verräterisch sein Wort und ließ meinen armen Bruder heute nacht trotzdem enthaupten."

Der Herzog tat so, als glaube er dieser Erzählung nicht.

Angelo triumphierte: „Glaubt ihr nicht, edler Herzog. Der Kummer über das harte Schicksal ihres Bruders hat ihre Sinne verwirrt. Leider stand es nicht in meiner Macht, ihm zu helfen, sondern ich mußte der Gerechtigkeit unter allen Umständen freien Lauf lassen."

In diesem Augenblick trat Marianne — gleichfalls als Bittstellerin — vor den

Herzog und rief: „Isabella lügt, großmächtiger Fürst! Nicht sie, sondern ich trat mit Angelo in ein Liebesverhältnis!"

Und um die Wahrheit ihrer Aussage zu bekräftigen, berief sich Isabella auf den Mönch – seinen Ratschlägen waren ja beide Frauen gefolgt!

Angelo ahnte nicht, daß ihm der Herzog hier eine Falle stellte. Er hoffte vielmehr, die beiden Frauen würden sich bei ihrer Aussage in Widersprüche verwickeln, wodurch er sich von der gefährlichen Anklage reinigen könnte, die Isabella gegen ihn erhob. So spielte er denn den Beleidigten und sagte zornig: „Bis jetzt habe ich über diese grundlosen Anschuldigungen hinweggesehen, aber nun ist meine Geduld erschöpft. Ich sehe, diese beiden armen Frauen sind irregeleitete Geschöpfe in der Hand eines Höheren. Drum laßt mir Zeit, mein Gebieter, um das Lügennetz zu zerreißen, daß man hier um mich zu spinnen versucht."

„Von Herzen gern", erwiderte der Herzog. „Ich ermächtige Euch sogar, den Übeltäter ganz nach Eurem Gutdünken zu bestrafen. Ihr, Kanzler Escalus, bildet gemeinsam mit Angelo das hohe Gericht. Geht den Verleumdungen auf den Grund. Ich habe bereits nach dem Mönch geschickt, der den Schwindel erfand. Laßt eine solche Beleidigung nicht ungestraft! Ich werde mich jetzt auf kurze Zeit zurückziehen. Strengt inzwischen all Euren Scharfsinn an, um Licht in die dunkle Angelegenheit zu bringen."

Angelo lächelte siegesbewußt – durfte er doch in eigener Sache Richter und Untersuchungsrichter sein! Der Herzog aber entfernte sich, vertauschte schnell sein fürstliches Gewand mit der Mönchskutte und trat in dieser Verkleidung vor Angelo und Escalus hin.

Der gute Escalus, der die gegen Angelo erhobene Anschuldigung für völlig unbegründet hielt, herrschte den Mönch an: „Habt Ihr die beiden Frauen angestiftet, Herrn Angelo so zu verleumden?"

„Wo ist der Herzog?" fragte der Mönch. „Nur ihm will ich Rede und Antwort stehen!"

„Wir sitzen hier an des Herzogs Statt. Und im übrigen raten wir Euch: Tretet nicht so frech auf und bekennt die Wahrheit."

„Ihr sollt sie hören — mehr, als Euch lieb ist!"

Und nun hielt der Mönch eine flammende Rede — gegen den Herzog! „Was denkt sich eigentlich der Herzog! Er legt ja Isabellas Sache in die Hände dessen, den sie anklagt!"

Auch manch andere unliebsame Dinge, die sich während des Herzogs Abwesenheit zugetragen hatten, brachte der Mönch zur Sprache, und zwar so frank und frei, daß ihm Escalus eine schwere körperliche Züchtigung androhte und zuletzt sogar den Befehl gab, man solle diesen Aufrührer ins Gefängnis werfen.

Da warf der vermeintliche Mönch die Kutte ab — und vor dem bestürzten Gerichtshof stand der Herzog in höchsteigener Person!

Zunächst wandte er sich an Isabella: „Komm her, liebes Kind. Dein Beichtvater ist auch dein Landesvater. Aber mit meiner Mönchskutte habe ich nicht auch mein Herz vertauscht. Ich bin dir noch immer herzlich zugetan."

„Mögen Eure Gnaden mir verzeihen, daß ich Euch so oft belästigte."

„Ich muß dich um Verzeihung bitten, daß ich den Tod deines Bruders nicht verhinderte."

Noch wollte sie nämlich der Herzog in dem Glauben lassen, Claudio sei tot, um die Jungfrau noch einmal auf die Probe zu stellen.

Angelo mußte erkennen, daß der Herzog sein verbrecherisches Tun und Treiben durchschaut hatte. Daher sprach er: „Es wäre lächerlich, wenn ich jetzt noch glauben könnte, Eure Hoheit hätten mich nicht durchschaut. Aber ich will meine Schande nicht überleben, und deshalb erbitte ich als einzige Gnade meine sofortige Hinrichtung."

Kalt und streng erwiderte der Herzog: „Du sollst auf dem gleichen Block sterben, auf dem Claudio sich dem Beil des Henkers beugte. So eilig du es hattest, Claudio hinrichten zu lassen, so eilig soll das Todesurteil an dir selbst vollzogen werden. Deine Besitzungen erbt deine Gattin Marianne, sie soll sich damit einen besseren Gatten wählen, als du es warst."

„Teurer Gebieter", rief Marianne laut schluchzend, „ich will keinen anderen Mann haben als Angelo. Ich liebe ihn ja."

Und wie zuvor Isabella um das Leben ihres Bruders gefleht hatte, so flehte jetzt Marianne auf den Knien um Gnade für Angelo: „Edler Fürst, gnädiger Herr, habt Erbarmen! Du aber, geliebte Isabella, hilf mir bitten, knie mit mir nieder, und ich will zeitlebens deine demütige Magd sein!"

185

Der Herzog unterbrach sie: „Ihr verlangt recht viel! Wenn Isabella niederkniet und um Gnade für den Henker ihres Bruders bittet, wird der Geist des armen Claudio aus dem Grab aufstehen und sie zu sich hinabreißen! Soviel Opfermut könnt Ihr nicht erwarten."

Marianne ließ sich nicht beirren: „Isabella, geliebte Isabella, beweise dein großmütiges Herz. Mein Mann hat zwar schwer gesündigt, aber wer wollte sich rein nennen auf Erden? Letztlich sind wir alle Sünder."

Der Herzog aber erklärte hoheitsvoll und streng: „Claudio starb, also muß auch Angelo sterben!"

Dennoch freute sich der Herzog, als sich Isabella bewegen ließ und neben der unglücklichen Marianne niederkniete, um ebenfalls für den Sünder zu bitten. Zwar war er von ihrer Herzensgüte und ihrem Edelmut auch vorher schon überzeugt gewesen, aber daß ihre Selbstlosigkeit so weit gehen würde, hatte der Herzog denn doch nicht erwartet!

Welche Antwort gab der gute Herzog diesem hochherzigen Mädchen, das selbstlos um Gnade für seinen Feind flehte?

Er ließ ihren Bruder aus dem Gefängnis holen, wo er noch in banger Sorge um sein Schicksal schmachtete, und führte ihn gerührten Herzens der treuen Schwester zu.

„Gib mir die Hand, Isabella", sprach er liebevoll. „Claudio ist frei. Wenn du dich entschließen könntest, meine Gattin zu werden, so begrüße ich ihn als meinen Bruder."

Isabella fand zunächst keine Worte, so überrascht war sie von dem Antrag des Herzogs.

Angelo aber erkannte, daß auch ihm keine ernstliche Gefahr mehr drohte. Als der Herzog die Augen seines unseligen Statthalters freudig aufleuchten sah, sagte er: „Du kannst von Glück reden, Angelo, daß du noch einmal davongekommen bist. Für deine Begnadigung kannst du dich bei deiner Frau bedanken, denn ihre Tugend hat dir das Leben gerettet. Nun aber vergilt Gutes mit Gutem und liebe sie, wie ihr treues Herz es verdient!"

Angelo senkte beschämt den Blick. Wie bereute er jetzt seine unmenschliche Härte, nicht nur gegen Claudio, sondern auch gegen seine eigene Frau. Jetzt erst fühlte er, wie wohl es tut, Gnade zu empfangen, und sicher hätte er mit Freuden jetzt auch Gnade gespendet!

Der Herzog aber segnete Claudio und Julie, deren Hochzeit nun nichts mehr im Wege stand. Er selbst warb nochmals in aller Form um Isabellas Hand. Zum Glück war das junge Mädchen noch Novize und konnte das Kloster guten Gewissens wieder verlassen. Sie tat es freudigen Herzens, denn die große Güte, die sie an dem Fürsten bewundert hatte, als er noch Mönchskleidung trug und ihr Trost und guten Rat gespendet hatte, hatte ihre Liebe zu ihm erweckt. Und so nahm sie seinen ehrenvollen Antrag gern an und gab ihm freudestrahlend ihr Jawort.

Als Isabella Herzogin von Österreich geworden war, bewirkte ihr Vorbild im

Wesen und Auftreten der Wiener Damen eine solche Veränderung, daß es von da an niemand mehr wagte, das Gesetz zu übertreten, das Claudio und Julie beinahe zum Verhängnis geworden wäre. Der gütige Herzog aber regierte noch viele Jahre an der Seite seiner geliebten Isabella als der glücklichste aller Fürsten und aller Ehemänner.

 WAS IHR
WOLLT

Sebastian und Viola, zwei Bürgerkinder aus Messalina, waren Zwillinge, die einander so ähnelten, daß man sie nur durch ihre Kleidung unterscheiden konnte.

Beide hatten nicht nur zur gleichen Stunde das Licht der Welt erblickt, sie schwebten auch beide zur gleichen Zeit in Lebensgefahr. Als sie nämlich eine Schiffsreise machten, kam ein heftiger Sturm auf, und das Schiff zerschellte an der illyrischen Küste. Nur wenigen gelang es, sich in einer kleinen Schaluppe an Land zu retten. Unter den Geretteten befanden sich auch der Kapitän und Viola. Doch des jungen Mädchens Freude über ihre Rettung wurde durch den Kummer getrübt, den geliebten Bruder verloren zu haben, dem es nicht gelungen war, an Bord der Schaluppe zu gelangen. Der Kapitän aber tröstete Viola, er habe gesehen, wie sich ihr Bruder an einer starken Planke schwimmend über Wasser hielt, und sie möge die Hoffnung auf ein Wiedersehen nicht ganz aufgeben.

Diese Trostesworte beruhigten das arme Mädchen ein wenig, wenn es auch mit Bangen an seine Zukunft in einem wildfremden, von der Heimat viele Meilen entfernten Land dachte. Sorgenvoll fragte Viola den Kapitän: „Wißt Ihr etwas über dieses Land?"

„O ja, Fräulein, ich kenne es sogar sehr gut, denn kaum drei Stunden von hier entfernt liegt mein Geburtsort."

„Wer herrscht hier im Lande?" fragte Viola.

„Herzog Orsino, ein edler, würdiger Fürst", lautete die Antwort.

„Herzog Orsino?" freute sich Viola. „Von dem hat mir einst mein Vater viel erzählt." Und errötend fügte sie hinzu: „Damals war er noch unvermählt."

„Das dürfte er auch heute noch sein. Denn als ich vor vier Wochen abreiste, hieß es allgemein, Herzog Orsino bewerbe sich um die Hand der schönen Olivia, einer jungen Gräfin, deren Vater im vorigen Jahr verstorben ist und die kurz darauf auch ihren einzigen Beschützer, ihren Bruder verloren habe. Aus Trauer über diesen doppelten Verlust soll die junge Gräfin geschworen haben, jeden Umgang mit Männern, ja den Anblick von Männern überhaupt zu meiden."

Da sich Viola nun in einer ebenso traurigen Lage befand wie Olivia, wollte sie die Dame kennenlernen, die den Tod ihres Bruders so tief betrauerte, und ihr mit Freuden dienen. Ob der Kapitän sie wohl mit der Gräfin bekanntmachen könnte?

Der Kapitän erwiderte: „Das wird kaum möglich sein. Olivia empfängt seit dem Tod ihres Bruders niemanden in ihrem Haus, nicht einmal den Herzog."

Da Viola einsah, daß es nicht so einfach sein würde, sich der Gräfin zu nähern und sich unter ihren Schutz zu begeben, faßte sie den seltsamen Plan, Männerkleider anzulegen und als Page in die Dienste des Herzogs zu treten. Und weil der Kapitän ihr durch seine freundlichen Worte Vertrauen eingeflößt hatte, wagte sie auch gleich, ihm ihren Plan zu entdecken. Der Kapitän fand ihn gut und versprach ihr sofort seine Hilfe.

Zunächst besorgte er dem jungen Mädchen einen Anzug, und zwar von gleichem Schnitt und gleicher Farbe, wie ihn ihr Bruder zu tragen pflegte. Als Viola sich umgekleidet hatte, war sie ihrem Bruder in der Tat zum Verwechseln ähnlich. Und diese Ähnlichkeit führte dann auch zu einer ganzen Reihe von Verwechslungen und Irrtümern, um so mehr, als Sebastian noch lebte!

Nachdem sich das schöne Mädchen mit Hilfe des Kapitäns in einen Jüngling verwandelt hatte, führte es dieser unter dem Namen Cesario am Hofe des Herzogs Orsino ein. Der Fürst fand an dem hübschen jungen „Mann" Gefallen und nahm Cesario − ganz wie es sich Viola gewünscht hatte − als Pagen in seine Dienste.

189

Bald gewann er den „Jüngling" so lieb, daß er ihm das Geheimnis seiner Liebe zu Olivia vorbehaltlos anvertraute — wie er schon viele Jahre um die schöne Gräfin werbe, daß sie ihn jedoch nicht erhören und nicht einmal sehen wolle und daß er darüber ganz verzweifelt wäre und weder an der Jagd oder an ritterlichen Vergnügungen noch an der Gesellschaft kluger und gelehrter Edelleute Gefallen finden könne, die ihm doch früher solch ein Vergnügen bereitet hätten.

Cesario hörte dem Herzog voller Teilnahme zu, und dieser fühlte sich seltsam getröstet, wenn die schönen Augen seines Pagen auf ihm ruhten.

Da der Herzog nun seine Stunden meist in der Gesellschaft Cesarios verbrachte, wurden die anderen Höflinge mißtrauisch und neidisch, denn sie hielten diesen Umgang mit einem einfachen Pagen unpassend für ihren Gebieter.

Andererseits war es für ein leicht entflammbares Mädchen wie Viola nicht ungefährlich, die Vertraute des Herzogs zu sein; denn alles, was dieser um Olivia litt, empfand Viola bald für Orsino. Und mit ihrer Zuneigung zu dem edlen Mann verband sich tiefes Mitleid. Einmal deutete sie vorsichtig an, wie traurig es doch wäre, daß der Herzog eine Dame liebe, die seine Neigung nicht zu schätzen wisse, und fragte ihn: „Wenn Euch eine Dame so liebte wie Ihr Olivia anbetet und Ihr könntet ihre Liebe nicht erwidern, würdet Ihr da nicht aufrichtig genug sein, ihr dies unumwunden zu sagen?" Orsino entgegnete: „Keine Frau kann so heiß lieben wie ich. Kein Frauenherz ist groß genug, um einen so ungeheuren Schatz an Liebe in sich zu bergen, wie ich sie zu Olivia hege. Es ist deshalb ganz abwegig, die Liebe einer x-beliebigen Dame zu mir mit meiner Liebe zu Olivia zu vergleichen."

Wenn Viola die Meinung des Herzogs sonst auch in allen Dingen höher schätzte als die irgendeines anderen, so wagte sie diese Behauptung doch anzuzweifeln. War sie doch überzeugt, daß ihre Liebe der seinen in nichts nachstünde. Deshalb erklärte sie: „Ich weiß sehr wohl, wie innig Frauen lieben können. Ich weiß aber auch, daß sie ebenso treu sind wie wir — Männer. Darf ich Eurer Hoheit ein Beispiel erzählen?"

„Meinetwegen."

„Angenommen, mein Vater hätte eine Tochter, und diese liebte einen Mann, wie ich vielleicht Eure Hoheit lieben würde, wenn ich ein Weib wäre..."

„Wie endete die Geschichte?" fragte der Herzog ungeduldig.

„Getäuschte Hoffnungen, mein hoher Herr. Nie sprach sie von ihrer Liebe, aber sie grämte sich zu Tode."

„Lebt die Dame noch?"

Viola gab eine ausweichende Antwort — sie hatte ja die kleine Liebesgeschichte nur erfunden, um sich einmal ihre hoffnungslose Liebe und zugleich ihren Kummer um Orsino vom Herzen zu reden.

Während dieses Gesprächs trat ein Edelmann ein, den der Herzog zu Olivia gesandt hatte.

„Nun, was habt Ihr ausgerichtet?" fragte der Herzog.

„Die Gräfin hat nicht geruht, mich zu empfangen. Sie ließ mir nur sagen, sie

wolle aus Trauer um ihren Bruder sieben Jahre lang gleich einer Nonne einen Schleier tragen, und bis dahin dürfe niemand ihr Antlitz schauen."

„Wenn sie ein so weiches Herz hat und den Bruder so innig beweint, wird sie gewiß ebenso innig lieben können, wenn Amors goldener Pfeil sie einst trifft!"

Dann wandte sich der Herzog an Viola und forderte sie auf:

„Cesario, du kennst mein Geheimnis. Geh du zu Olivia und laß dich nicht abweisen. Warte so lange vor ihrer Tür, bis man dich vorläßt, und erkläre der Gräfin, du weichst nicht von ihrer Schwelle, bevor sie dir Gehör schenkt."

„Und was soll ich ihr sagen, wenn sie mich wirklich empfängt?"

„Erzähle ihr von dem Kummer, der mich um ihretwillen verzehrt, und wirb in meinem Namen um ihre Hand."

Wie ungern übernahm Viola diesen Auftrag! Wie sollte sie eine Braut für den Mann freien, den sie selbst über alles liebte? Doch sie bezwang ihr Herz und ging, den Auftrag auszuführen.

Als Olivia gemeldet wurde, ein junger Edelmann ließe sich nicht abweisen und bestünde darauf, von ihr empfangen zu werden, war sie doch neugierig. Diesen ungestümen Jüngling wollte sie sehen! Doch da sie ahnte, daß er vom Herzog kam, verhüllte sie ihr Antlitz mit einem dichten Schleier.

Viola trat ein, stolz und doch bescheiden.

„Reizende, strahlend schöne, unvergleichliche Dame", redete der vermeintliche Cesario die Gräfin etwas geschwollen an, „sagt mir doch, seid Ihr die Herrin dieses Hauses? Denn niemand anderer als diese soll meine Worte vernehmen!"

„Woher kommt Ihr, junger Herr?"

„Ich kann nur antworten, was ich auswendig gelernt habe — auf diese Frage bin ich nicht vorbereitet. Sie steht nicht in meiner Rolle."

„So seid Ihr ein Komödiant?"

„Das bin ich nicht", entgegnete Viola, „aber ich bin auch nicht das, was ich scheine." Und dann wiederholte Viola ihre Frage, ob sie vor der Herrin des Hauses stünde.

„Freilich bin ich das, wer sonst?"

„Nun, meine Dame, dann laßt mich Euer Antlitz schauen", bat Viola — war sie doch weit begieriger, die Züge der Nebenbuhlerin zu sehen, als die Botschaft ihres Gebieters auszurichten!

Olivia schien ihren Schwur, sieben Jahre lang verschleiert zu gehen, vergessen zu haben. Denn sie war nicht abgeneigt, Cesarios kühne Bitte zu erfüllen. Diese stolze Schöne, die der Herzog so lange vergeblich anbetete, empfand auf den ersten Blick eine unerklärliche Zuneigung für den vermeintlichen Pagen. Also schlug sie den Schleier zurück und sagte: „Ich will den Vorhang wegziehen. Da, seht Euch das Gemälde an! Gefällt es Euch?"

Viola erwiderte: „Die Natur hat Euch mit blendender Schönheit ausgestattet. Wollt Ihr so grausam sein, soviel Anmut mit ins Grab zu nehmen und der Welt keinen Abglanz davon hinterlassen?"

„Seid Ihr gesandt, mir Schmeicheleien zu sagen?"

„Ich sage nur, was ich sehe; Ihr seid stolz, aber Ihr seid auch schön. Mein Gebieter liebt Euch über alle Maßen."

„Ich zweifle nicht an der Aufrichtigkeit seiner Gesinnung. Ich weiß auch, daß ihn alle möglichen guten Eigenschaften auszeichnen. Er soll gutherzig, tapfer und ritterlich sein. Und doch kann ich ihn nicht lieben — das weiß er ganz genau."

„Liebte ich Euch so wie mein Gebieter", entgegnete Viola, „dann würde ich Klagelieder auf Olivia dichten und sie Euch vorsingen im Dunkel der Nacht. Auf den Bergen sollte Euer Name erklingen, und das Echo sollte ihn auf Sturmesflügeln weitertragen."

„Da würdet Ihr ja sehr viel für mich tun", erwiderte Olivia ironisch. „Wer seid Ihr eigentlich, daß Ihr so kühne Versprechungen wagt?"

„Ich bin arm, aber ein Edelmann."

„Das freut mich", antwortete die Gräfin spöttisch. „Aber nun geht und sagt

Eurem Gebieter, er braucht mir keinen Boten mehr zu schicken. Wenn Ihr aber einmal wiederkommen und mir berichten wollt, wie er meine Ablehnung aufgenommen hat, so sollt Ihr mir willkommen sein!"

Als Viola sich verabschiedet hatte, überdachte Olivia noch einmal alle Einzelheiten des Gesprächs. ‚Wenn er nicht gesagt hätte, daß er ein Edelmann ist, so hätte ich's aus seiner Ausdrucksweise, seiner Klugheit und seinen edlen Gesichtszügen erraten. Ach, wäre er doch der Herzog!'

Als Olivia sich dabei ertappte, daß ihr der vermeintliche Page überaus gefiel, schalt sie sich heftig wegen ihrer Charakterschwäche. Aber nur einen Augenblick, denn bald vergaß sie die angebliche Armut des jungen Mannes und faßte den Entschluß, ihre Zurückhaltung aufzugeben und Cesarios Liebe zu gewinnen. Um dieses Ziel zu erreichen, schickte sie ihm sogleich einen kostbaren Brillantring

nach und ließ ihm sagen, er habe dies Geschenk Orsinos bei ihr vergessen. In Wirklichkeit wollte sie dem Pagen auf diese Weise unauffällig etwas schenken.

Viola begriff zuerst nichts, als man ihr den Ring überreichte – Orsino hatte doch keinen Ring an die Gräfin geschickt! Doch plötzlich fiel es ihr wie Schuppen von den Augen: Olivias bewundernde Blicke bei ihrem Gespräch waren nichts anderes als ein Zeichen inniger Zuneigung! O weh, die Angebetete ihres Gebieters hatte nicht den Herzog, sondern „nur" seinen Pagen zum Gegenstand ihrer Liebe gewählt!

Wahrheitsgemäß berichtete Viola dem Herzog von ihrem Mißerfolg bei der Gräfin. Aber Orsino gab noch nicht alle Hoffnung auf, daß es Cesario endlich doch gelingen könnte, die stolze Dame umzustimmen. Deshalb schickte er ihn schon am folgenden Tag abermals zu Olivia.

Um sich die Zeit bis dahin ein wenig zu verkürzen, ließ er sich ein altes Liebeslied vorsingen, das den Schmerz unerwiderter Liebe besang. Auch Viola wurde von der schlichten Weise so tief ergriffen, daß ihre Bewegung dem Herzog nicht verborgen bleiben konnte. Darum fragte er: „Nicht wahr, lieber Cesario, obwohl du noch sehr jung bist, liebst du gewiß schon ein Mädchen."

„Mit Verlaub, Euer Gnaden, Ihr habt es erraten."

„Ist sie schön?"

„Sie ist Euch ähnlich."

„Wie alt ist sie?"

„So alt wie Ihr."

„Hat sie ein helles oder ein dunkles Antlitz?"

„Ein dunkles, Euer Gnaden."

Daß der Jüngling eine Frau liebte, die älter war als er selbst und eine dunkle Gesichtsfarbe hatte wie der Herzog, entlockte diesem ein Lächeln. Er konnte ja nicht ahnen, daß Viola an·ihn selbst dachte, wenn sie von einem Mädchen sprach, das ihm angeblich ähnlich wäre.

Als Viola am nächsten Tag bei der Gräfin vorsprach, wurde sie sofort empfangen. Doch als sie anhob, abermals für ihren Gebieter zu werben, herrschte die Gräfin sie an: „Ich bitte Euch, sprecht mir nie mehr vom Herzog. Doch wenn Ihr mir etwas anderes erzählen möchtet, so will ich Euren Worten wie Himmelsklängen lauschen."

Das war mehr als deutlich. Aber Olivia wurde noch deutlicher und machte dem vermeintlichen Pagen bald darauf eine unumwundene Liebeserklärung.

Viola nahm dieses Geständnis kühl, ja sogar unwillig auf. Die Gräfin aber schien all ihren früheren Stolz vergessen zu haben und sagte leidenschaftlich: „Cesario, bei meiner Ehre, glaube mir, ich liebe dich so sehr, daß ich es trotz deiner Kälte nicht mehr vor dir verbergen kann!"

Verlorene Liebesmüh! Auf Viola machte das Bekenntnis der Gräfin nicht den geringsten Eindruck. Eilig nahm sie von ihr Abschied mit den Worten: „Ich komme nie mehr wieder! Ich mache es so, wie Ihr früher immer gesagt habt: Ich werde nie ein Weib lieben!"

Der Sinneswandel der Gräfin sprach sich schnell herum. Da sie jung, klug und reich war, hatte sie natürlich außer dem Herzog noch viele andere Freier. Als nun bekannt wurde, daß die stolze Jungfrau ihnen allen einen herzoglichen Pagen vorzog, fühlte sich einer der Verschmähten so gekränkt, daß er den vermeintlichen Pagen bei nächster Gelegenheit mitten auf der Straße zu einem Zweikampf herausforderte.

Diese Forderung war eine Zumutung sondergleichen! Was sollte Viola nur tun? Sie trug zwar Männerkleidung, aber bei dem Gedanken, den Degen zücken zu müssen, wurde ihr doch recht bänglich zumute.

Aber was half's? Schon war sie entschlossen, ihre Rolle als Mann weiterzuspielen, als ihr von einem Fremdling, der ahnungslos seines Weges schritt, unerwartet

Hilfe kam. Als die beiden Gegner gerade zu wuchtigem Schlag ausholten, warf er sich dazwischen und rief dem Herausforderer zu: „Haltet ein! Wenn Euch dieser junge Mann beleidigt hat, so will ich für seine Ehre einstehen. Solltet Ihr ihn aber beleidigt haben, so fordere ich in seinem Namen Genugtuung!"

Doch ehe Viola Zeit fand, dem Fremden für seinen Beistand zu danken oder sich nach dem Grund seiner Fürsprache zu erkundigen, trat ein Feind auf den Plan, gegen den die Tapferkeit des Unbekannten machtlos war — Gerichtsdiener, die den Fremden im Namen des Herzogs verhaften wollten. Wessen er beschuldigt wurde, wußten sie nicht. Sie hatten nur gehört, daß es sich um ein Verbrechen handeln sollte, das jahrelang zurücklag! Wie erstaunte aber Viola, als der Fremde zu ihr sagte: „Das habe ich davon, daß ich Euch behilflich war! Nun bin ich gezwungen, meine Börse von Euch zurückzuverlangen. Aber seid versichert, mein eigenes Schicksal drückt mich weniger, als daß ich nichts mehr für Euch tun kann. Aber Ihr dürft dennoch nicht verzagen!"

Viola begriff den Sinn seiner Worte nicht im geringsten und schwor hoch und teuer, hier müsse ein Irrtum vorliegen, denn sie kenne ihn nicht und habe auch nie eine Börse von ihm empfangen. Sie wolle ihm aber gern eine kleinere Geldsumme überlassen, die sie zufällig bei sich trage.

Da wurde der sonderbare Fremdling leichenblaß und bezieh sie aufgebracht schwärzesten Undanks. „Fürwahr", rief er, „diesen Jüngling hier entriß ich dem Tode. Seinetwegen kam ich nach Illyrien, seinetwegen stürzte ich mich in diese schwere Gefahr!"

Doch die Gerichtsdiener kümmerten sich nicht um die rätselhaften Worte des Mannes. Mitleidslos führten sie ihn ab und sagten: „Was geht uns das an?"

Doch noch bevor man ihn abführte, nannte der Fremde Viola „Sebastian". Das ließ sie aufhorchen — aber es war schon zu spät, um ihn nach weiterem zu fragen. Viola sann: Der Fremde verwechselte sie offenbar mit ihrem verschollenen Bruder. Er mußte ihn also kennen. Sollte Sebastian noch am Leben sein und der Fremde sein Retter?

Der Fremde hieß Antonio. Er war Kapitän auf einem Schiff und hatte Sebastian an Bord genommen, als dieser, schon halb tot vor Erschöpfung, an den Mast geklammert auf den Wellen trieb. Bald hatte Antonio den Jüngling so lieb gewonnen, das er beschloß, ihn nie mehr von sich zu lassen. Deshalb begleitete er ihn auch, als Sebastian den Wunsch äußerte, an den Hof des Herzogs Orsino zu gehen, obwohl er wußte, daß er sich damit einer großen Gefahr aussetzte. Antonio hatte nämlich einst in einem Seegefecht den Neffen des Herzogs tödlich verwundet.

Antonio und Sebastian hatten erst vor wenigen Stunden den Boden Illyriens betreten. Beim Aussteigen hatte der Kapitän seinem Schützling eine Börse gegeben und ihm angeboten, er möge sich von ihrem Inhalt kaufen, wonach sein Herz begehre. Antonio wollte indessen in einer Hafenschenke auf Sebastians Rückkehr warten. Stunden vergingen — doch Sebastian blieb aus.

Da beschloß Antonio, selbst in die Stadt zu gehen und seinen Freund zu suchen. Wie froh war er, als er ihn endlich fand! Er konnte ja nicht ahnen, daß es Viola war, die ihrem Bruder durch die Verkleidung aufs Haar glich. Und so war es auch kein Wunder, daß er sogleich für den vermeintlichen Sebastian einsprang und dann seine Börse zurückverlangte.

Doch daß er sich in die Stadt aufgemacht hatte, war ihm nun zum Verhängnis geworden. Er war erkannt und schließlich vor Violas Augen verhaftet worden.

Nachdem man Antonio abgeführt hatte, fürchtete Viola, der verschmähte Verehrer der Gräfin könnte sich erneut auf sie stürzen. Deshalb machte sie sich, ehe dieser zur Besinnung kam, eiligst aus dem Staube. Kaum war sie einige Minuten weg, glaubte ihr enttäuschter Gegner seinen Augen nicht zu trauen, als er den herzoglichen Pagen zurückkehren sah. Diesmal war es aber nicht Viola, sondern ihr Bruder Sebastian, der ahnungslos seines Weges kam. Kaum war der

Jüngling heran, begrüßte ihn der Edelmann höhnisch: „Da seid Ihr ja wieder! Hier, nehmt dies zur Begrüßung!" Und schon versetzte er dem Verdutzten einen Degenstreich.

Sebastian war nicht feige. Im Nu zog er seinen Degen und gab den Hieb mit doppelter Wucht zurück. Doch bevor der Kampf heftiger entbrennen konnte, gebot ihm eine Dame Einhalt — Olivia, die Vielumworbene. Bei einem Spaziergang hatte sie den Streit zufällig mit angesehen, und da sie Sebastian für Cesario hielt, bat sie ihn, sie nach Hause zu begleiten. Dabei sprach sie ihm in herzlichen Worten ihre Teilnahme für das erlittene Unrecht aus.

Sebastian fiel von einem Staunen ins andere. Der Angriff des händelsüchtigen Edelmanns empörte ihn ebenso, wie ihn die Liebenswürdigkeit der vornehmen Dame erfreute. Gern begleitete er die schöne Unbekannte, die ihrerseits in dem erneuten Treffen mit ihrem vermeintlichen Geliebten eine Schicksalsfügung erblickte. Auf dem gemeinsamen Weg stellte Olivia außerdem fest, daß Cesario, für den sie Sebastian ja hielt, ihre zärtlichen Worte nicht mehr so kalt und abweisend aufnahm wie noch vor kurzem, sondern daß er sie gern zu hören schien. Da beschloß sie, das Eisen zu schmieden, solange es heiß war. In ihrem Hause angekommen, schlug sie ihm vor, noch in derselben Stunde mit ihr vor den Traualtar zu treten. Ein Priester wäre zufällig gerade anwesend.

Der ahnungslose Sebastian hatte angesichts Olivias stürmischen Werbens zunächst geglaubt, die schöne Unbekannte wäre nicht recht bei Verstand. Dennoch war er ihr gern gefolgt, denn sie gefiel ihm. Doch aus ihren sonstigen Äußerungen erkannte er, daß sie klug und verständig war, und so willigte er auf ihren Heiratsvorschlag ohne Zögern ein.

Gleich nach der Trauung verließ der Neuvermählte seine Gattin für ein Weilchen, um Antonio, den er in der Hafenschenke wartend wähnte, von seinem unerhörten Glück zu berichten.

Indessen hatte sich Herzog Orsino kurz entschlossen aufgemacht, seiner angebeteten Olivia in Begleitung eines Gefolges selbst einen Besuch abzustatten. Doch vor ihrem Haus führten ihm die Gerichtsdiener Antonio vor.

Als Antonio Viola erblickte, die sich ebenfalls im Gefolge des Herzogs befand, hielt er sie natürlich für Sebastian und beklagte sich beim Herzog sogleich bitter über den Undank dieses edlen „Jünglings": er habe ihn aus Todesgefahr gerettet und sei drei Monate lang ständig mit ihm beisammen gewesen. Dieser aber habe ihn treulos verlassen und verleugnet.

Der Herzog hatte anderes im Sinn, als auf irgendwelche Anklagen eines Verhafteten zu achten. Obendrein trat in diesem Augenblick Olivia aus dem Haus.

„Nun wandelt der Himmel auf Erden!" rief der Herzog bei ihrem Anblick begeistert aus. Dann befahl er, Antonio wegzuführen. Doch wie groß war sein Staunen, als nun auch Olivia seinem Pagen Undank vorwarf, wenn auch traurig und mit zärtlichen Worten. Als ihm dabei bewußt wurde, wie vertraut sein Page mit der Gräfin sein mußte, wandelte sich sein Staunen in hellen Zorn. „Na warte nur, mein Junge! Komm du nur nach Hause!" herrschte er Cesario an.

Obwohl seine Drohung ernst klang, empfand Viola keine Furcht. Liebte sie doch den Herzog so sehr, daß sie im Gegenteil erklärte, sie wolle gern für ihn sterben, wenn ihn dies beruhigen könne.

Verwechslungen über Verwechslungen!

Olivia fürchtete den eben erst gewonnenen Gatten zu verlieren und fragte bekümmert: „Wohin gehst du, mein Cesario? Willst du mich wirklich verlassen?"

„Ich folge dem Mann, den ich mehr als mein Leben liebe!" rief Viola.

Olivia aber pochte auf ihr gutes Recht als Gattin und weigerte sich, auf Cesario zu verzichten. Und um ihr Recht zu beweisen, ließ sie den Priester rufen, der sie vor weniger als zwei Stunden mit diesem Jüngling getraut hatte.

„Das ist nicht wahr!" rief Viola empört, wobei ihr Tränen der Verzweiflung in die Augen schossen. „Ich bin nicht mit Olivia verheiratet!"

Orsino war starr! Es war nicht zu glauben, der Page hatte ihm sein Lebensglück abspenstig gemacht! Da sich aber das Geschehene nicht mehr ändern ließ, sagte er seiner treulosen Angebeteten und ihrem Gemahl, dem elenden Heuchler — wie er Viola nannte — Lebewohl und warnte ihn, er möge sich nie wieder vor ihm blicken lassen!

In diesem Augenblick geschah ein Wunder! Ein zweiter Cesario erschien und begrüßte Olivia zärtlich als seine Gattin. Es war natürlich Sebastian. Olivia erholte sich nur langsam von ihrem Erstaunen: Hier standen also zwei Personen mit denselben Gesichtszügen, mit derselben Stimme und in derselben Kleidung!

Bruder und Schwester stellten einander Fragen. Nur zögernd wollte Viola glauben, daß ihr Bruder wirklich noch lebte; auch Sebastian zweifelte, daß der „Page" seine Schwester war, von der er glaubte, sie wäre ertrunken. Viola sagte freudig erregt: „Erkennst du mich denn nicht? Ich bin doch nur verkleidet!"

So klärten sich alle Mißverständnisse glücklich auf, und alle konnten nicht genug lachen, daß Olivia sich in ein junges Mädchen verliebt hatte. Diese aber war ganz zufrieden mit dem Tausch. So hatte sie eben statt der Schwester den Bruder geheiratet — was ja ganz natürlich ist.

Dem Herzog fiel es wie Schuppen von den Augen. Seine Hoffnung, je Olivias Hand zu gewinnen, war zwar für immer dahin, aber winkte ihm nicht ein neues Glück? Sein geliebter Cesario hatte sich vor seinen Augen in ein hübsches Mädchen verwandelt, das ihm ja oft genug in verhüllten Worten seine Liebe angedeutet hatte. Orsino hatte Violas Äußerungen immer nur als pflichtgemäße Huldigungen eines getreuen Pagen angesehen, aber nun erkannte er ihre eigentliche Bedeutung. Konnte ihn denn eine Frau tiefer und treuer lieben als Viola?

Der Entschluß, den der Herzog nach dieser Erkenntnis faßte, ist unschwer zu erraten.

„Junge", sprach er zu Viola, denn er konnte sich noch nicht daran gewöhnen, daß sein Page ein Mädchen war, „Junge, du hast mir oft genug gesagt, du könntest nie ein Weib so innig lieben wie mich. Andererseits hast du mich oft deinen Gebieter genannt — willst du jetzt deines Gebieters Gebieterin werden und Herzogin an der Seite des Herzogs?"

Viola vermochte nur glücklich zu nicken.

Olivia aber, die den Herzog als Gemahl verschmäht hatte, begrüßte ihn nun als ihren Freund, und in ihrem Hause wurden der Herzog und Viola von demselben Priester getraut, der ein paar Stunden zuvor ihren eigenen Bund mit Sebastian gesegnet hatte.

So wollte es das Geschick, daß die beiden Zwillinge, die zur gleichen Stunde das Licht der Welt erblickt und zur gleicher Zeit in Todesgefahr geschwebt hatten, nun auch am gleichen Tag ihr Lebensglück fanden.

Was bleibt noch zu berichten?

Um Sebastians willen hatte der Herzog noch vor seiner Trauung den Befehl gegeben, Antonio unverzüglich aus dem Gefängnis zu entlassen — seine Tat solle vergeben und vergessen sein. So durfte auch Antonio an dem allgemeinen Glück teilhaben.

 ROMEO UND JULIA

Zu den angesehendsten Familien der Stadt Verona gehörten die reichen Capulettis und die nicht minder begüterten Montecchis. Leider entzweite sie ein alter Familienhaß, der sich im Laufe der Zeit so verschärft hatte, daß er sich bis auf die entferntesten Verwandten, Freunde und Bekannte, ja sogar auf die Dienerschaft beider Parteien erstreckte.

Eines Abends gab Graf Capuletti ein großes Fest. Viele schöne Damen und ebenso viele vornehme Herren waren eingeladen. Alle die vielgefeierten Schönheiten der Stadt waren zugegen; und jeden, der da kam, hieß man willkommen – sofern er nicht aus dem Haus Montecchi war.

An diesem Fest bei Capuletti nahm auch Rosalinde teil, die Romeo Montecchi hoffnungslos liebte. Obwohl es für einen Montecchi gefährlich war, sich in dieser glänzenden Gesellschaft zu zeigen, so ließ sich Romeo dennoch von seinem Freund Benvolio überreden, als Pilger verkleidet den Ball mitzumachen. Warum Benvolio auf Romeos Beteiligung drang? Weil er hoffte, wenn sein Freund Rosalinde zwischen so vielen schönen Damen sehen würde und er ihn mit anderen Damen bekanntmachte, so könne seine heftige Leidenschaft zu ihr erkalten. Romeo lockte wieder die Aussicht, Rosalinde hier zu sehen, und er ging mit. Rosalinde aber machte sich nichts aus Romeo und erwiderte seine Liebe nicht mit dem geringsten Zeichen wohlwollender Gesinnung. Das war der Grund, weshalb Benvolio und Romeo und als dritter im Bunde Mercutio – alle drei verkleidet – sich an der Festlichkeit beteiligten.

Graf Capuletti begrüßte sie herzlich.

„Tretet näher, junge Ritter“, meinte er scherzend, „es warten schon viele schöne Damen auf euch!“

Kräftig schüttelte er ihnen die Hände. Und da er in überaus vergnügter Stimmung war, gestand er lächelnd: „Ach Kinder, wie viele Maskenbälle habe ich in meiner Jugend mitgemacht, und wie viele Liebesworte habe ich den Schönen ins Ohr geflüstert!“

Kaum spielte die Kapelle zum Tanz auf, da wurde Romeo durch die strahlende Schönheit einer jungen Dame bezaubert, die an ihm vorübertanzte.

„Nie“, rief er, „habe ich ein schöneres Mädchen gesehen!“

Dies hörte Tybalt, ein Neffe des Grafen Capuletti, der Romeo Montecchi an der Stimme erkannt hatte. Hitzig wie er war, mochte er nicht dulden, daß ein Montecchi ihr Haus betrete und das Familienfest der Capuletti durch seine Anwesenheit entweihe. Wutentbrannt wollte er sich auf ihn stürzen, und er hätte

den jungen Romeo vielleicht totgeschlagen, wenn ihn nicht sein Oheim, der alte Graf Capuletti, beschwichtigte und vor Blutvergießen gewarnt hätte: „Nimm Rücksicht auf die Gäste! Der junge Mann benimmt sich durchaus wie ein Edelmann, ganz Verona ist seines Lobes voll. Ich möchte nicht für alles Gut der Stadt, daß in meinem Haus ein Unglück geschieht!"

Nur widerwillig meisterte Tybalt seinen Zorn, schwur aber, Romeo werde seine Aufdringlichkeit einmal teuer bezahlen.

In der Tanzpause ging Romeo zu dem schönen Mädchen. Unter dem Schutz der Maskenfreiheit durfte er sich schon ein bißchen Kühnheit erlauben. Artig gab er ihr die Hand, hieß sie eine Heilige und wollte ihre Hände küssen.

„Frommer Pilger", antwortete die junge Dame, „du bist ritterlich und taktvoll. Wenn ich schon in deinen Augen eine Heilige bin, so laß dir gesagt sein: Heilige haben Hände, welche die Pilger zwar berühren, aber nicht küssen dürfen."

„Haben nicht die Heiligen auch Lippen?" fragte Romeo.

„Ja, aber nur zum Beten."

„Nun denn, liebe Heilige", fuhr Romeo fort, „erhöre mein Gebet und reich' mir deine Lippen!"

In diesem Augenblick wurde das junge Mädchen zu ihrer Mutter beschieden. Romeo aber erkundigte sich sofort, wer das Mädchen war, und erfuhr zu seiner maßlosen Bestürzung, daß die Dame, deren Schönheit ihn so blendete, Julia war, die Tochter und Erbin des Grafen Capuletti, des grimmigen Feindes der Familie Montecchi.

Ahnungslos hatte er ihr sein Herz geschenkt!

Anfangs beunruhigte ihn diese Entdeckung; seine Liebe konnte sie nicht erschüttern.

Auch Julia erschrak nicht wenig, als sie erfuhr, daß der junge Edelmann, mit dem sie so beglückend geplaudert hatte, Romeo war, ein Angehöriger der Familie, die sie ja von Rechts wegen hassen mußte. Aber nein, sie haßte ihn nicht, sie erwiderte vielmehr seine Liebe mit der ganzen Glut ihres kindlichen Herzens. Dennoch fragte sie sich angstvoll: „Wie soll das werden? Wie soll das enden?"

Es war Mitternacht, als Romeo mit seinen Gefährten den Ball verließ. Anstatt mit ihnen heimzugehen, schwang er sich über die Mauer in den Garten, der Julias Palast umschloß. Es war ihm unmöglich, von dem Hause zu scheiden, wo er sein Herz zurückgelassen hatte.

Während seine Gedanken bei dem geliebten Mädchen waren, erschien Julia oben auf dem Balkon, lehnte ihre Wange in die rechte Hand und seufzte tief: „Weh' mir!"

Romeo war entzückt, ihre Stimme zu hören. Leise flehte er — ohne daß es Julia vernahm: „Sprich noch einmal, holder Engel! Du bist wie ein Bote des Himmels, vor dem die Menschen in Bewunderung erschauern!"

Nicht ahnend, daß sie belauscht wurde, und verzehrt vom Feuer der Liebe, rief Julia den Geliebten, den sie längst zu Hause wähnte, jetzt beim Namen:

„Verleugne deinen Namen, Romeo!

Willst du das nicht, vermähle dich mit mir,

und ich bin länger keine Capuletti mehr!"

Bei diesen ihre Liebe offenbarenden Worten konnte Romeo nicht länger an sich halten. Als ob ihre Worte an ihn persönlich gerichtet wären, antwortete er der Geliebten:

„Ich nehme dich beim Wort.

Nenn' Liebster mich, so bin ich neu getauft

und will hinfort nicht Romeo mehr sein."

Zuerst konnte sich Julia nicht erklären, wer hier so kühn in den Garten eingedrungen sei und im Dunkel der Nacht ihrem Geheimnis gelauscht habe. Aber als er nochmals das Wort ergriff, erkannte sie ihn an der Stimme. Sie warnte ihn mit beschwörenden Worten vor der Gefahr, der er sich aussetze; denn fände

204

ihn hier einer ihrer Angehörigen, so sei ihm, einem Montecchi, der Tod gewiß!

„Ach", erwiderte Romeo, „deine Augen drohen mir mehr Gefahr als zwanzig ihrer Schwerter. Schau du mich nur freundlich an, so bin ich gegen ihren Haß gefeit. Ich will lieber durch ihren Haß sterben als ohne deine Liebe leben."

„Wer zeigte dir den Weg zu diesem Ort?"

„Die Liebe leitete mich."

Julia errötete. Zum Glück sah es Romeo nicht, denn es war dunkle Nacht. Gern hätte sie ihre Worte zurückgenommen — unmöglich, sie waren ihr entschlüpft, und Romeo hatte sie gehört! Aus ihrem Selbstgespräch hatte er das Geständnis ihrer Liebe vernommen. Jetzt überwand auch Julia ihre Scheu. Mit ehrlichem Freimut nannte sie ihn zärtlich geliebter Montecchi und bat ihn, ihr das Geständnis nicht als Leichtfertigkeit oder Flatterhaftigkeit auszulegen. Wenn sie dadurch sündige, so trage das seltsame Abenteuer die Schuld, welches ihre Gedanken so sonderbar entschleiert habe.

Romeo schwur, daß ihm nichts ferner wäre, als einer so edlen Dame auch nur die leiseste Spur unschicklichen Verhaltens zur Last zu legen.

„Schwör nicht, wir müssen beide erst Klarheit über uns beide haben!" wehrte sie ab.

Stundenlang hätten sich die Liebenden noch unterhalten, wenn die Dienerin Julia nicht gemahnt hätte, daß es Zeit sei, zu Bett zu gehen. Aber Julia trat nochmals auf den Balkon hinaus und versicherte ihrem Geliebten, daß sie ihn liebe, und wenn er es ernst meine und mit ihr den Bund fürs Leben schließen wolle, so werde sie ihm morgen früh sagen lassen, wann die Hochzeit stattfinden könne. Dann werde sie ihn für alle Zeit glücklich machen und ihm als ihrem Herrn und Gebieter folgen.

Abermals erscholl die schrille Stimme der Dienerin, daß es Zeit wäre, zu Bett zu gehen.

Nun trennten sich die Liebenden und wünschten einander angenehme Ruhe und baldiges Wiedersehen.

Im Osten dämmerte bereits der junge Tag. Die Erlebnisse der letzten Stunden beschäftigten unseren Romeo so lebhaft, daß ihn nicht das leiseste Ruhebedürfnis anwandelte. Statt nach Hause zu gehen, lenkte er seine Schritte zu der nahe gelegenen Einsiedelei des Bruders Lorenzo.

Der gute Mönch war schon auf und verrichtete gerade seine Morgenandacht, als Romeo eintrat. Bruder Lorenzo erriet sogleich, daß Romeo in der vergangenen Nacht nicht zu Hause gewesen war. Unzweifelhaft habe ihn irgendein Liebesabenteuer wach gehalten. Etwa Rosalinde? Da offenbarte ihm Romeo seine Liebe zu Julia und bat den frommen Mann, ihn mit seiner schönen Braut zu vermählen.

Der Mönch kannte sehr wohl Romeos hoffnungslose Liebe zu Rosalinde, oft genug hatte der junge Ritter seinen Schmerz in Lorenzos Zelle ausgeweint, er kannte ebensogut den tödlichen Haß, der die beiden Adelsgeschlechter seit Jahren entzweite. Darum weigerte er sich anfangs, die Kinder dieser beiden

Familien zu vermählen. Dann aber überlegte er, ob nicht ein Ehebund zwischen Romeo und Julia die Kluft zwischen den beiden Familien Capuletti und Montecchi aufs glücklichste überbrücken könnte — einen Hader, den niemand lebhafter bedauerte als dieser gute Mönch. Mit beiden Familien war er befreundet, und oftmals hatte er vergeblich seine Vermittlung zur Beilegung des leidigen Streites angeboten. Darum willigte er ein, noch am selben Tag die Trauung vorzunehmen.

Jetzt war Romeo wahrhaft glücklich. Julia, die von der Bereitwilligkeit des Priesters durch einen Boten erfuhr, fand sich rechtzeitig in der Zelle des Bruders Lorenzo ein, wo die Liebenden sich die Hände zum Ehebunde reichten. Der fromme Mönch betete zu Gott, er möge gnadenvoll herniederschauen und in der

Verbindung des jungen Montecchi mit der schönen Capuletti den alten Streit ihrer Familien begraben.

Als die Feierlichkeit vorüber war, eilte Julia nach Hause. Ungeduldig harrte sie des Anbruchs der Nacht, denn sie hatte Romeo versprochen, sich an derselben Stelle, wie in der vergangenen Nacht, einzufinden. Schneckengleich schienen die Stunden dahinzukriechen.

Um die Mittagsstunde desselben Tages schlenderten Romeos Freunde, Benvolio und Mercutio, durch die Straßen Veronas. Da trafen sie mehrere Mitglieder der Familie Capuletti, mit dem hitzigen Tybalt an der Spitze. Als Tybalt Mercutio erblickte, verhöhnte er ihn wegen seines Umganges mit Romeo Montecchi. Mercutio, der Tybalt an jugendlichem Ungestüm nicht nachstand, quittierte die Bemerkung mit ein paar bissigen Worten. Benvolio suchte zu beschwichtigen. Trotzdem hätten sich die beiden Parteien zu Tätlichkeiten hinreißen lassen, wäre nicht gerade Romeo vorbeigekommen.

Jetzt ließ Tybalt von Mercutio ab und schleuderte Romeo die Beleidigung „Schurke!" ins Gesicht. Da Romeo aber jeden Streit mit Tybalt vermeiden wollte, weil dieser als naher Verwandter Julias nun auch mit ihm verwandt war und sich außerdem Julias besonderer Gunst erfreute, machte er den Versuch, mit Tybalt vernünftig zu reden. Aber Tybalt, der alle Montecchis wie die Sünde haßte, zog sein Schwert. Mercutio konnte sich Romeos scheinbare Nachgiebigkeit nicht erklären und legte sie als unmännliche Schwäche aus. In falsch verstandener Freundschaft für Romeo reizte er Tybalt so lange, bis der sich auf Mercutio stürzte. Vergebens bemühten sich Romeo und Benvolio, die Rasenden zu trennen. Da sank Mercutio zu Boden.

Als Romeo seinen Freund tot liegen sah, konnte er sich nicht länger beherrschen, sondern vergalt die Schmähung ‚Schurke' mit einem Streich, der Tybalt sofort den Garaus bereitete.

Da sich alles auf offener Straße und am hellen Mittag abspielte, so fanden sich bald viele Leute an der Unglücksstelle ein. Auch die alten Grafen Montecchi und Capuletti erschienen mit ihren Gattinnen. Auch der Doge fand sich ein. Da die Streitigkeiten der beiden Familien den Frieden des Landes häufig gestört hatten, war der Doge entschlossen, diesmal die ganze Strenge des Gesetzes denjenigen gegenüber walten zu lassen, die man als Urheber des Streites ermitteln würde.

Auf Befehl des Herzogs mußte Benvolio als Augenzeuge den Ursprung und Hergang des Kampfes erzählen. Er tat dies der Wahrheit entsprechend, ohne Romeo in ein ungünstiges Licht zu setzen. Die Gräfin Capuletti, die aus Trauer über den Verlust ihres Neffen Tybalt von heftigem Verlangen nach Rache erfüllt war, ersuchte den Herzog, den Mörder einem strengen Strafgericht zu unterwerfen und der parteiischen Schilderung des Benvolio, als einem Montecchi und Freund Romeos, keinen Glauben zu schenken.

Hätte die Dame gewußt, daß der Mann, gegen den sie jetzt mit solcher Schärfe auftrat, ihr Schwiegersohn war!

Gräfin Montecchi hingegen bat um Gnade für ihren Sohn. Sie wies mit Recht daraufhin, daß Romeo nichts Strafbares begangen habe. Tybalt habe ja ohnehin sein Leben verwirkt, hatte er ja Mercutio erschlagen.

Auf den Dogen machten die Reden dieser beiden hochgestellten Damen wenig Eindruck. Er prüfte vielmehr sorgfältig die Tatsachen und fällte dann sein Urteil: Romeo wird aus Verona verbannt!

Eine schlimme Nachricht für Julia! Erst seit ein paar Stunden war sie Romeos Gattin und nun für ewig von dem Geliebten getrennt!

Als die unheilvolle Kunde zu ihr drang, geriet sie anfangs in heftige Erbitterung gegen Romeo, denn der Erschlagene war ja ihr Vetter Tybalt! Schließlich aber gewann die Liebe Oberhand, und die Tränen, die sie über den Tod Tybalts vergoß, verwandelten sich in Zähren der Freude, denn ihr Gatte lebte, dem Tybalt den Tod geschworen hatte! Und wieder flossen Tränen des Schmerzes über Romeos Verbannung; dieses Schicksal war ihr schrecklicher, als der Tod vieler Tybalts zusammen.

Nach seiner blutigen Tat hatte Romeo Zuflucht gesucht in der Zelle des Bruders Lorenzo. Hier empfing er die erste Nachricht von der Entscheidung des Herzogs, die ihm freilich schrecklicher erschien als der Tod. Für ihn gab es keine Welt außerhalb der Mauern Veronas und kein Leben ohne Julia. Der Himmel war da, wo Julia atmete; ein Leben außerhalb ihrer Nähe aber war Hölle, Qual und Elend. Der fromme Mann suchte Romeos Schmerz durch Tröstungen der Philosophie zu lindern. Aber der verzweifelte Jüngling wollte nichts hören. Gleich einem Wahnsinnigen raufte er sich die Haare und warf sich der Länge nach auf den Erdboden, um, wie er sagte, Maß zu nehmen für sein Grab.

Aus diesem Zustand der Fassungslosigkeit riß ihn eine Botschaft seiner Geliebten, die ihn ein wenig aufheiterte. Diesen Stimmungswechsel benutzte der Mönch, um ihm seine eben an den Tag gelegte unmännliche Schwäche vor Augen zu halten: „Du hast Tybalt erschlagen, willst du dich zugleich selbst umbringen, dich und deine Gattin, die in dir lebt? Der Doge ist milde gegen dich gewesen, da er statt auf Todesstrafe, die du verdient hättest, nur auf Verbannung erkannte. Du erschlugst Tybalt, aber Tybalt hätte dich erschlagen. Du kannst dich freuen, daß du seinem Zorn entgingst! Julia lebt und ist wider alles Hoffen dein teures Weib geworden. Kannst du also nicht in allem Unglück von Glück reden?"

Romeo wurde etwas ruhiger. Er nahm daher Lorenzos Rat dankbar an und versprach ihm, heute abend von Julia Abschied zu nehmen und sich dann schleunigst nach Mantua aufzumachen. Dort sollte er sich aufhalten, bis der Mönch eine passende Gelegenheit fände, Romeos Vermählung mit Julia allgemein bekanntzugeben: hierdurch wäre ein einfaches Mittel gefunden, die beiden Familien miteinander zu versöhnen. Zweifellos werde sich dann der Herzog bereit finden, ihn zu begnadigen, und Romeo werde mit zwanzigmal mehr Freude zurückkehren, als er jetzt in seinem Herzeleide von dannen zöge. Überdies sei er ja nur dem Auge fern, in Wirklichkeit bleibe er mit den Getreuen in Verona

— zu denen sich der Mönch auch rechne — eng verbunden. Er, Lorenzo, werde ihn von Zeit zu Zeit brieflich auf dem laufenden halten.

Zu später Nachtstunde eilte Romeo zu seiner jungen Frau, die ihn mittels einer Strickleiter in ihr Gemach einließ.

Wer beschreibt Romeos Kummer, als es galt, für lange Zeit von der Geliebten Abschied zu nehmen! Aber er mußte die Stadt verlassen, ehe der Tag graute; denn Todesstrafe drohte ihm, wenn man ihn bei Anbruch des neuen Tages noch innerhalb der Mauern Veronas anträfe.

Das war erst der Anfang all der Leiden, welche das Schicksal über dies glückliche und doch so unglückliche Liebespaar verhängte.

Kaum war Romeo nach Mantua aufgebrochen, als der alte Graf Capuletti mit einem Heiratsplan zu seiner Tochter kam. Der Gatte, den er für Julia erwählt hatte, war Graf Paris, ein wackerer junger Edelmann, und wahrlich kein unwürdiger Freier, wäre Julia eben nicht schon verheiratet gewesen!

Julia erschrak nicht wenig, als ihr Vater dies Ansinnen an sie richtete. Bald aber

gewann sie ihre Fassung wieder und lehnte dann die ihr zugemutete Ehe ebenso liebenswürdig wie entschieden ab; sie sei noch zu jung; der Tod Tybalts sei ihr zu nahe gegangen, als daß sie einem Gatten mit heiterer Miene begegnen könne. Auf die Leichenfeier könne unmöglich eine Hochzeit folgen — kurz, sie erhob jeden nur möglichen Einwand, nur den wahren Grund verschwieg sie, nämlich den, daß sie bereits einem anderen Manne gehörte.

Aber Graf Capuletti blieb ihren Ausflüchten gegenüber taub. Mit aller Entschiedenheit gebot er seiner Tochter, sich für nächsten Donnerstag zur Vermählung mit dem Grafen Paris bereitzuhalten. Nachdem er ihr einen jungen, vornehmen, wohlhabenden Gatten ausgesucht habe, dem selbst die stolzeste Jungfrau Veronas freudigen Herzens die Hand zum Ehebund reichen würde, könne er es nicht dulden, daß Julia aus Eigensinn — denn als solchen legte er

ihre Weigerung aus — ihrem eigenen Glück Hindernisse in den Weg lege.

In ihrer Seelenpein wandte sich Julia an Bruder Lorenzo, ihren Ratgeber in Not und Bedrängnis.

Der fromme Mann fragte, ob sie vor einem verzweifelten Mittel zurückschrekke. Julia erwiderte, sie wolle lieber lebendig ins Grab steigen, als sich mit dem Grafen Paris vermählen, solange ihr geliebter Gatte Romeo noch lebe.

Daraufhin redete ihr Lorenzo zu, ruhig nach Hause zu gehen, sich fröhlich zu stellen und dem Wunsche ihres Vaters entsprechend in den Ehebund mit Paris einzuwilligen. Am Abend vor der Hochzeit solle sie den Inhalt des Fläschchens austrinken, das er ihr hiermit überreiche. Nach der Einnahme werde sie zweiundvierzig Stunden lang in tiefen Schlaf fallen und leblos sein. Wenn dann am Hochzeitsmorgen ihr Bräutigam komme, werde sie scheinbar tot sein. Dann werde sie der Landessitte entsprechend auf einer Bahre in die Familiengruft getragen. Wenn sie sich also dieser furchtbaren Prüfung unterziehen wolle, so werde sie zweiundvierzig Stunden nach Einnahme des Zaubertrankes wie aus einem Traum erwachen. Inzwischen wolle er ihrem Gatten über alles genau Kenntnis geben, der in der Nacht kommen, sie aus der Gruft befreien und nach Mantua entführen werde.

Die Liebe zu Romeo und die Angst vor einer Vermählung mit Paris gaben Julia Kraft, sich in dies grauenhafte Abenteuer einzulassen. Kurz entschlossen nahm sie das Fläschchen an sich und versprach dem Mönch, seinen Weisungen zu folgen.

Als sie aus dem Kloster kam, traf sie den jungen Grafen Paris. Sie stellte sich vergnügt und erklärte sich bereit, ihm die Hand zum Ehebund zu reichen. Wie freute sich der alte Graf Capuletti, als er diese frohe Kunde vernahm! Sie schien den alten Herrn förmlich zu verjüngen. Jetzt, da Julia versprach, gehorsam zu sein, war sie wieder seine liebe Tochter. Vergessen war die Kränkung, die sie dem greisen Vater durch ihre anfängliche Weigerung zugefügt hatte. Nun sollten aber auch keine Kosten gescheut werden, um eine Hochzeit auszurichten, wie sie Verona noch nie gesehen hatte.

Es sollte aber anders kommen.

Am Abend vor der Hochzeit nahm Julia den Zaubertrank ein. Sie konnte sich freilich einer gewissen Besorgnis nicht entsagen, der Mönch habe ihr das Gift gegeben, um Widerwärtigkeiten aus dem Wege zu gehen, welche ihm aus der heimlichen Trauung erwachsen könnten. Auch fürchtete sie, sie könne früher erwachen, als Romeo käme, und sich dann allein zwischen den Gebeinen der verstorbenen Mitglieder der Familie Capuletti befinden. Dann fielen ihr allerlei Geschichten von Geistern ein, die an den Stätten ihrer toten Leiber ihr unheimliches Unwesen trieben. Stärker aber als all diese trüben Gedanken war ihre Liebe zu Romeo und ihre Abneigung gegen den Grafen Paris. Beherzt nahm sie den Zaubertrank, und schon verlor sie das Bewußtsein.

Als der junge Graf Paris am anderen Morgen kam, um seine Braut mit Musik zu wecken, erlebte er eine schauerliche Überraschung: Statt einer lebenssprühenden

Braut bot sich ihm ihr lebloser Leichnam! Sein Wehklagen und Jammergeschrei erscholl durch das ganze Haus.

Der arme Graf! Schnöde hatte ihm der erbarmungslose Tod die geliebte Braut entrissen, noch ehe sie ihm die Hand zum Ehebund gereicht hatte.

Nicht minder erschütternd war das Herzeleid der Eltern. Ihr ganzes Glück war dies einzige Kind. Nun riß es der grausame Tod aus ihren Armen, gerade in dem Augenblick, wo die Eltern hoffen durften, daß dem schönen Mädchen durch einen verheißungsvollen Ehebund eine glückliche Zukunft gewiß war.

Nun mußten alle Hochzeitsvorbereitungen ihrem Zweck entfremdet werden: Das Hochzeitsmahl verwandelte sich in einen Leichenschmaus, die Brautlieder in Trauergesänge, die Blumen, die den bräutlichen Pfad hätten bestreuen sollen, dienten nunmehr dazu, ihren Leichnam zu schmücken. Statt des Priesters für die Trauungsrede brauchte man jetzt einen Geistlichen zum Nachruf am Grab. Der Zug bewegte sich freilich zur Kirche — aber ach, es war kein Hochzeitszug.

Schlimme Nachrichten — die bekanntlich immer schnellere Beine haben als gute — waren Romeo in Mantua zu Ohren gekommen, noch ehe der Bote eingetroffen war, den Bruder Lorenzo mit der Kunde abgesandt hatte, daß Julia

nicht gestorben, sondern nur in einen tiefen Schlaf gefallen war und dem Augenblick entgegenharre, wo Romeo käme, um sie aus ihrer schauerlichen Behausung zu befreien. Noch kurz zuvor war Romeo ungewöhnlich vergnügt und leichten Herzens gewesen. Nun aber hatte ihm ein Bote die Trauerkunde gebracht: Julia ist nicht mehr!

Sofort ließ er sein Pferd satteln und brach noch in der Nacht nach Verona auf – zum Grabe der teuren Entschlafenen. In seiner Verzweiflung erinnerte er sich eines verarmten Apothekers in Mantua. Ganz verhungert sah er aus, und in seinem armseligen Laden standen leere Büchsen und Dosen auf verstaubten Regalen. In seiner bitteren Not hatte er einmal zu Romeo gesagt: „Wenn jemand Gift braucht, dessen Veräußerung das Gesetz der Stadt Mantua mit dem Tod bestraft, hier wohnt ein armer Mensch, der es ihm gern verkauft." Also suchte Romeo den Apotheker auf, und dieser verkaufte nun gegen schweres Geld, dem er in seiner Armut nicht zu widerstehen vermochte, unserem Romeo ein Gift, welches ihn ins Jenseits befördern würde, selbst wenn er die Kraft von zwanzig Männern hätte.

Um Mitternacht kam er in Verona an. Bald fand er den Friedhof, in dessen Mitte die altehrwürdige Familiengruft der Capulettis lag. Er hatte eine Kerze, einen Spaten und ein Brecheisen mitgenommen. Eben war er im Begriff, die schwere eiserne Pforte zu sprengen, als er den beleidigten Ruf vernahm: „Niederträchtiger Montecchi, laß ab von deinem ruchlosen Beginnen!"

Es war die Stimme des Grafen Paris, der um diese ungewöhnliche Nachtstunde zum Grabe Julias gekommen war, um an ihrer Seite seinen Schmerz auszuweinen. Er konnte ja nicht wissen, welch Band Romeo und Julia verknüpfte. Nur das eine wußte er, daß er ein Montecchi war und als solcher – wie er annahm – ein

geschworener Feind aller Capulettis. Unzweifelhaft sei Romeo zu dieser späten Nachtstunde gekommen, um den Leichen einen Schimpf anzutun. Deshalb forderte ihn der Graf erregt auf, sich wegzuscheren. Und da Romeo überdies die Todesstrafe drohte, wenn man ihn innerhalb der Mauern Veronas fände, so wollte er ihn festnehmen.

„Laßt mich in Ruhe!", rief Romeo, „und reizt mich nicht! Weiß Gott, sonst könnte auf mein schuldbeladenes Haupt noch eine Sünde fallen, wenn Ihr mich zu einer Gewalttat zwingt!"

Aber Graf Paris spottete der Warnung und legte zum Zeichen der Verhaftung die Hand auf Romeos Schulter. Romeo wehrte sich, sie kämpften – und schon sank Graf Paris entseelt zu Boden.

Jetzt zündete Romeo seine Kerze an und erkannte, wen er da erschlagen hatte. Auf dem Weg von Mantua nach Verona hatte er bereits erfahren, daß Paris sich mit Julia hätte vermählen sollen. Darum reichte er dem jungen Grafen versöhnt die Hand. Dann öffnete er die Gruft und trug den toten Grafen hinein. Im schwachen Licht der Kerze erblickte er die holde Julia in unvergleichlicher Schönheit. Der Tod hatte ihre Gesichtszüge und ihre zarte Haut nicht verändern können. Es schien, als habe der Unhold vielmehr Julias Leichnam zu seiner eigenen Augenweide schön erhalten, denn sie lag da, als ob sie schliefe.

Neben Julia lag Tybalt. Romeo trat zu ihm, bat ihn um Verzeihung, nannte ihn um Julias willen einen lieben Vetter und sagte dann zu ihm: „Ich will dir einen Gefallen tun und mit der Hand, die dich tötete, mich selbst ums Leben bringen."

Darauf küßte er die bleichen Lippen seiner geliebten Frau ein letztes Mal, trank das Gift – und Romeo Montecchi schied aus dem Leben!

Wenige Minuten später war die vom Bruder Lorenzo gestellte Frist verstrichen. Jeden Augenblick mußte Julia erwachen. Bruder Lorenzo zählte die Minuten bis zu jenem erlösenden Augenblick. Wie verabredet, hatte er zwar den Brief an Romeo geschrieben und ihn aufgefordert, rechtzeitig zur Stelle zu sein, aber Romeo hatte ihn nicht erhalten, weil der Bote unterwegs in einem pestverseuchten Haus eingekehrt war und so an der Fortsetzung seiner Reise gehindert wurde. Das hatte der Mönch erfahren. Als die Stunde nahte, kam er darum selber mit Spitzhacke und Laterne auf den Friedhof. Wie staunte er, als er in der Gruft eine Kerze brennen sah, deren blasser Schein Romeo und Paris entseelt nebeneinander liegend beleuchtete.

Ehe er sich Gedanken darüber machen konnte, wie diese schrecklichen Vorgänge sich abgespielt haben mochten, erwachte Julia. Als sie den Mönch erblickte, ward sie sich bewußt, wo und weshalb sie hier war. Ihr erstes Wort war die bange Frage: „Wo ist mein Mann? Wo ist Romeo?"

Aber der Mönch, der draußen Geräusche vernahm, forderte sie auf, schnell den Ort des Todes zu verlassen, denn eine höhere Macht habe ihre Pläne durchkreuzt. Dann lief er weg, aus Angst vor dem ungewöhnlichen Lärm, der auf dem Friedhof zu hören war.

Als Julia ihren Geliebten mit dem Giftfläschchen in der Hand erblickte, wußte sie, daß er seinem Leben ein Ende gemacht hatte. Sie nahm es an sich und hielt es prüfend gegen das Licht:

„O du Böser! Alles
zu trinken, keinen güt'gen Tropfen mir
zu gönnen, der mich zu dir brächt? — Ich will
dir deine Lippen küssen. Ach, vielleicht
hängt noch ein wenig Gift daran, an dem
vielleicht ich sterben kann…"

Aber nein, kein Tropfen netzte seine Lippen!

Da riß sie seinen Dolch aus der Scheide, stieß ihn sich ins Herz und sank dann neben dem Geliebten nieder.

Unterdessen kam die Wache herangerückt. Ein Page des Grafen Paris, der Augenzeuge des Kampfes zwischen seinem Herrn und Romeo gewesen war, hatte die Bürger geweckt, die alsbald auf die Straßen liefen und einander teils wahrheitsgetreu, teils übertrieben diese neueste Episode der beiden gräflichen Familien erzählten. Die große Erregung in der Stadt hatte auch die Grafen Montecchi und Capuletti sowie den Dogen aus ihrer Nachtruhe aufgeschreckt. Sie alle eilten herbei und fragten, was es gebe. Eine sonderbare Rolle schien dabei der hochgeachtete Bruder Lorenzo zu spielen, den die Wache festgenommen hatte, gerade als er zitternd und weinend, kurz, unter verdächtigen Umständen, vom Friedhof kam. In Gegenwart einer großen Volksmenge, die sich inzwischen an der Gruft der Familie Capuletti angesammelt hatte, forderte der Herzog den Mönch auf, alles, was er von diesen sonderbaren, unheilvollen Vorgängen wußte, zu erzählen.

In Gegenwart der alten Grafen Montecchi und Capuletti erzählte der treue, wohlmeinende Mönch wahrheitsgetreu die Geschichte von der verhängnisvollen Liebe ihrer Kinder, von dem Anteil, den er selbst an der Vollziehung ihrer Ehe hatte, und von seiner Absicht, durch diese die jahrelange Fehde der beiden Familien zu begraben: wie Romeo sich mit Julia heimlich vermählt habe und wie ihr, ehe er, Lorenzo, Gelegenheit fand, ihre Vermählung bekanntzugeben, ein anderer Gatte aufgezwungen werden sollte; wie Julia vor dem Verbrechen einer zweiten Ehe zurückschreckte und lieber seinem Rate entsprach und einen Schlaftrunk nahm, so daß alle sie für tot hielten; wie er inzwischen Romeo brieflich gebeten habe, sie aus der Gruft zu holen, wenn der Zaubertrank zu wirken aufhöre, und wie durch ein beklagenswertes Mißgeschick der Brief an Romeo unbestellbar geblieben sei.

Mehr wußte der Mönch nicht. Denn als er kam, um Julia zu befreien, hatte er zu seinem großen Entsetzen den Grafen Paris und Romeo tot vorgefunden.

Alles übrige konnten der Page, der den Kampf zwischen Paris und Romeo mit

angesehen hatte, und auch der Diener, der Romeo von Verona aus begleitet hatte, erzählen. Dem Diener hatte Romeo ein Schreiben an seinen Vater übergeben, das die Worte des Bruders Lorenzo Punkt für Punkt bestätigte. Darin bat der hartgeprüfte Romeo seine Eltern um Verzeihung für das große Leid, das er ihnen zufüge, und berichtete ausführlich von seiner Ehe mit Julia, von dem Erwerb des Giftes und von seinem Entschluß, die Gruft aufzusuchen, dort zu sterben und neben Julia zu ruhen.

Jetzt war es offenbar, daß der Mönch an jenen Mordtaten keinerlei Schuld trug. Sie waren eben nur die unbeabsichtigten Folgen seiner wohlgemeinten, aber zu kunstvoll ersonnenen Pläne.

Nun sprach der Herzog. Mit zu Herzen gehenden Worten führte er den alten Grafen Montecchi und Capuletti den ganzen Widersinn ihres unbegreiflichen Hasses vor Augen, der ihre unschuldigen Kinder in den Tod getrieben hatte. Die Worte des Fürsten verfehlten ihre Wirkung nicht: die jahrelangen Feinde versöhnten sich angesichts ihrer so teuren Toten und begruben ihre Fehde für ewig.

Graf Capuletti reichte dem Grafen Montecchi die Hand und nannte ihn Bruder, als gäbe er noch nachträglich seinen Segen zu der Verbindung seiner Tochter mit dem Sohne des einstigen Feindes. Graf Montecchi versprach, er werde seiner Schwiegertochter, die er leider erst im Tode kennengelernt habe, eine Statue aus lauterem Gold errichten lassen, damit — solange Verona seinen Namen trage — keine andere an Schönheit und trefflicher Ausführung der bis in den Tod treuen Julia gleichkäme. Graf Capuletti versprach wieder, Romeo ein würdiges Denkmal zu setzen.

So suchten die armen alten Edelleute einander in der Erweisung von Liebesdiensten zu überbieten, jetzt, da es zu spät war für alle Zeit...

HAMLET, PRINZ VON DÄNEMARK

Als Königin Gertrud von Dänemark durch den plötzlichen Tod ihres Gemahls König Hamlet verwitwete, vermählte sie sich zwei Monate nach diesem traurigen Ereignis mit Claudius, dem Bruder des verstorbenen Königs. Diesen Schritt der Königin betrachtete das ganze Volk als ein Zeichen seltener Geschmacklosigkeit, ja, man warf ihr sogar Gefühllosigkeit vor, denn Claudius glich ihrem verstorbenen Gatten weder in der äußeren Erscheinung noch in seiner Gemütsart. Er war ein häßlicher, so gar nicht königlicher Mann und hatte überdies einen gemeinen Charakter und eine niedrige Gesinnung.

„Des Volkes Stimme ist Gottes Stimme", sagt ein Sprichwort, und im Herzen des Volkes keimte ganz allgemein der Verdacht auf, Claudius habe seinen Bruder heimlich beseitigt, um die Königinwitwe heiraten zu können und ihren Sohn Hamlet, den gesetzlichen Nachfolger des Verstorbenen, von der Thronfolge auszuschließen und selber den Thron zu besteigen.

Niemanden traf der unüberlegte Schritt der Königin so schwer wie den jungen Prinzen, der das Andenken seines Vaters fast abgöttisch verehrte. Und da er ein sehr ausgeprägtes Ehrgefühl besaß und wohl wußte, was sich ziemte und was Anstoß erregte, ging ihm die unwürdige Handlungsweise seiner Mutter besonders nahe zu Herzen.

Der Gram über den Tod des Vaters und die Entrüstung über die neue Ehe seiner Mutter bewirkten, daß der Prinz von tiefer Schwermut befallen wurde. Der einst so blühende Jüngling sah blaß und elend aus, seine Heiterkeit war grübelndem Ernst gewichen, und seine geliebten Bücher betrachtete er kaum noch. Auch die ritterlichen Spiele seiner Altersgenossen waren ihm gleichgültig geworden. Seine Lebenslust verwandelte sich in Lebensüberdruß, er verachtete die Welt, die ihm wie ein wüster Garten vorkam, in dem alle Blumen geknickt waren und nur Unkraut wucherte. Dabei kränkte ihn nicht so sehr der Verlust des ererbten Thrones wie die Lieblosigkeit seiner Mutter, die seinen Vater so rasch vergessen konnte und schon nach zwei Monaten eine neue Ehe, noch dazu mit seinem Oheim, schloß. Wurde diese ungleiche Ehe schon wegen der nahen Verwandtschaft der beiden Gatten für unschicklich gehalten, so schien sie vollends unverständlich infolge der Hast, mit der sie geschlossen wurde und angesichts des unbedeutenden, unköniglichen Menschen, den sich Gertrud erkoren hatte.

All dies lastete auf der Seele des jungen Prinzen schwerer als der Verlust von zehn Königreichen und umschattete sein Gemüt mit düsteren Wolken.

Natürlich versuchten die Königin und ihr neuer Gemahl, den Prinzen aufzuheitern und zu zerstreuen, doch vergebens. Er erschien bei Hofe stets in dunkler Trauerkleidung, die er trotz der Bitten der Mutter nicht einmal an ihrem Hochzeitstag ablegte. Und selbstverständlich war er nicht zu bewegen, sich an der Feier und den Festlichkeiten jenes — wie ihm schien — unheilvollen Tages zu beteiligen.

Am meisten aber beunruhigte ihn die Ungewißheit, wie sein Vater wirklich ums Leben gekommen war. Claudius hatte das Gerücht verbreitet, sein Bruder sei durch den Biß einer Schlange getötet worden. Aber Hamlet hatte seinen Oheim stark im Verdacht, den König selbst umgebracht zu haben, um sich der Krone und des Thrones bemächtigen zu können.

Inwiefern dieser Verdacht begründet und wieweit seine Mutter von der Mordtat gewußt hatte und mitschuldig war — das waren die Zweifel, die den Prinzen quälten und ihm manche bittere Stunde bereiteten.

Inzwischen war dem Prinzen das Gerücht zu Ohren gekommen, um Mitternacht wäre den Wachtposten auf der Terrasse des königlichen Schlosses zwei- oder dreimal hintereinander ein Geist erschienen, der seinem verstorbenen Vater täuschend ähnlich sah. Die Gestalt erschien stets von Kopf bis Fuß gepanzert, und zwar in derselben Rüstung, die der König bei Lebzeiten zu tragen pflegte. Auffallenderweise stimmten die Aussagen aller, die den Geist gesehen hatten — und dazu gehörte Hamlets bester Freund Horatio —, überein: Der Geist kam regelmäßig, wenn es zwölf schlug, ganz bleich, mit einer mehr kummervollen als ärgerlichen Miene; er hatte einen grauen Bart und trug einen silberweißen Zobelpelz. Nie gab er eine Antwort, wenn er angesprochen wurde, nur einmal schien es, als ob er sein Haupt erhöbe und eine Bewegung machte, als ob er reden wollte. Doch da verkündete der Hahnenruf das Nahen des neuen Tages, der Geist zuckte zusammen und entschwand.

Hamlet war über diese Erzählung sehr betroffen. Sie war aber so glaubhaft, daß er nicht an ihrer Wahrheit zu zweifeln wagte und beschloß, in der folgenden Nacht selbst mit Wache zu halten. Vielleicht würde sich der Geist abermals zeigen. Ohne Grund hatte er sich bestimmt nicht eingestellt, sicher wollte er etwas mitteilen. Wenn er auch bisher geschwiegen hatte, so würde er doch ihm, seinem Sohn, Rede stehen. Deshalb harrte Hamlet nun ungeduldig auf den Anbruch der Nacht.

Gegen Mitternacht begab sich der Prinz mit seinem Freund Horatio und dem wachhabenden Offizier Marcellus auf die Terrasse, wo sich die Erscheinung zu

zeigen pflegte. Es war eine bitterkalte Nacht, die Luft ungewöhnlich klar und schneidend. Während sich Hamlet noch mit Horatio und dem Offizier über die Kälte unterhielt, hallte der erste Mitternachtsschlag vom Turm und Horatio stieß plötzlich einen Schrei aus: „Da, da steht er!" Wirklich, der Geist stand vor ihnen!

Ja, das war sein Vater! Hamlet war starr vor Überraschung und Furcht. Er rief zuerst alle Engel und himmlischen Mächte an, sie in ihren Schutz zu nehmen, denn noch wußte er nicht, ob es ein guter Geist war oder ein böser, ob er Gutes oder Böses im Schilde führte. Allmählich aber faßte sich der Prinz ein Herz.

Sein Vater schien so bittend zu ihm hinzublicken, als wünsche er eine Unterredung mit dem Sohn. Jetzt schwand auch der letzte Zweifel: Es mußte tatsächlich der Geist des verstorbenen Königs sein! Er sah noch genau so aus wie

bei Lebzeiten, so daß Hamlet ihn einfach anreden mußte. Er nannte ihn beim Namen „Hamlet", „König" und „Vater" und beschwor ihn, er möge ihm doch sagen, warum er seiner Gruft entstiegen und wiedergekehrt sei, um die Erde bei Mondenschein zu besuchen. Gäbe es irgendein Mittel, seiner gequälten Seele Ruhe zu verschaffen, so möge er's ihm anvertrauen, er werde in treuer Sohnesliebe alles tun, was er von ihm verlange.

Da winkte der Geist dem Prinzen, ihm nach einer entlegenen Stelle zu folgen, wo sie beide allein wären. Horatio und Marcellus rieten dem Freund ab, dem Wink der bleichen Geisterhand zu gehorchen, denn sie fürchteten, er könnte ein böser Geist sein, der den Prinzen ins nahe Meer oder auf den Gipfel eines steilen Felsens locken und seinen Sinn verwirren wolle. Aber weder Bitten noch Ratschläge vermochten Hamlet von seinem Entschluß abzubringen. Für die dringenden

Vorstellungen der Freunde hatte er nur ein trauriges Lächeln. Was kümmerte ihn sein Leben! Er fühlte sich stark wie ein Löwe, und so riß er sich entschlossen von ihnen los und folgte der Erscheinung.

Als Hamlet mit dem Geist allein war, brach dieser das Schweigen und teilte dem überraschten Jüngling mit, daß er in der Tat der Geist seines verstorbenen Vaters Hamlet sei. Grausam habe ihm, wie man richtig vermute, sein eigener Bruder Claudius, der Oheim des Prinzen, umgebracht. Als er, wie gewöhnlich, eines Nachmittags im Garten schlief, habe sich sein verräterischer Bruder herangeschlichen und ihm den Saft des giftigen Bilsenkrauts ins Ohr geträufelt. So habe die Hand des eigenen Bruders ihn im Schlafe seiner Krone, seiner Gattin und seines Lebens beraubt. Er beschwor den Sohn, wenn noch ein Funken Liebe in ihm glühe, den schändlichen Meuchelmord zu rächen. Und er beklagte sich bitter über die Königin, die sich nicht nur schwer an ihrem Gatten versündigt hatte, sondern überdies noch seinen Mörder heiratete. Aber dennoch dürfe er sich nie an seiner Mutter vergreifen, schärfte der Geist dem Prinzen ein, ganz gleich, was er gegen seinen verbrecherischen Oheim unternehmen wolle. Die Königin möge er der Strafe des Himmels und ihren eigenen Gewissensbissen überlassen.

Hamlet versprach, diese Befehle in allen Stücken treu zu befolgen, und der Geist verschwand.

Als der Prinz wieder allein war, legte er das feierliche Gelübde ab, von Stund an alles zu vergessen, was er bisher gelernt und erlebt hatte, und nur noch an die Erfüllung all dessen zu denken, was ihm der Geist aufgetragen hatte. Die Einzelheiten der Unterredung mit dem Geist teilte er nur seinem Freund Horatio mit, und er beschwor ihn wie auch den Leutnant Marcellus, über die Vorgänge jener Nacht strengstes Schweigen zu bewahren.

Und während ihm der Schreck über die Erscheinung des Geistes und das furchtbare Geheimnis, das ihm dieser enthüllt hatte, noch in allen Gliedern saß, reifte ein sonderbarer Entschluß in ihm: er wollte sich fortan wahnsinnig stellen, damit er dem Oheim nicht durch ein unbedachtes Wort oder sein Mienenspiel seinen unbändigen Abscheu und Haß verriete. Von einem Geistesgestörten würde Claudius kaum vermuten, daß er etwas Böses gegen ihn im Schilde führte und ihm auch keine ernste Tat zutrauen.

Von nun spielte Hamlet die Rolle eines Wahnsinnigen in Gebärde, Rede und Benehmen so echt, daß sich der König und die Königin täuschen ließen. Sie nahmen aber an, die Liebe zu einem Mädchen habe seinen Geist so verwirrt, und glaubten auch zu wissen, wer dieses Mädchen war.

Bevor der Prinz durch seines Vaters Tod so schwermütig wurde, hatte er die schöne Ophelia geliebt, die einzige Tochter des königlichen Kanzlers Polonius. Er hatte Briefe mit ihr gewechselt und ihr Ringe und andere Zeichen seiner Zuneigung gesandt, und das junge Mädchen erwiderte seine Liebe. In den Herzen der beiden Liebenden glühten stolze Hoffnungen auf eine gemeinsame, sonnige Zukunft, bis der Tod des Vaters den Prinzen so erschütterte, daß er die Geliebte

arg vernachlässigte. Als er nun gar den Plan faßte, sich wahnsinnig zu stellen, mußte er natürlich auch Ophelia kalt und unfreundlich behandeln. Aber das junge Mädchen war herzensgut und machte dem Geliebten wegen seiner Kälte keine Vorwürfe. Sie schrieb sein Verhalten lediglich seiner trüben Stimmung zu, die — wie sie hoffte — bald vorübergehen würde.

Wenn nun auch der Racheplan, der in Hamlets Herzen nistete, nicht im Einklang stand zu heiterem Liebesgetändel und ihm überdies für Zusammenkünfte mit der Geliebten kaum Zeit ließ, so weilte er dennoch in seinen Gedanken stets bei ihr. In einem solchen Augenblick treuen Gedenkens, wo sich Hamlet seines mehr als unfreundlichen Benehmens gegen Ophelia so recht bewußt ward, schrieb er der Geliebten einen Brief in so leidenschaftlichen, ja überschwenglichen

Worten, die ganz seinem vorgespiegelten Wahnsinn entsprachen. Aber weil zwischen den Zeilen doch hier und da ein Strahl seines alten Wesens aufblitzte, erkannte Ophelia, daß er sie im Grunde seines Herzens noch immer liebte.

Freudig eilte sie zu ihrem Vater und zeigte ihm den Brief, und Polonius fühlte sich verpflichtet, ihn auch dem König und der Königin vorzulegen. Nachdem sie ihn gelesen hatten, waren sie mehr denn je überzeugt, daß Hamlets Wahnsinn nur seiner Liebe zu der schönen Tochter des Polonius entspränge, und die Königin hoffte, des Prinzen Leiden werde durch die Vereinigung mit der Geliebten bald behoben sein.

Hamlets Krankheit war aber viel ernster, als die Königin ahnte, und nicht so einfach zu heilen, wie sie glaubte. Dem Prinzen stand noch immer der Geist seines

Vaters vor Augen, und der Schwur, den feigen Mord zu rächen, ließ ihn keinen Augenblick Ruhe finden. Jede untätig verbrachte Stunde, jede Verzögerung in der Erfüllung des väterlichen Gebots schien ihm eine Sünde zu sein. Überdies war die Aufgabe, die er übernommen hatte, sehr schwierig: galt es doch, den König zu töten, der beständig von seiner Leibwache umgeben war! Oft sank ihm der Mut bei dem Gedanken, daß der Thronräuber der Gemahl seiner Mutter war und sie Claudius' Tod zum zweiten Mal zur Witwe machen würde. Daß sich überdies ein so zart besaitetes Gemüt wie Hamlet mit dem Gedanken, jemand ums Leben zu bringen — und noch dazu den eigenen Oheim —, nicht recht befreunden konnte, ist klar. Er schwankte daher lange, ob er die Tat ausführen sollte oder nicht. Vielleicht hatte ihn die Erscheinung zum Narren gehalten? Vielleicht war der

227

Geist, den er gesehen hatte, gar nicht sein Vater, sondern der Teufel, der sich des Prinzen Schäche und Schwermut zunutze machen und ihn zu dieser verzweifelten Handlung, wie sie ein Mord darstellt, treiben wollte.

Hamlet beschloß daher, noch zu warten, bis er gewichtigere Gründe für sein Vorhaben hätte, als es die Erscheinung des Geistes war, die vielleicht auf einer Täuschung beruhte.

Bald konnte Hamlet vom Entschluß zur Tat schreiten.

Bei Hof traf nämlich eine Schauspielertruppe ein, an deren Aufführungen Hamlet stets Gefallen gefunden hatte. Jedesmal, wenn die Künstler erschienen, mußten sie ihm ein Gedicht auf den Tod des greisen Königs Priamus von Troja und über den Schmerz seiner Gattin Hekuba vortragen.

Hamlet begrüßte sie als seine lieben, alten Freunde und bat einen der Schauspieler, er möge dies ergreifende Gedicht wieder einmal deklamieren. Der Aufgeforderte tat dies mit so viel Lebhaftigkeit und Feuer, er wußte die grausame Ermordung des altersschwachen Königs und den wahnsinnigen Schmerz der Königin sowie die Einäscherung der Stadt und die Vernichtung des trojanischen Volkes so naturgetreu auszumalen, daß nicht nur alle, die es mit anhörten, tiefste Rührung übermannte, sondern daß auch der Darsteller selbst infolge seiner inneren Anteilnahme und Ergriffenheit kaum seinen Vortrag beenden konnte. Wie er die arme Königin schilderte, die barfuß durch den Palast irrte, das edle Haupt, welches sonst die königliche Krone schmückte, mit einem elenden Lappen umwunden, die hoheitsvolle Gestalt mit einem in der Eile zusammengerafften Laken umhüllt — fürwahr, da blieb kein Auge trocken.

Auch der Schauspieler weinte, weinte um Menschen, die er nie gesehen hatte, die vielleicht viele hundert Jahre vor ihm gelebt hatten.

Nur Hamlet, der alle Ursache gehabt hätte zu trauern und zu klagen, da ihm ein wirklicher König, ein wirklicher Vater entrissen worden war, dieser Hamlet war äußerlich so wenig erschüttert, daß es schien, als habe er seinen Racheplan aufgegeben. — Es schien freilich nur so!

In Wirklichkeit sann er über die Wirkung nach, die ein gutgespieltes, lebensvolles Stück auf den Zuschauer ausüben kann. Dabei fiel ihm das Beispiel eines Mörders ein, der, als er auf der Bühne einen Mord verüben sah, durch die bloße Gewalt der Handlung und die Ähnlichkeit der Begleitumstände mit seinem eigenen Verbrechen so ergriffen wurde, daß er auf der Stelle hinging und den Mord eingestand.

Darum faßte Hamlet den Entschluß, mit den Schauspielern ein die Ermordung seines Vaters behandelndes Stück einzustudieren und dies in Gegenwart seines Oheims aufführen zu lassen. Welchen Eindruck würde es wohl auf den König machen? Würde er sich schuldbewußt zeigen oder würde er den Anblick ruhig ertragen?

Schon bei den Proben leisteten die Schauspieler ihr Bestes. Endlich fand die Aufführung statt, zu der Hamlet auch das Königspaar und die Würdenträger des Reiches einlud.

Das Stück behandelte einen zu Vienna an einem Herzog verübten Mord. Der Herzog hieß Gonzago, seine Gemahlin Baptista. Im Verlaufe der Handlung vergiftete Luzianus, ein naher Verwandter Gonzagos, den Herzog in seinem Schloßgarten und vermählte sich nach kurzer Zeit mit seiner Witwe.

Während der Vorstellung wandte Hamlet, der in einer Seitenloge saß, keinen Blick von dem König, der ahnungslos in die von seinem Neffen gestellte Falle ging.

Das Stück begann mit einer Unterhaltung zwischen Gonzago und seiner Gemahlin, worin diese dem Herzog ihre Liebe beteuerte und den Schwur ablegte, nie einen zweiten Gatten zu nehmen, falls sie ihn überleben würde. Die Erde möge

sie verschlingen, wollte sie sich je wieder verheiraten; das täten nur ganz gefühllose Frauen, die ihren ersten Mann ermordet hätten.

Hamlet beobachtete, wie sein Oheim bei diesen Worten ganz blaß wurde! Als aber Luzianus den Herzog im Garten ermordete, traf die Ähnlichkeit dieser Schandtat mit seinem eigenen Verbrechen das Gewissen des Thronräubers so hart, daß er unfähig war, der Vorstellung bis zum Schluß beizuwohnen. Er schützte ein plötzliches Unwohlsein vor — vielleicht ward er auch tatsächlich von einem solchen befallen —, befahl, sein Zimmer zu erleuchten und verließ fluchtartig das Theater.

Hamlet hatte genug gesehen, um die Untrüglichkeit der Geistererscheinung sowie die Wahrheit ihrer Enthüllungen nicht mehr zu bezweifeln. In einer Anwandlung von Ausgelassenheit, die denjenigen ergreift, der plötzlich über einen an seiner Seele nagenden Zweifel Klarheit erlangt, schwur er seinem Freund Horatio: „Ich wette tausend Pfund auf das Wort des Geistes."

Aber ehe er sich darüber schlüssig werden konnte, welche Schritte er nun unternehmen sollte, um das seinem Vater gegebene Versprechen einzuhalten, ließ ihn die Königin zu einer vertraulichen Unterredung in ihr Privatgemach bitten. Das geschah auf Veranlassung des Königs. Frau Gertrud sollte dem Sohn das elterliche Mißfallen über sein Benehmen ausdrücken. Damit aber der König alle Einzelheiten des Gesprächs zwischen Mutter und Sohn erführe, mußte sich der alte Kanzler Polonius hinter einem Vorhang im Gemach der Königin verstecken, um ungesehen alles, was gesprochen wurde, mit anzuhören.

Als Hamlet bei seiner Mutter erschien, machte sie ihm wegen seines Verhaltens heftige Vorwürfe. Er habe damit seinem „Vater", ihrem Gemahl und König, eine schwere Beleidigung zugefügt.

Hamlet verbat sich, daß der ihm so verehrungswürdige Name „Vater" einem Unwürdigen gegeben werde. Dieser angebliche „Vater" sei nichts anderes als ein ganz gemeiner Mörder. Nichts Gutes ahnend, sagte die Königin: „Du scheinst zu vergessen, mit wem du sprichst!"

„Wollte Gott", erwiderte Hamlet erregt, „ich könnte es vergessen! Ihr seid die Königin, die Gattin Eures Schwagers; Ihr seid meine Mutter — wäret Ihr es doch nicht!"

„Nun denn", sagte die Königin und erhob sich, „wenn du mir so wenig Ehrfurcht zollst, sollen andere dich zur Vernunft bringen!"

Und sie wollte hinauseilen, um den König oder den Kanzler herbeizuholen. Hamlet aber vertrat ihr den Weg, packte sie am Handgelenk und drückte sie auf einen Sessel nieder, um ihr unter vier Augen einmal ihre ganze Verruchtheit zu Bewußtsein zu bringen.

Zu Tode erschrocken über sein barsches Auftreten und aus Angst, er könnte ihr in seinem Wahnsinn ein Leid zufügen, stieß die Königin einen Schrei aus, den eine Stimme hinter dem Vorhang sofort mit dem Ruf beantwortete: „Helft, helft der Königin!"

Hamlet, der den König hinter dem Vorhang vermutete, zog sein Schwert und stieß nach der Stelle, woher der Ruf gekommen war. Die Stimme verstummte, und mit einem dumpfen Fall sank der Getroffene zu Boden.

Als er den Leichnam hervorzog, erkannte Hamlet mit Schrecken, daß er nicht den König, sondern dessen treuen Kanzler Polonius getötet hatte!

„O weh", seufzte die Königin, „welche übereilte, blutige Tat hast du begangen!"

„Eine blutige Tat, ja", entgegnete Hamlet, „aber keine so schlimme wie deine. Denn du hast ja einen König umgebracht und seinen Bruder geheiratet!"

Hamlet hatte sich zu weit hinreißen lassen, um jetzt noch etwas zurücknehmen zu können. Er war gerade in der rechten Stimmung, um seiner Mutter offen die ganze Abscheulichkeit ihres Tuns und Treibens vor Augen zu führen. Er hielt ihr vor, wie unrecht es war, daß sie nicht einmal die übliche Trauerzeit abgewartet hatte und wenige Wochen nach dem Tod des Vaters seinen schon damals von der öffentlichen Meinung als Mörder verdächtigten Bruder heiratete. Eine solche Handlungsweise lasse die so hoch gepriesene Treue der Frauen als eitel Heuchelei erscheinen und mache die Betreffende unwürdig, noch länger im Sonnenlicht zu wandeln.

Dann deutete er auf zwei an der Wand hängende Bilder, von denen eins den verstorbenen, das andere den jetzigen König darstellte, und machte die Königin auf den Unterschied zwischen den beiden aufmerksam: Wie hoheitsvoll, ja göttergleich sah sein Vater aus, und wie wenig glich ihm der verschlagen dreinblickende Mann, dem sie erlaubt hatte, neben ihr auf dem Thron zu sitzen!

Da schämte sich die Königin. Antworten konnte sie nicht — was hätte sie auch auf die Vorwürfe erwidern sollen, die nur allzu gerechtfertigt waren!

Als Hamlet sich zu neuen Vorwürfen anschickte, erschien plötzlich der Geist seines Vaters, gerade so, wie er ihn jüngst gesehen hatte. Bestürzt fragte ihn Hamlet, was er wolle. Der Geist erwiderte, er komme, um den Sohn an die versprochene Rache zu erinnern, er scheine sie vergessen zu haben. Und dann mahnte er Hamlet, rücksichtsvoller mit der Mutter umzugehen — der Schreck und Gram könnte sie leicht töten!

Dann verschwand er. Doch merkwürdig, nur Hamlet hatte den Geist gesehen, die Mutter nicht. Deshalb hielt sie das Zwiegespräch mit dem Geist für ein erregtes Selbstgespräch, und Hamlets angeblichen Gesprächspartner für eine Ausgeburt seiner krankhaft überreizten Phantasie.

Hamlet aber erklärte seiner Mutter ruhig, nicht sein angeblicher „Wahnsinn", sondern ihre Blutschuld habe den Geist des Vaters heraufbeschworen. Mit Tränen in den Augen bat er die Königin, für das früher begangene Unrecht die Gnade des Himmels herabzuflehen und in Zukunft jedes Zusammensein mit dem König zu meiden. Würde sie das Andenken seines Vaters fortan heilig halten und ihm dadurch beweisen, daß sie eine wirkliche Mutter sei, dann wolle er als guter Sohn auch wieder ihren mütterlichen Segen erbitten.

Die Königin versprach ihm alles, und damit endete die Unterredung. Frau Gertrud verließ das Gemach.

Hamlet, allein geblieben, wurde sich mit Schrecken bewußt, wen er in seiner Übereilung getötet hatte — den Vater seiner geliebten Ophelia. Weinend beugte er sich nieder und schleifte den Leichnam aus dem Gemach.

Der tragische Tod des Polonius gab dem König einen willkommenen Vorwand, sich Hamlets zu entledigen. Am liebsten hätte er ihn hinrichten lassen, denn er hatte erkannt, daß der Prinz ihm gefährlich werden konnte. Doch da er den Unwillen des Volkes fürchtete, das Hamlet sehr liebte, und er auch auf die Königin Rücksicht nehmen mußte, die trotz aller Fehler mit ganzem Herzen an ihrem

einzigen Sohn hing, wagte er dies doch nicht zu tun. Er schickte den Prinzen in die Verbannung, angeblich, um ihm die Aufregungen des Prozesses zu ersparen, der ihm wegen des an Polonius verübten Totschlags drohte. Der König ließ Hamlet unter Aufsicht zweier Höflinge zu Schiff nach England geleiten, das damals von Dänemark unterworfen und ihm tributpflichtig war. In einem Schreiben an den englischen Hof befahl der König, den Prinzen gleich nach seiner Ankunft hinrichten zu lassen.

Unterwegs machte der ungewöhnliche Diensteifer der beiden Höflinge den Prinzen stutzig. Er witterte Verrat und erbrach in der Nacht heimlich das wohlversiegelte Schreiben. Als er seinen Verdacht bestätigt fand, entfernte er seinen Namen und schrieb an dessen Stelle die Namen der beiden Höflinge. Dann

233

versiegelte er den Brief wieder und legte ihn dorthin zurück, wo er ihn gefunden hatte.

Bald darauf wurde das Schiff von Seeräubern angehalten. Hamlet betrat ganz allein mit dem Schwert in der Hand das feindliche Schiff, während seine Begleiter ihn feig im Stich ließen und schleunigst von dannen segelten — zu ihrem größten Schaden, denn sie wurden gleich nach ihrer Ankunft in England hingerichtet. Die Seeräuber fügten dem Prinzen aber kein Leid zu. Um Gegenteil, in der Hoffnung, der junge Fürst werde sich ihnen später einmal erkenntlich zeigen, gaben sie ihm im nächsten dänischen Hafen die Freiheit und entschuldigten sich noch vielmals wegen der Aufregungen, die sie ihm bereitet hatten.

Gleich nach seiner Landung auf heimatlichem Boden schrieb Hamlet an den König, er werde am nächsten Tag wieder in der Heimat eintreffen und dann nicht versäumen, sich bei Seiner Majestät zurückzumelden.

Aber als er nach Hause kam — welch trauriger Anblick bot sich seinen Augen: Ophelia, seine liebe Braut, wurde zu Grabe getragen!

Seit ihres Vaters Tod war sie in tiefe Schwermut gefallen. Der Gedanke, daß ihr Vater durch die Hand des Geliebten starb, raubte ihr den Schlaf, und bald war sie so hinfällig, daß sich ihre Sinne verwirrten. So schenkte sie zum Beispiel Blumen, die für ihres Vaters Grab bestimmt waren, den Hofdamen der Königin, und oft sah man sie ziellos, mit starren Blicken und wirre Lieder von Tod und Liebe singend umherirren.

Eines Tages pflückte sie am Ufer eines Flusses Gänseblümchen, Nesseln und Unkraut und flocht sich daraus einen Kranz, mit dem sie ihr reiches, blondes Haar schmückte. An einem Weidenbaum kam ihr der Gedanke, den Kranz in der luftigen Höhe an die Zweige zu hängen. Sie kletterte empor. Da brach plötzlich ein Ast unter ihr und Ophelia stürzte in den Fluß hinab. Eine Zeitlang hielten ihre Kleider sie noch über Wasser und sie sang unbekümmert ihre wirren Lieder weiter, ohne zu ahnen, in welcher Gefahr sie schwebte. Doch schließlich sank sie in die Tiefe.

Ophelias Grabgeleit war nun das erste, was bei seiner Rückkehr in die Heimat auf Hamlet einstürmte! Tiefernst schloß er sich dem Trauerzug an, in dem außer Laertes, dem Bruder Ophelias, auch der König und die Königin einherschritten. Auf dem Friedhof blieb Hamlet zurück, um die Trauerfeier durch sein Erscheinen nicht zu stören. Doch als die Königin Blumen auf den Sarg in der Grube streute und dabei sprach: „O Holdeste der Holden! Ich hoffte, dein Brautkleid schmücken zu dürfen, wenn du meines Hamlet Gattin würdest, und nun muß ich Blumen in dein Grab streuen", als Laertes ans Grab trat und den Wunsch aussprach, es möchten Veilchen daraus hervorsprießen und er in seinem Schmerz um die geliebte Schwester in die offene Grube sprang und die Trauergäste anflehte, ihn zusammen mit Ophelia zu begraben — da vermochte auch Hamlet seinen Schmerz um die Geliebte nicht länger zu zügeln. Er trat aus seinem Versteck hervor, sprang gleichfalls in das Grab und brach wie Laertes in bitterliche

234

Tränen aus. Kaum erkannte Laertes den Prinzen, der, wie er meinte, den Tod seines Vaters und seiner Schwester verschuldet hatte, packte er Hamlet an der Kehle und hätte ihn zweifellos erwürgt, wenn ihn die übrigen Trauergäste nicht daran gehindert hätten.

Nach dem Begräbnis bat Hamlet Laertes um Verzeihung wegen des großen Kummers, den er ihm bereitet hatte. Nur seine innige Liebe zu Ophelia habe ihm die Beherrschung geraubt — und scheinbar versöhnt schieden die beiden Jünglinge.

Der König aber benutzte den Zwischenfall an Ophelias Grab, sich des Prinzen endgültig zu entledigen. Er schlug Laertes vor, Hamlet zum Zeichen der Versöhnung zu einem friedlichen Zweikampf herauszufordern. Ahnungslos erklärte sich Hamlet sogleich damit einverstanden.

Bei diesem Kampfspiel versammelte sich der gesamte Hof. Laertes wählte der Weisung des Königs folgend eine vergiftete Waffe, während Hamlet den Regeln der Fechtkunst gemäß einen stumpfen Degen führte, denn er wußte ja nichts von dem geplanten Verrat.

Anfangs schien Laertes den Zweikampf wirklich nur als ein harmloses Spiel aufzufassen und ließ Hamlet sogar siegen. Diese scheinbare Geschicklichkeit des Prinzen lobte der König mit lauten Rufen der Bewunderung, und er hob seinen Becher mit Wein, um ihn auf Hamlets Wohl zu leeren. Ja, er verhieß ihm sogar eine reiche Belohnung, wenn er auch bei dem folgenden Klingenwechsel Sieger bliebe.

Dazu kam es aber nicht mehr, denn schon im nächsten Augenblick versetzte Laertes dem Prinzen mit seiner vergifteten Waffe den Todesstreich.

Hamlet schrie auf, erhob seinen Degen abermals und schlug dem Gegner die Waffe aus der Hand. Dann sprang er hinzu, hob Laertes' vergifteten Degen auf und stieß ihm seine eigene Waffe in die Brust.

In dem Augenblick schwankte die Königin und rief: „Zu Hilfe! Ich bin vergiftet!"

Sie hatte aus einem Becher getrunken, den der König hatte bereitstellen lassen, um dem Prinzen, falls er unverletzt bliebe, nach dem ermüdenden Kampf einen erquickenden Trunk anzubieten. In den Wein hatte der König ein starkes Gift geschüttet, jedoch versäumt, die Königin zu warnen. Ahnungslos hatte Frau Gertrud den vergifteten Wein getrunken und verschied nun binnen weniger Minuten.

Hamlet fiel es wie Schuppen von den Augen. Nun erkannte er den boshaften Verrat des Königs. Suchend irrte sein Blick nach dem Urheber all des Frevels. Da wankte Laertes auf ihn zu und bekannte dem Prinzen, zu welcher Schurkerei, der er nun selbst zum Opfer fiele, er sich vom König habe verleiten lassen.

„Auch du bist verloren, Hamlet", flüsterte er. „Kein Arzt, kein Mittel kann dich retten, du hast nur noch wenige Minuten zu leben. Verzeih mir", hauchte er mit letzter Kraft und verschied.

Hamlet spürte bereits die Wirkung des Giftes. Da raffte er noch einmal alle Kräfte zusammen, packte noch einmal den vergifteten Degen und stieß ihn dem verruchten Oheim ins Herz.

So hatte Hamlet des Versprechen, daß er dem Geist seines Vaters gegeben, erfüllt und den feigen Mord gerächt.

Den Tod nahe fühlend, winkte Hamlet seinen Freund Horatio, der von Anfang an Zeuge all dieser verhängnisvollen Ereignisse gewesen war, zu sich und beschwor ihn, nicht — wie Horatio in seinem Schmerz um den Freund beabsichtigte — ihm durch Selbstmord in den Tod zu folgen, sondern alles dem Volk zu enthüllen.

Dies versprach Horatio dem Prinzen weinend, und mit einem letzten, dankbaren Blick schied Hamlet aus dem Leben.

OTHELLO, DER MOHR VON VENEDIG

Brabantio, ein Senator der Republik Venedig, hatte eine sehr schöne Tochter, Desdemona. Um diese anmutige junge Dame warben viele Freier aus vornehmen und fürstlichen Geschlechtern, nicht nur, weil sie so schön war, sondern auch, weil sie von ihrem Vater eine ansehnliche Mitgift zu erwarten hatte. Desdemona aber würdigte keinen dieser vornehmen Jünglinge ihrer Liebe. Ihre Neigung galt vielmehr einem Adeligen von dunkler Hautfarbe, Othello, „il moro" — der Mohr — genannt. Ihr lag mehr an einem edlen Wesen als an der Hautfarbe eines Menschen, und niemand verdiente ihrer Meinung nach mehr Achtung als Othello. Auch Brabantio schätzte den Mohren sehr und sah ihn daher gern als Gast in seinem stolzen Palast.

Der Mohr war einer der Tapfersten. Er war in den blutigen Kriegen, die die Republik Venedig mit den Türken führte, zur Würde eines Generals emporgestiegen und genoß nun, in glücklicher Friedenszeit, die Dankbarkeit und Verehrung seiner Mitbürger.

Othello hatte weite Reisen gemacht, viele Länder gesehen und große Meere befahren. Wenn er seine Abenteuer bei Schlachten und Belagerungen feindlicher Städte schilderte, wenn er sich der Gefahren erinnerte, denen er manchmal nur wie durch ein Wunder entkommen war, hing Desdemona immer gebannt an seinen Lippen. Und nicht selten geschah es, daß sie ihre häuslichen Pflichten vernachlässigte, wenn er fesselnd wie kein zweiter von undurchdringlicher Wildnis berichtete, die nie zuvor eines Menschen Fuß betreten, von wildromantischen Felsenhöhlen, zerklüfteten Bergkuppen, die trotzig in die Wolken ragten, oder von primitiven Naturvölkern, die sich die Kraft ihrer Gegner anzueignen wähnten, wenn sie sie auffraßen.

Aber nicht nur seine Abenteuer in nebelhafter Ferne interessierten die schöne Jungfrau. Sie war ebenso begierig, seine Lebensgeschichte von frühester Jugend an kennenzulernen. Und Othello ließ sich nicht lange bitten — gern erfüllte er den Wunsch Desdemonas. Und während sie gebannt lauschte, als er die Leiden seiner Kinder- und Jugendjahre schilderte, vergoß sie manche Träne des Mitgefühls.

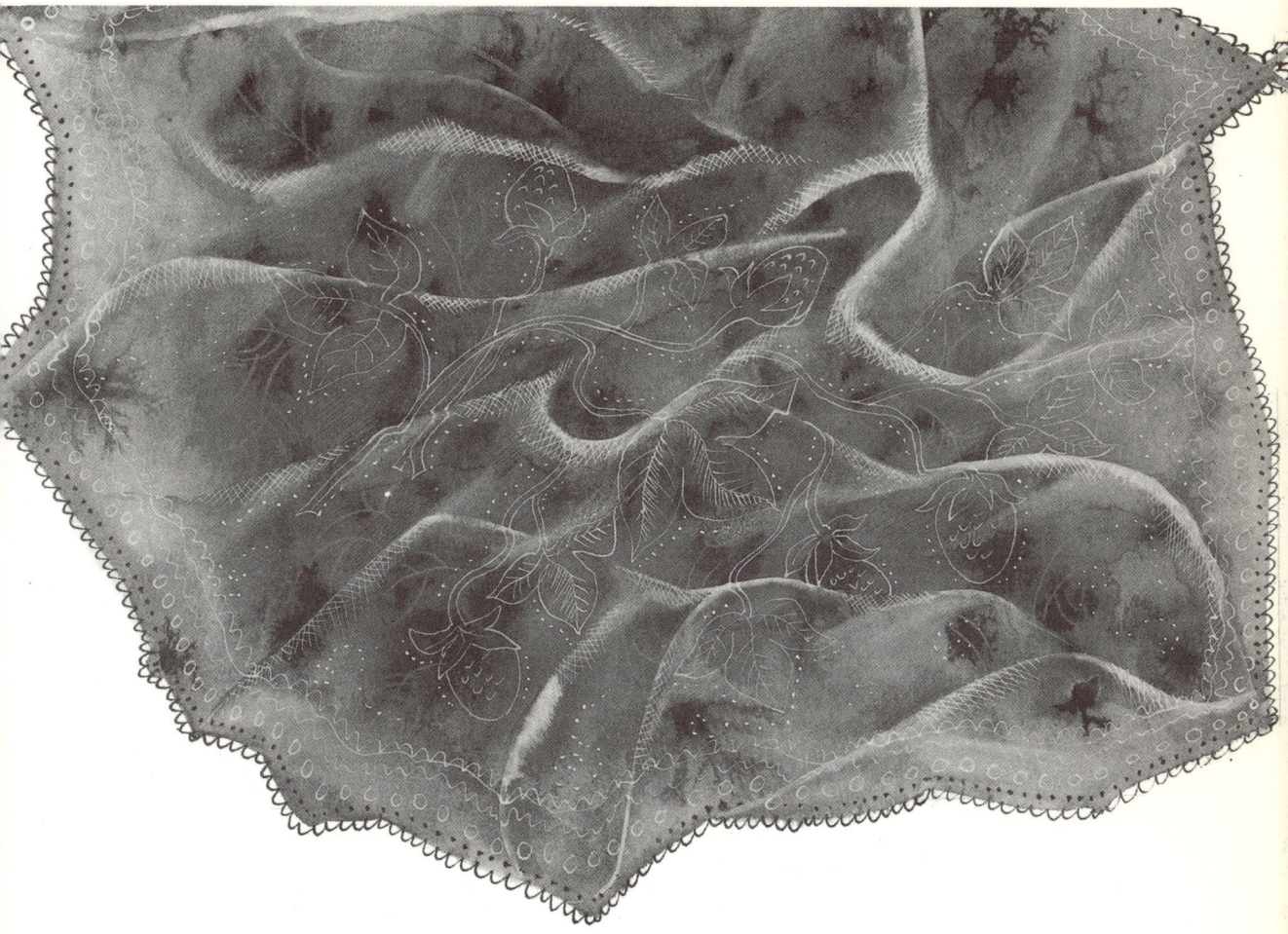

Ach, wäre sie doch auch solch ein kühner und bewährter Mann! Aber weil das natürlich nicht gut möglich war, gestand Desdemona dem Mohren, wenn er einen Freund hätte, der sie liebte, so brauchte der nur eine ebenso fesselnde Lebensgeschichte zu erzählen wie Othello, und sie würde seine Liebe auf der Stelle erwidern!

Das war ein mehr als deutlicher Wink. Der Mohr verstand ihn augenblicklich und gestand nun seinerseits, daß er Desdemona schon lange verehre. Er habe es nur nicht gewagt, ihr seine Liebe zu entdecken.

Diese Worte machten Desdemona sehr glücklich und sie war sofort bereit, sich heimlich mit ihm zu vermählen.

239

Wer war glücklicher als Othello! Aber seine dunkle Hautfarbe und sein geringes Vermögen ließen ihn zweifeln, ob Brabantio Desdemonas Schritt gutheißen würde. Wohl gestattete der reiche Senator seiner vielumworbenen Tochter freie Wahl, aber er erwartete natürlich, daß sie einen der Senatoren oder anderen hohen Beamten der Republik wählen würde, wie es sich für eine edle Venezianerin geziemte. Was also würde Brabantio zu der seiner Meinung nach sicher ungleichen Ehe seiner Tochter sagen!

Obwohl die Vermählung heimlich vollzogen wurde, kam sie Brabantio natürlich bald zu Ohren. Da erhob er in einer feierlichen Sitzung des Senats Anklage gegen Othello: Der Mohr habe Desdemona durch Zauberei und Beschwörung zu jenem unseligen Schritt verleitet und das von der Republik und seinem eigenen Haus eingeräumte Gastrecht schmählich mißbraucht.

Brabantios Anklage kam aber zu sehr ungelegener Zeit, denn die Republik war damals auf die Dienste des kampferprobten Mannes mehr denn je zuvor angewiesen. Es waren nämlich Nachrichten eingetroffen, denen zufolge die Türken eine gewaltige Flotte gegen die damals den Venezianern gehörende Insel Zypern ausrüsteten. Othello traute man als einzigem zu, die schwer bedrohte Insel erfolgreich verteidigen zu können und ihre Lostrennung von Venedig zu verhindern. So stand der Mohr nun in doppelter Rolle vor dem Senat — einmal als aussichtsreichster Bewerber um ein hohes Staatsamt, zum anderen als Übertreter eines Gesetzes, das die Entführung minderjähriger Jungfrauen aufs schwerste bestrafte.

Dank seiner hohen Stellung und seines ehrwürdigen Alters hörten sich die Senatoren Brabantios Anklage zunächst ruhig an. Als aber der zornentbrannte Vater seine Anklage durch Beweise zu erhärten suchte, brauchten die Herren Senatoren den Angeklagten nur zu einem einfachen Bericht über den Verlauf seiner Liebe und seiner Werbung aufzufordern. Othello sprach so schlicht und aufrichtig, daß der Doge, der als Oberrichter den Vorsitz führte, sich zu der Erklärung genötigt sah, eine so eindrucksvoll vorgetragene Erzählung würde das Herz seiner eigenen Tochter gewonnen haben. Die Zauberformeln, die Othello angeblich bei seiner Werbung anwandte, seien weiter nichts als die harmlosen Künste, mit denen Liebende von jeher die Herzen ihrer Auserwählten zu gewinnen trachten.

Othellos Aussage wurde durch Desdemonas Zeugnis bestätigt. Sie erklärte, sie wüßte wohl, daß sie ihrem Vater ihre gesellschaftliche Stellung und gute Erziehung zu verdanken habe, aber das Recht, sich den Gatten nach ihrem eigenen Herzen zu wählen, lasse sie sich nicht nehmen.

Dagegen konnte Brabantio nichts einwenden, und so mußte er schließlich den Herzensbund seiner Tochter, wenn auch widerwillig, gutheißen.

Die Gerichtsverhandlung konnte Othello also als Sieger verlassen. Bald sollte er auf dem Felde der Ehre weiteren Lorbeer ernten, und so übernahm er bereitwillig den Oberbefehl über die auf Zypern weilenden venezianischen Streitkräfte.

Obwohl er einer ungewissen Zukunft entgegenging, begleitete ihn Desdemona frohen Herzens – wußte sie doch, daß sich seine Tapferkeit abermals glänzend bewähren würde.

Kaum war Othello auf Zypern gelandet, traf die Nachricht ein, ein furchtbarer Sturm habe die türkische Flotte zerstört und die Insel so vor der Gefahr eines feindlichen Überfalls bewahrt. Dennoch begann erst jetzt der eigentliche Kampf – freilich nicht ein Kampf gegen Feinde, sondern gegen die eigenen „Freunde", die den Mohren gegen seine liebreizende Gattin aufhetzten und sich so als gehässiger und boshafter erwiesen, denn alle die sogenannten „Ungläubigen" zusammengenommen.

Unter allen Freunden besaß keiner Othellos Vertrauen in so hohem Maße wie Cassio. Cassio war ein junger, lebenslustiger und bei jedermann beliebter Offizier.

241

Er war nicht nur ein unterhaltsamer Gesellschafter und gewandter Sportsmann, sondern auch ein leidenschaftlicher Tänzer – kurz, der verzogene Liebling der venezianischen Damen. Daß dieser hübsche Jüngling bei einem reiferen Mann wie Othello, der überdies eine so schöne Frau sein eigen nannte, Eifersucht erwecken könnte, ließe sich denken. Othello aber war so vertrauensselig und daher so hoch über jede Eifersucht erhaben, daß er niemandem – am wenigsten einem seiner Freunde – eine niedrige Handlungsweise zutraute.

Cassio besaß von jeher Othellos besonderes Vertrauen. Bei der Brautwerbung des Mohren um Desdemona war der junge Leutnant oft genug sein Liebesbote gewesen – kein Wunder, daß ihn deshalb auch Desdemona schätzte und ihm vertraute. Auch nach der Hochzeit blieb Cassio der Vertraute des Paares und erfreute es häufig durch sein amüsantes Geplauder. Während Othello am Teetisch

242

den Sorgen der politisch bewegten Zeit nachsann, unterhielt sich Desdemona mit Cassio, bis ihr frohes Lachen den ernsten Feldherrn aus seinem Nachdenken aufschreckte und zur Beteiligung an der fröhlichen Unterhaltung nötigte.

Cassios freundschaftlicher Verkehr in seinem Haus erschien dem Mohren so unbedenklich, daß er den jungen Offizier sogar zu seinem persönlichen Adjutanten beförderte, zu einer Stellung, die ihn noch enger an den General fesselte.

Doch einen anderen Offizier, Jago, verdroß diese Beförderung ungemein – glaubte er doch, einen berechtigteren Anspruch auf so eine Vertrauensstellung zu besitzen, weil er länger als Cassio im Dienst der Republik stand. Oft hatte sich Jago über Cassio lustig gemacht, er wäre zwar ein Held – aber ein Damenheld! Von der Kriegskunst verstehe er gerade soviel wie ein Waschweib. Doch Jago verspottete Cassio nicht nur, er haßte ihn geradezu. Aber sein Haß galt nicht minder dem Mohren, weil dieser Cassio so begünstigte und sich angeblich gegen Jagos Gattin Emilia taktlos benommen haben sollte.

Auf diesen völlig unbegründeten Verdacht hin schmiedete Jago nun einen furchtbaren Racheplan, der über drei Menschen unermeßliches Unglück bringen sollte!

Jago war ein verschlagener Heuchler und dabei – wie oft solche Naturen – ein guter Menschenkenner. Er wußte, daß von allen Qualen, die das Menschenherz foltern, die Eifersucht am grausamsten wirkt. Wenn es ihm also gelänge, in Othello Eifersucht auf Cassio zu wecken, so würde er seinen Rachedurst am besten befriedigen können. Was kümmerte es ihn, daß sein teuflischer Plan auch die liebliche Desdemona vernichten konnte!

Die Ankunft des Generals und seiner schönen Gemahlin wurde von der Bevölkerung der Insel mit großer Freude begrüßt. Als obendrein die Nachricht vom Untergang der feindlichen Flotte eintraf, kannte der Jubel keine Grenzen. In Strömen floß der feurige Zypernwein, und unaufhörlich kreisten die Becher, die eine fröhliche Tafelrunde auf das Wohl des braunen Feldherrn und seiner lieblichen Gemahlin leerte.

In jener Nacht hatte Cassio den Befehl über die Wachkompanie. Othello hatte den Kriegern eingeschärft, sich beim Trinken zurückzuhalten und aufzupassen, daß es bei dem allgemeinen Trubel zu keinen Ausschreitungen gegen die Bevölkerung käme.

Jago aber baute seinen Racheplan gerade auf die Erregung, der vom Wein erhitzte Gemüter oft verfallen.

Unter der Maske treuer Anhänglichkeit an Othello überredete er Cassio, mit ihm auf das Wohl des Generals zu trinken. Eine Zeitlang widerstand Cassio, indem er sich auf Othellos strengen Befehl berief, die Wachmannschaften – und besonders ihr Führer – sollte in dieser Nacht nüchtern bleiben. Als ihm aber Jago mit heuchlerischen Schmeichelworten beteuerte, daß zur Feier des Tages auch mal eine Ausnahme erlaubt sei und Othello doch nicht verboten habe, überhaupt ein

Glas anzurühren, ließ sich Cassio verleiten. Jago tat ihm eifrig Bescheid, und so leerte Cassio schließlich einen Pokal dem anderen. Und nachdem der junge Offizier dem Wein so reichlich zugesprochen hatte, stimmte er um so freudiger auch in das Preislied ein, das der verschlagene Jago auf die schöne Desdemona anstimmte. Gerade das aber war ein willkommener Anlaß für Jago, den verhaßten Nebenbuhler bei Othello zu verdächtigen!

Nach geraumer Zeit kam es zwischen den beiden Offizieren wegen einer Nichtigkeit zu einem heftigen Wortwechsel. Und schon klirrten auch die Schwerter, es entstand ein allgemeiner Tumult, bei dem Montano, ein älterer Offizier, der schlichtend dazwischengetreten war, eine schwere Verwundung davontrug. Jago jauchzte innerlich, ja, er schürte noch das Feuer, so daß der anfangs geringfügige Streit zu einem heftigen Sturm anwuchs. Jago läutete die Alarmglocke. Othello erwachte, warf sich in die Kleider und eilte zum Schauplatz des vermeintlichen Aufruhrs.

„Was geht hier vor?" fragte er zornig.

Cassio war zwar wieder zur Besinnung gekommen, aber er fühlte sich zu beschämt, um auf die Frage des Generals wahrheitsgemäß zu antworten.

„Ich frage noch einmal, was ist hier los? Jago, antwortet Ihr, wenn Cassio nicht zu sprechen wagt!"

Jago gab sich den Anschein, als zögere er, Cassio anzuklagen. Als aber Othello darauf bestand, die Wahrheit zu erfahren, schilderte Jago den ganzen Vorfall — freilich ohne dabei auch nur mit einer Silbe seine eigene Rolle als Anstifter des Streits zu erwähnen. Statt den Tumult als das, was er tatsächlich war, nämlich als einen belanglosen Wortwechsel, wie er unter Kameraden vorkommen kann, darzustellen, übertrieb er Cassios Schuld dermaßen, daß Othello den Wachhabenden sofort seiner Offiziersstelle enthob. Jago triumphierte. Die erste schimpfliche Niederlage hatte er dem verhaßten Gegner beigebracht — die nächste sollte bald folgen!

Inzwischen war Cassio völlig nüchtern geworden. Nachdem Othello gegangen war, klagte er sich seinem vermeintlichen Freund Jago gegenüber selbst an: „Welch ein Tor war ich! Wie konnte ich mich nur herabwürdigen! Nie wieder darf ich dem General unter die Augen treten, er würde mich einen Trunkenbold heißen. Othello verachtet mich, aber ich selbst verachte mich weit mehr!"

Jago tat, als mäße er dem Vorfall keine große Bedeutung bei. Jeder Mann trinke bei festlicher Gelegenheit einmal ein Glas über den Drust. Im übrigen werde ihn Othello sicher wieder in Gnaden aufnehmen, er brauche doch nur Desdemona um ein Wort der Fürsprache zu bitten. Die edle Frau werde ihm zweifellos gern helfen, seine verlorene Stellung wiederzubekommen. Das wäre ein guter Rat gewesen, wenn es Jago ehrlich gemeint und nicht seine teuflischen Zwecke verfolgt hätte!

Gesagt, getan. Cassio eilte gleich am nächsten Morgen zu Desdemona, um die stets hilfsbereite Freundin um ihre Vermittlung zu bitten.

„Gern, Cassio," antwortete sie, „ich zweifle nicht an meinem Erfolg und könnte

mein Leben zum Pfand sezten, daß du deine Leutnantsstelle wiederbekommst."

Und Desdemona brachte ihre Fürsprache bei Othello so anmutig, halb bittend, halb schmeichelnd an, daß er nicht nein sagen konnte — obwohl er auf seinen abgesetzten Adjutanten noch recht erbittert war. Nur einen kurzen Aufschub erbat er sich: „Es ist noch zu früh, ein so schweres Verbrechen zu verzeihen! Mag er ruhig ein bißchen zappeln!"

Desdemona aber bat: „Mein Gemahl, laß ihn nicht zu lange warten; vielleicht bis morgen früh oder morgen abend, spätestens bis übermorgen! Denn der arme Cassio vergeht schier vor Reue und Kummer. Hat er sich denn so schwer versündigt?"

Othello ließ sich nicht umstimmen.

Da drang die liebenswürdige Bittstellerin abermals in ihn: „Muß ich mich denn für Cassio wirklich so sehr ins Zeug legen? Vergißt du, daß er es war, der für dich warb und dich so oft verteidigte, wenn ich unfreundlich über dich sprach? Ich dachte, du würdest mir diese kleine Bitte ohne Umstände erfüllen."

Da gab sich Othello geschlagen und versprach Desdemona, Cassio bald wieder

als seinen Adjutanten anzuerkennen, aber wann er dies zu tun gedenke, solle sie ihm überlassen. Damit gab sich Desdemona zufrieden und eilte, Cassio die frohe Botschaft mitzuteilen.

Zufällig betraten Jago und Othello gleichzeitig den Raum, aus dem sich Cassio, der gerade von Desdemona über den Erfolg ihrer Fürsprache bei Othello unterrichtet worden war, entfernte. Arglistig murmelte Jago leise, als spräche er nur zu sich selber: „Ha, das gefällt mir nicht!"

Othello maß diesen Worten zunächst keinerlei Bedeutung zu. Er war in Gedanken noch bei seiner Unterhaltung mit Desdemona. Doch bald sollte er sich dieser verhängnisvollen Worte wieder erinnern.

Als Desdemona das Gemach verlassen hatte, fragte Jago den General, ob Cassio von seiner Liebe gewußt habe, als Othello um Desdemona warb.

„Freilich wußte er davon. Er war ja oft genug unser Liebesbote."

Da kniff Jago die Augenbrauen zusammen, als ob ihm ein neues Licht über eine furchtbare Sache aufginge. Dann rief er — die Wirkung seiner Worte klug berechnend: „Also stimmt die Sache!"

In diesem Augenblick erinnerte sich Othello der rätselhaften Worte Jagos, als er Cassio und Desdemona erblickt hatte. ‚Jago ist ein ehrlicher, gerecht denkender Mann‘, dachte Othello. ‚Was bei einem Schurken ein hinterlistiges Mittel bedeutet, das ist bei einem erprobten Freund nur die natürliche, leicht erklärliche Äußerung eines treuen, wohlmeinenden Herzens.‘ Deshalb drang Othello in Jago, er möge ihm doch mitteilen, ob ihm irgendein Argwohn am Herzen nage.

„Durchaus nicht, mein hoher Herr. Wenn meine unbedachte Äußerung den Frieden Eurer Seele störte, so bedaure ich das außerordentlich. Es braucht Euch aber nicht zu bedrücken, wenn ich gegen irgend jemand einen leisen Verdacht hege."

Diese scheinbar gleichgültig hingeworfenen Worte steigerten Othellos Neugierde aufs höchste. Jago bemerkte das mit heimlicher Freude. Als ob er um Othellos Gemütsruhe ernstlich besorgt wäre, bat er eindringlich: „Um Gottes willen, Ihr dürft nicht etwa eifersüchtig sein!"

Dadurch, daß Jago den Mohren gleichsam beschwor, seine Gattin nicht zu verdächtigen, erreichte er gerade das Gegenteil: Am Herzen des sonst so arglosen Mannes nagte nun plötzlich peinigender Argwohn.

„Ja, ich weiß", sagte Othello wie im Selbstgespräch, „mein Weib ist schön. Geselligkeit, Unterhaltung und Gesang liebt sie wie alle glücklichen Naturen. Aber ihre Ehrbarkeit stempelt alle diese Neigungen zu Tugenden. Nimmermehr halte ich meine Frau für treulos — ich müßte denn einen vollgültigen Beweis in Händen haben."

Scheinbar erfreut, daß Othello jeden Verdacht gegen seine Gemahlin als etwas Unmögliches von sich wies, bat Jago seinen Herrn dennoch, er möge Desdemona einmal beobachten, wenn sie sich mit Cassio unterhalte. Wenn er auch keinen Verdacht aussprechen wolle — dazu habe er nicht die geringste Veranlassung —, so rate er ihm doch, zwar nicht gerade eifersüchtig, aber doch nicht allzu vertrauensselig zu sein: In Venedig lassen die Damen den Himmel mancherlei Dinge sehen, die ihre Gatten nicht schauen dürften.

„Die Treue meiner Gattin ist über jeden Zweifel erhaben. Desdemona tut nie etwas, was sie vor ihrem Mann oder ihrem Vater verbergen müßte", erklärte Othello feierlich.

„So, hat sich nicht Desdemona ohne Wissen ihres Vaters mit Euch vermählt?"

Dieser Hinweis stimmte den armen Feldherrn allerdings nachdenklich. „Es stimmt, Desdemona hat ihren Vater hintergangen — sollte sie auch ihren Gatten betrügen können?"

Als Jago sah, daß seine Giftsaat zu reifen begann, bat er den Mohren scheinheilig, er möge ihm gütigst verzeihen, falls ihm seine „unbedachten" Worte etwa Unruhe bereitet haben sollten. Aber Othello beachtete Jagos Redensarten überhaupt nicht, denn sein Herz war dazu viel zu bekümmert. Wie, wenn sein Argwohn begründet wäre?

„Wißt Ihr irgend etwas Nachteiliges über meine Gattin, so sprecht es aus", bat der Mohr.

„Ach nein, ich − wüßte − nichts…", antwortete Jago zögernd, als ob er sehr wohl etwas wüßte.

„Ihr tätet mir einen großen Gefallen…"

Da riet der teuflische Ränkeschmied seinem Herrn, als ob er nur mit Widerwillen etwas gegen seinen „Freund" Cassio vorbrächte, die Aussöhnung mit dem jungen Offizier noch einige Tage hinauszuschieben. Vielleicht werde sich Desdemona in der Zwischenzeit abermals mit Ernst und Eifer zu Cassios Gunsten verwenden. Täte sie's, so wäre ihre Schuld zwar nicht bewiesen, aber sie wäre auch nicht ganz ausgeschlossen.

In seiner Verruchtheit hatte dieser arglistige Bösewicht seinen Plan so teuflisch ausgeklügelt, daß ihm sogar die Herzensgüte der unschuldigen Desdemona zum Werkzeug dienen mußte. Erst verleitete er Cassio, Desdemonas Fürsprache zu erbitten, und dann benutzte er diese Fürsprache verbrecherisch dazu, schuldlose Menschen ins Verderben zu stürzen!

Von Stund an hatte Othello keinen ruhigen Augenblick mehr. Nur mit Widerwillen widmete er sich seinen täglichen Pflichten. Das Waffenhandwerk, dem sonst seine ganze Liebe gegolten hatte, ließ ihn gleichgültig. Er schien jeden stolzen Ehrgeiz eingebüßt zu haben, der das Wesen eines Helden zu kennzeichnen pflegt.

In ruhigen Augenblicken, die freilich nur noch ganz selten waren, wies er den Gedanken, seine Gattin könne schuldig sein, weit von sich. Dann aber war er wieder fest von ihrer Schuld überzeugt. Ach, hätte ihm doch nur einer die Wahrheit sagen können! Der Verdachtsfunken, den ein Schurke in sein Herz geworfen hatte, war zur hellen Flamme emporgelodert!

Als hätte ihn die Eifersucht rasend gemacht, packte Othello Jago plötzlich an der Kehle und verlangte Beweise von seines Weibes Schuld: „Sprich − oder du bist ein Mann des Todes!"

„Wie", rief Jago scheinbar empört, „soll mir meine Aufrichtigkeit den Hals brechen?"

„Ich will Beweise haben!" schrie Othello in maßloser Wut.

Als der Rasende Jagos Kehle aus der furchtbaren Umklammerung freigab, fragte dieser: „Hat Eure Gattin ein Taschentuch mit einem gestickten Erdbeermuster?"

„Ja, das hat sie. Es war mein erstes Brautgeschenk."

„Nun, mit diesem Taschentuch hat sich heute Cassio den Schweiß von der Stirn gewischt."

„Wenn das wahr ist, dann will ich an den beiden Rache üben! Cassio muß

sterben, noch bevor drei Tage vergehen. Die schöne Teufelin aber, die sich mein Weib nennt, will ich noch früher richten."

Daß Jago angeblich ein Taschentuch Desdemonas bei Cassio sah, war für Othello Grund genug, sich grausam hintergangen zu fühlen und den Stab über die beiden Menschen zu brechen, die ihm am nächsten standen.

Wie war das Taschentuch in Cassios Hände gelangt?

Hätte Othello seine Frau gefragt, so hätte er erfahren, daß sie weder dies noch eines seiner anderen Geschenke je einem anderen Mann gegeben hatte. Cassio und Desdemona waren unschuldig, hatten Othello nie betrogen. Aber Jago, der nicht genug Böses ersinnen konnte, hatte seine eigene Frau – die gutmütige, ihm völlig ergebene Emilia – überredet, sich das Taschentuch von Desdemona zu leihen, angeblich, um sich das Erdbeermuster abzusticken. In Wahrheit aber sollte sie es an einem Ort verlieren, wo es Cassio unweigerlich finden mußte. So hatte der Schurke einen scheinbaren Beweis, daß Desdemona das Taschentuch an Cassio verschenkte.

Othello zweifelte noch, wollte sich selbst von der Wahrheit seines Verdachts überzeugen. Als er Desdemona in ihrem Gemach aufsuchte, schützte er Kopfschmerzen vor und bat sie um ein Taschentuch, um sich die fiebernde Stirn zu wischen. Desdemona reichte ihm eins.

„Nicht das, Desdemona, gib mir das mit dem Erdbeermuster, das ich dir schenkte."

„Ich hab's nicht bei mir", sagte Desdemona und erbleichte, als sie seine zornsprühenden Augen gewahrte.

„Wie, du hast es nicht mehr?" schrie Othello. „Das ist schlimm! Das Tuch ist mir ganz besonders wertvoll, weil es mir meine Mutter schenkte. Meine Mutter bekam es einst von einer ägyptischen Hexe, die den Menschen die geheimsten Gedanken von der Stirn ablesen konnte. Als sie es meiner Mutter gab, sagte sie, solange sie es trüge, würde es sie liebenswert machen und ihr die Liebe meines Vaters erhalten. Wenn sie es aber verliere oder verschenke, werde sich mein Vater von ihr abwenden und sie ebenso stark hassen, wie er sie zuvor geliebt habe. Dies Tuch übergab mir meine Mutter, als sie starb, und trug mir auf, es meiner zukünftigen Gemahlin zu schenken."

„Ist's möglich?" fragte Desdemona zu Tode erschrocken.

„Es ist so. Das Taschentuch war verzaubert. Eine Sibylle, die zweihundert Jahre auf Erden gelebt hatte, wob es in einem Augenblick prophetischer Ekstase."

Als Desdemona von den wunderbaren Eigenschaften dieses einmaligen Tuches erfuhr, glaubte sie, ihr Herz müßte vor Reue und Scham brechen. Denn sie erkannte, daß sie mit dem Tuch auch die Liebe ihres Gatten verloren hatte.

„Augenblicklich muß ich das Tuch wiederhaben!" schrie Othello und maß Desdemona mit furchtbarem Blick.

Die Erschrockene verlegte sich aufs Schmeicheln: „O mein Gebieter, du bist gar nicht so böse, wie du aussiehst. Alles das redest du nur, um mich von meiner Fürsprache für Cassio abzubringen. Dennoch will ich mich für ihn verwenden, denn er hat es verdient."

Nach diesen Worten steigerte sich Othellos Wut zu hellem Wahnsinn. Wie von einem bösen Dämon besessen stürzte er aus dem Gemach.

Desdemona blieb verdutzt zurück. Doch allmählich begann sie zu ahnen, daß Othello eifersüchtig sein könnte. Sie konnte sich aber keines Vorfalls, keines Wortes oder Blicks erinnern, die Othello Anlaß zu seinem Argwohn und Mißtrauen gegeben hätten. Vielleicht irrte sie sich. Vielleicht rührte sein Zorn von etwas anderem her — waren etwa aus Venedig schlechte Nachrichten eingetroffen, die sein sonst so heiteres Gemüt verdüsterten?

Da kehrte Othello zurück. Er war tatsächlich blind vor Eifersucht, denn was er vorher nur durch sein Verhalten angedeutet hatte, sprach er nun offen aus: „Du bist mir untreu, liebst einen anderen!" Und gleich darauf brach er in lautes Schluchzen aus.

Desdemona seufzte: „O du unglückseliger Tag! Warum weinst du, Geliebter?"

„Jedes Unglück würde ich standhaft ertragen, selbst Armut, Krankheit und Schande. Aber deine Untreue ertrage ich nicht, sie bricht mir das Herz."

„Ich habe deine Liebe nie und nimmer verraten. Gott ist mein Zeuge!" beteuerte Desdemona.

„Giftiges Unkraut bist du, das schön aussieht und so stark duftet, daß es Kopfschmerzen bereitet."

Durch den ungerechtfertigten Verdacht der Untreue fühlte sich Desdemona so getroffen, daß sie einer Ohnmacht nahe auf einen Diwan niedersank. Ihre Dienerin half ihr beim Entkleiden, und bald versank Desdemona in tiefen Schlaf.

Schmerzlich betrachtete Othello die Schlummernde. Als er sie so friedlich ruhen sah, entsetzte er sich, ihr Blut zu vergießen oder ihre zarten Glieder zu verletzen. Und dennoch sollte sie sterben, denn wenn sie am Leben bliebe, würde sie auch andere Männer betrügen. Doch während er noch diese finsteren Gedanken wälzte, erwachte all seine unermeßliche Liebe zu seiner schönen Frau von neuem. Behutsam trat er an ihr Lager, drückte einen langen Kuß auf ihre Lippen, küßte zärtlich ihre Wangen und die schöne Stirn, bis Desdemona die Augen aufschlug und erstaunt um sich blickte. Aber wie erschrak sie, als sie in Othellos funkelnde Augen schaute und sah, wie er sich auf die Unterlippe biß. Diesen Blick kannte sie — so sah Othello aus, wenn er vor Wut seine Selbstbeherrschung verlor.

„Du mußt sterben!" rief er. „Deine Seele aber will ich nicht töten, darum bete noch einmal!"

Vergebens flehte die Unschuldige, sich ihrer zu erbarmen und ihr wenigstens zu sagen, welchen Vergehens er sie bezichtigte.

„Du hast mich mit Cassio betrogen! Er hat das Taschentuch, das ich dir schenkte."

Desdemona wollte sich von diesem ungerechtfertigten Verdacht befreien — schon öffnete sie den Mund um zu reden, als ihr der jähzornige Mohr, ohne ihren flehenden Blick zu beachten, eine Decke über den Kopf warf und sie so lange würgte, bis sie erstickte.

Othellos Rachedurst war gestillt.

Zur selben Stunde, da Desdemona so unschuldig starb, wurde Cassio blutend in Othellos Haus getragen. Jago hatte einen Mörder gedungen, um Cassio aus dem Wege zu räumen. Der Stich war aber nicht tödlich. Wütend, daß der Mörder seinem Opfer nicht den Garaus gemacht hatte, tötete Jago nun den bezahlten Schurken, damit sein eigener Anteil an dem Verbrechen nicht ans Licht käme. Aber in den Taschen des Mörders fand man Briefe, aus denen Jagos Schuld klar hervorging, wogegen sie den schuldlosen Cassio von jedem Verdacht reinigten.

Cassio bat nun Othello um Verzeihung, falls er ihm je Unrecht getan habe. Wenn er sich auch keiner Schuld bewußt wäre, so möge ihm der General doch sagen, was er ihm vorzuwerfen habe und weshalb er Jago den Auftrag gegeben hätte, ihn zu ermorden.

Wie? Cassio war unschuldig? Desdemona also auch?

Wie ein greller Blitz wirkte diese Erkenntnis auf den verblendeten Mohren. Er war verzweifelt und begann sich selbst wie einen Aussätzigen zu verabscheuen. War er doch nichts anderes als ein feiger Mörder. Die Gewissensbisse über seine voreilige Tat würden ihm fortan das Leben zur Hölle machen. Nein, er konnte und wollte nicht länger leben! Und Othello stürzte sich in sein Schwert und sank sterbend an der Leiche seines teuren, ach, so tiefgekränkten Weibes nieder.

Den tragischen Tod des tapferen Othello und seiner lieblichen jungen Frau betrauerte das ganze Volk. Mit Dankbarkeit gedachten alle Othellos kühner Taten und seiner großen Verdienste um die Republik Venedig. Sein Nachfolger bestrafte Jago auf das strengste — er wurde zum Tode verurteilt und unter grausamen Martern hingerichtet. Dann blieb dem neuen Oberbefehlshaber nur noch die traurige Pflicht, der Republik Venedig das beklagenswerte Ende ihres kampferprobten Generals mitzuteilen.